大夏书系·教师专业发展

晴耕雨读 好教师

李永梅 林茶居/主编

 华东师范大学出版社
全国百佳图书出版单位
·上海·

图书在版编目（CIP）数据

晴耕雨读好教师 / 李永梅，林茶居主编；程晓云副主编 . 一上海：华东师范
大学出版社，2022

ISBN 978-7-5760-3543-8

Ⅰ.①晴…　Ⅱ.①李…　②林…　③程…　Ⅲ.①师资培养—研究　Ⅳ.① G451.2

中国版本图书馆 CIP 数据核字（2022）第 251765 号

大夏书系·教师专业发展

晴耕雨读好教师

编　　者	李永梅　林茶居　程晓云
责任编辑	张思扬
责任校对	杨　坤
封面设计	吴元瑛

出版发行 华东师范大学出版社

社　　址 上海市中山北路 3663 号　　邮编　200062

网　　址 www.ecnupress.com.cn

电　　话 021-60821666　　行政传真　021-62572105

客服电话 021-62865537

邮购电话 021-62869887　　地址　上海市中山北路 3663 号华东师范大学校内先锋路口

网　　店 http://hdsdcbs.tmall.com/

印 刷 者 北京季蜂印刷有限公司

开　　本 700×1000　16 开

印　　张 15.5

字　　数 245 千字

版　　次 2023 年 3 月第一版

印　　次 2023 年 3 月第一次

印　　数 10 000

书　　号 ISBN 978-7-5760-3543-8

定　　价 55.00 元

出 版 人 王　焰

（如发现本版图书有印订质量问题，请寄回本社市场部调换或电话 021-62865537 联系）

为什么是"晴耕雨读好教师"

本书是"《教师月刊》年度教师"系列文章的选集——限于篇幅并兼及体例的适切，该系列文章没有全部收入。

《教师月刊》由华东师范大学出版社大夏书系团队创办于 2009 年 7 月。2012 年 9 月，《教师月刊》启动"年度教师"评选项目，至 2021 年，前后十个春秋，共"认定"了 52 位教师（含中小学校校长、幼儿园园长、教研员等）和 7 个教师团队。

"《教师月刊》年度教师"，主要来自社会各界朋友的推荐；少数几位，他们推荐了自己。所有这些，特别值得珍视的一点，就是对何为"好教师"，大家达成了基本共识。

这个评选项目，不是权威认证，亦非荣誉称号授予——它的核心诉求，是表达对《教师月刊》所认定的"好教师"的一份敬意，并期待以此引发对"教师职业本分"的更多思考。

它关注这样几个维度：主动提升自己，积极影响他人，贡献文明力量，助益教育发展；抑或说，它关注教师作为教育工作者的专业理性和精神建设性的一面。所以，每年的"年度教师专号（专辑）"，《教师月刊》都以"建设者"为名。

有人说，这是一种"低重心遴选"，"虽不是所谓树立典型，却赋予了当下语境中'好教师'的标高意义"（王一凡）。是不是具有"标高意义"，自然还得交由岁月去检验，但毫无疑问，这些"年度教师"的教育人生，很贴合一个古典意象：晴耕雨读。

不是说他们耽于田园归隐，唯求闲适悠然，而是要强调教师的职业属性和专业成长意蕴。"晴耕雨读"一词，字面上很容易理解：晴日耕野，雨时读书。其深意正在于：随顺天、地、人的规律，做事，求学，立言。雨读，惠身而育己；晴耕，肥壤而育人——两者构成教师专业的完整性。

某种意义上，晴耕雨读也包含人生舍得、生命进退之意趣："晴"，即顺境，"晴耕"便意味着"顺境长叶"；雨，即逆境，"雨读"也便意味着"逆境生根"。当然，顺境也好逆境也罢，都是现实际遇带来的心灵感受，具有强烈的个人性。更好的精神进路是，超越"顺境""逆境"之拘囿，跳出"顺"与"逆"的语词考量，垂注耕读生活，完善耕读结构。"叶"与"根"，从来都是相互融通、彼此转换、共生共长的。

当下教育（学习）时空，至少存在三个场域，即自然的、人工的、虚拟的。"晴耕雨读"作为完整的教师形象，内蕴了自己的教育学：除了自然的、人工的、虚拟的，还有自身的创造——它整合了前三者为教育大地，并独自成林。

此所谓，"晴耕雨读好教师"；此亦为，"晴耕雨读好教师"的象征框架。

林茶居

写于教师月刊工作室，时 2022 年 10 月 10 日

晴耕雨读好教师

目
Contents 录

第一辑

跨界发展

跨界，并非放弃专业，而是居于广阔的时空语境，审视专业核心，丰富专业触角，完善专业模型。

邱磊："命业"的铸守　　　　　　　　　　　　003

吴启雷：不做只会教书的药罐子　　　　　　　007

李逊芳：觅影寻声　　　　　　　　　　　　　011

吴樱花：贴近大地，才能自由呼吸　　　　　　017

邵广红：镜头里的教育生活　　　　　　　　　023

高东生：在虫子的江湖里开悟　　　　　　　　030

苏翔：带不走的繁华，带不走的我自己　　　　035

目
录

第二辑

专业精进

当一个教师在专业上不断精进，便意味着他对学科品质和职业尊严的不懈追求，意味着他一直"向着明亮那方"，同时关注人的成长的辗转与幽暗。

何凤珠：以成为学习型教师为职志　　　　　　　　　　　　047

林志超：探索艺术化教育之道　　　　　　　　　　　　　053

李迪：美在美中生长　　　　　　　　　　　　　　　　　058

王雪娟：我在　　　　　　　　　　　　　　　　　　　065

李文送：教师成长的姿态　　　　　　　　　　　　　　　071

李富恩：大家都戏称我为"莎姐姐"　　　　　　　　　　　077

侯晓斌：有爱，还要有方法　　　　　　　　　　　　　　083

库亚鸽：向着明亮那方　　　　　　　　　　　　　　　　090

第三辑

深耕课堂

你可以想象这样的画面：一个耕作者，一张犁铧，一头牛，一片庄稼，他们各自为树，又与脚下的土壤，相约成林。

陈香吟：教室里的"学习共同体" 099

常丽华：创造自己的教室 103

周春梅："手里拿着锤子……" 109

丁慈矿：守护优雅的汉语 115

俞献林：翻转课堂怎么翻转 122

梁晟斌："最近比较烦" 135

庄丽如：麦田上的教育诗 140

学习共同体：保障每一个儿童的高品质学习权 146

目录

第四辑

爱的课程

或着眼于学校文化重建，或致力于班级生活提升，或专注于学习项目整合，或醉心于乡土资源再生，他们有一个共同的名字叫"'爱的课程'创造者"。

赵群筠：学校是师生成长的路   155

敖双英：我和孩子们的课程生活   159

聂焱：美术是非常好的主题整合载体   163

覃丽兰：每一个轮回都是一次重新审视   169

王干：好好地"玩"一把   177

王美华：我的青浦，我的田歌   185

李建华：我的教育表达式   192

晴耕雨读好教师

第五辑

社会关怀

有越来越多的教师，自主自发，倾心倾力，组织教育同行共读共写，带领学生参与公共生活，组织少儿开展公益研学……可以预见，我们的育人时空，将由此而拓展、深化，美美与共，善善相生。

张硕果：一起看见未来　　　　　　　　　　　　　　　201

王维审：从阅读到"叙事者·悦读"　　　　　　　　　　207

汤敏飞：做一面"流动的五星红旗"　　　　　　　　　213

吕群芳：总有一些种子，值得我们浪费时光　　　　　218

王婧：美育行　　　　　　　　　　　　　　　　　　226

齐崇：我们的美好关乎世界的未来　　　　　　　　　232

目
录

第一辑

跨界发展

　　跨界，可能是学科跳转，亦可能是身份交叉，更可能是界内界外的思维切换与多元体验，它意味着开放和更多可能性。界，自然是一种相对的说法。它提醒我们，不能耽溺于单一专业，不能受困于机械的学科视角。跨界，并非放弃专业，而是居于广阔的时空语境，审视专业核心，丰富专业触角，完善专业模型。在"跨学科""项目学习""任务群教学"等教育新态势下，跨界发展不只是个人的喜好与选择，更是现实的需要与召唤。

邱　磊：『命业』的铸守

吴启雷：不做只会教书的药罐子

李逊芳：觅影寻声

吴樱花：贴近大地，才能自由呼吸

邵广红：镜头里的教育生活

高东生：在虫子的江湖里开悟

苏　翔：带不走的繁华，带不走的我自己

邱磊:"命业"的铸守

> **邱磊** 《教师月刊》2012 年度教师。生于 1983 年。高级教师,教育报刊专栏作者,《中国教育报》"2019 年度推动读书十大人物",中华教育改进社理事,江苏省陶研会理事,江苏省"333"高层次人才,江苏省中小学教师培训学会理事。出版《"偷师"杜威》《杜威教育箴言》《用生命的母语做教育》《古诗词中的地理课》等图书。曾任教于江苏省南通市通州区二甲中学,现就职于南通市通州区金沙中学。

邱磊是个新人,既无耀眼的光环,也无多少阅历和显著的成绩。他就如一粒触角灵敏、生命力旺盛的种子,植根于"好教育"的土壤,不断汲取水分、延伸根脉,竟撑开了自己的一片天,长得日渐茁壮。

他是学校的地理教师,他懂得如何走出学科局限,向精神的开阔地前行。2012 年,二甲中学"今天第二·青年教师专业成长沙龙"共读杜威的《民主主义与教育》,他孜孜汲汲,见解独到,从报刊上常可读到他读杜威的"心得"。他的博文,有着探向"教育的源头"的思考气度与眼界,与同龄人大不一般。一个年轻人的朝气和努力,就此晕染开来。

他求得的知识,不仅施于教学,惠及学生,同样润泽于刚降生一年多的孩子身上。他每天的学习、生活,就如一场"生活在真实中"的实践,不断找寻着自我,叩问着教育的奥义。

(凌宗伟)

"为天地立心，为生民立命，为往圣继绝学，为万世开太平。"这是宋儒张载的志言。其实，冥冥中，我们每个人心中都有对人生定位的期许。困难的是，时移事易，在种种芜杂、羁绊和诱惑的裹挟中，原初的期许如何才能纯然如故。若能隐忍和恪守住，则百炼之下，必有精进，也必有新境界；所谓"成长"，才算真正落地生根了。大道至简，我以为，教育也是如此。

　　工作之初，我以一个职业人的饱满姿态投身教育，孜孜汲汲，唯恐所顾不周。那时做班主任甚至是"赔钱的买卖"，因为常常帮学生，或是搞活动，所以月底一算，总是入不敷出。如此"甜蜜的负担"持续了三年，渐渐地连最初的宽慰也找不到了：事无巨细的数据化考核，从日出到日落的全覆盖监管，再加上教育评价的滞后、窄化和机械，几乎压得人窒息。讽刺的是，身处其中，竟不需作任何思考，唯"按部就班"聊以苟活。慢慢感觉，如此的圈养，只能称作"教育工业"，所谓"成长"就是点点滴滴地逆淘汰掉个性和理智，泯灭掉人性和本心，最后，再按操作的熟练度和出错率，被分成"初级工""中级工"和"熟练工"。

　　这就是我向往的职业？困惑，挣扎，无助。恰在此时，与凌宗伟校长不期而遇，受之引荐，又认识了张文质先生。两位导师恩泽于我的，已不知其多，尤记得当初之谆谆告诫：满世的聒噪和虚浮中，任他东南西北风，你不妨沉潜下来，"多读一读，多写一写吧"。我恍然如遇"燃灯者"，心底豁然透出光来。虽然天资愚钝，后知后觉，但自己的行走方式却在渐渐改善。

　　稍后，慢慢养成"三阅"的习惯：一曰"阅人"。因近水楼台之便，识得众多方家，他们性格迥异而腹藏真经，嬉笑怒骂间，便让人悟道。读这无字之书，才知世界虽大，但一个人就是一片天，集采众家之长，足可叫人抹去教育的晦暗，换得光明，更何况"与公瑾交，如饮醇醪"。这种学习，珍贵、欣愉、惬意，可称作"悦读"，"三阅"之中，当属首选。

　　二曰"阅声"。这个"声"就是名家所发之言，所谓"阅声"，指的就是对他们的讲座录音的文字整理，并在整理中一遍遍推敲琢磨，每每成文，不下万言。这种学习，如同苦行僧的修行，普通人认为拙笨，纷纷避之不及，却少有人知"吃亏是福"的道理：每一场汗水换来的是固本培元的大补药，沉潜下来慢慢累积，就是一条看似荆棘丛生实则山花烂漫的路径。对教育的叩问，不能少了这般的勇气和汗水。

三曰"阅书"。这一"阅"，是最常态化的，也是决定性的，无论是纸质书，还是电子书，都不可少。常年的阅读，让我深知：就学科来说，仅读专业书籍是不够的；就职业来说，仅读教育之书也是不足的。读书，须山外看山，楼外见楼，才能一窥究竟。无博无以辨本末，无专无以知浅深，站得足够高才看得到问题的实质。读书也不能功利化，应如呼吸，似血液，参与到每一刻的新陈代谢中。大凡等到用时才匆忙寻章摘句的，几近亵渎，不是真读书。

我曾谈过自己的"阅读史"。这部"史"恰如生命的奔流，在每一个回旋转弯处，在每一袭汹涌澎湃下，铭记了书与灵的对话。这是一种高贵的精神自洁，也缘于此，我觉得应该用这个词来重新定位教育：命业。

职业是什么？有人这样概括：今天做完这件事，明天还得做。事业是什么？答曰：今天做完这件事，明天还想做。命业呢？则是将自己的生命和事业融为一体，彼此不分，不存在"今天做完这件事"的假设，因为"这件事"原本就是"生命不止，奋斗不息"的。

命业，这个经常在张文质先生笔下出现的词，是对教育人格化的绝妙表达。我愿意徜徉在这样的与"生命"息息相关的教育中，将每一次灵魂的触动都忠实地记录下来，也愿意匍匐前行，把所有的恐惧、不安、荒唐、惧骇一一刻下，等到有一天春暖花开，再将它们裱成历史，告诫来者，"凡是忘记这里所发生的，以后注定还会发生"。

但其实，我更愿意说，我的教育写作更像是一种坚守，其核心不过两个词："希望"与"生命"。写教育伦理，写师道学风，写民主主义，写心情杂记，原都只是想找寻一个"希望"的理由，当走得太远时，不会忘了来路；也让自己在此召唤下，摆脱戾气和侩气，使心澄净和纯粹，无论荣辱，"勿妄作劳"。核心词"生命"，则是坚守的对象和教育信仰的化身。教育，生而为成全人和发展人而存在。当我们想回溯教育的本源，还原生命，叩问还有什么值得寄托时，最后剩下的，唯有"献给自己的祈祷书"——写作而已。

晨钟暮鼓，暑往寒来，我虽已褪去了初来的羞涩，却仍不时陷入彷徨和迷茫。而这种不稳定感，竟源自越发清晰的判断和逐渐觉醒的理性。欣慰的是，我也终于知道自己的归属，依靠阅读、写作、思考和磨砺，为一生的"命业"，坚守不渝。

（原载《教师月刊》2012 年第 12 期）

吴启雷：不做只会教书的药罐子

> 吴启雷 《教师月刊》2013 年度教师。生于 1983 年 4 月，上海人。上海东方卫视节目嘉宾，上海教育电视台特邀传统文化研究学者，上海博物馆专业志愿者。前瑞士 Proair 车队上海俱乐部车手，前上海游骑兵车队队长。出版《江山北望：岳飞和岳家军》《砥柱中流：韩世忠传》《中国绘画经典鉴赏：画中有话》等著作，另有多篇文史研究论文发表于《看历史》等期刊。现为上海民办平和双语学校历史教师。

　　吴启雷是个骄傲的人，他立志要与别人不一样。他出身于文史学科家庭，家族中教师众多，因为从小就受到良好的教育，加上家庭学术氛围的影响，大学期间便倾心于传统文化研究。现主要从事中国古代艺术史（宋元部分）、汉字的演变、两宋文化等课题的研究。

　　从 2010 年开始，作为主讲嘉宾，吴启雷老师陆续与上海多家媒体联合录制宋代书法绘画欣赏类的节目，深受观众好评。因为出色的专业水平和热情的公益情怀，他被上海博物馆聘为书法、绘画、陶瓷等方面的讲解员。

　　这些繁忙的事务，吴启雷老师是在做好本职工作的前提下完成的。作为小学语文教师，他致力于国学普及教育，形成了一套独特的教学方法和体系。大量阅读文史书籍、背诵古文经典，既是他的成长经验又是他现在教学的两大抓手。他十分注意为学生建造完整的文史学科框架，使他们从小就能够完整地构建起中国历史、文学的大框架。这样的教育实践非常富有挑战

第一辑　跨界发展

性，同时也非常迷人。

让我更为惊奇的是，他还是一个自行车运动员，从 2008 年开始参加上海自行车联赛，一直有不俗的表现。

2013 年 4 月，吴启雷老师的专著《江山北望：岳飞和岳家军》正式出版，另一部有关古代绘画欣赏的著作《画中有话》也已进入出版程序。我视之为吴启雷老师这些年开阔而丰富的教育生活的一次小结。

（张文质）

我是一个教师，我的社会责任要求我将自己的知识教授给我的学生。而我的学生，可以是学校里的孩子们，也可以是社会上的成年人。我很乐意与人分享我的思考和心得。

正因为有这样的想法，2004 年参加工作之后，我参加的国学教育公益活动逐渐增多，其中持续时间最长的当属在上海博物馆的义务讲座，前后达13 年之久。

上海博物馆是个不错的平台，我一直认为那是我事业和人生起步的地方，尽管我不是那里的员工，也没有去那里工作的愿望。之所以这么说，是因为在上海博物馆的日子里，我在两个方面逐渐成长起来。第一个方面是自身的专业积累。因为那里的经历，我得以接触到大量专业而细化的文史知识。我不记得在那里听过多少场专家讲座，也数不清自己为了读懂一幅作品而读了多少古籍、史料和当代人的研究成果。第二个方面体现在我的发展规划上。正是在这持续学习的过程中，我逐渐发现了自己想要什么，想成为怎样的人，30 岁之前的目标在哪里。同时，持续的学习，让我能够持续地发现问题并解决问题，这对我日后写出自己的专著是一个很好的铺垫。

不断学习和阅读是我做教师之后最重要的事情之一。结婚前，时间可以自由安排，每天中午是固定的阅读时间，每天晚饭后到睡觉前的时间可阅读可写作。粗粗算来，一天阅读时间约有三个小时。周末，除去外出参加体育锻炼，也保持两小时的阅读时间。后来谈恋爱，每次约会要坐一个多小时的地铁，正好可读书；每次等女友来吃饭，那段空闲也会拿出书来读。一点一点的知识，就这样装进了我的头脑。而我又可以把这些知识在任何一处讲台上教给我的学生，同时也更好地消化了这些知识。

因为家庭的原因，我从小就对文史知识有比较浓厚的兴趣。读大学之后，我的兴趣也几乎都集中在这一方面。后来涉猎的知识面越来越广，但还只是自己感兴趣的内容，还只是从传统文史学科衍生出去的知识，如古文字、陶瓷、书法、绘画、古代文学等，然后就是中医、中式烹饪之类。那会儿，我还没有想清楚自己要什么。

2006 年，我终于将自己的专业方向定在宋史上，后来，又集中在军政史和文化史两个方面。2008 年，我着手《江山北望：岳飞和岳家军》的创作。回头看看，从我确定专业发展方向到成书出版这一过程，确实时间漫长，颇不容易。

我不是宋史专业出身，也没有读过宋史方向的研究生，属于门外汉。一个对宋史一知半解的人要去研究宋史关键人物岳飞，并写出一本厚重的著作来，其难度可想而知。研究依旧从阅读开始。我大量地阅读我能读到的与岳飞有关、与宋代军政有关、与宋金战争有关的史料、论文和论丛，几乎是死记硬背地把这些书中的关键知识牢记在心。遇到不懂的问题，再找人请教。刚开始时，因为我不太认识这方面的行家，所以有些盲目。

巧就巧在，2011 年春天，我加入上海民革。组织上考虑到我的情况，将我安排在民革上师大支委。这极大地方便了我的研究，创作也顺利多了。2013 年 4 月 1 日，《江山北望：岳飞和岳家军》终于由上海科技文献出版社正式出版。那天，正好是我的生日。

这本书共 40 万字，前后修改了两稿，用去了五年时间，它实实在在地垫高了我生命的厚度。这也让我想到，作为教师，我们要的是有价值的文字和真的学识；作为知识的传播者，我们的学术修养要对得起自己的职业尊严。

古代书画也是我的研究领域，另外，我还创作了韩世忠的个人传记《砥柱中流：韩世忠传》。有同行问我，我是怎么发现要写的这些题目并落笔成书的。以我自己的体会来说，通过阅读，我发现了兴趣点，从而决定了应该在哪一点上下大力气；随着我对这一兴趣点的挖掘，越来越多的相关信息会出现在我的面前。比如我做岳飞研究，在积累岳飞史料的过程中，与岳飞同时期的抗金名将韩世忠的史料也就陆续积累了起来。而那些在写岳飞时没有解决彻底的，或者是与岳飞有间接关系而与韩世忠有直接关系的问题，就可以在新的一本书中呈现。新问题往往就是在解决旧问题的过程中产生的。我想，只要同行们能够勤读书，勤动笔，勤思考，都可以发现自己所关注的问题，并有的放矢地去研究。

我今年30岁，工作第十年。与所有的青年教师一样，一进单位就得接受各种培训。但我觉得，青年教师应该更多地主动提升自己的学识和涵养。教育是一种理想，更是一种信仰。古人对艺术有文人气和匠气之分，那么，对于做教师的我们来说，是要做教书匠，照本宣科地教学生，还是做一名有思想的教师，让学生通过你的教学与你产生思想的碰撞？相信很多人都会选择后者。

当然，教师也是一份工作。工作是为了更好地生活，而健康地活着又是生活中最重要的事情。很多媒体在采访我的时候，一开始都会提到我与传统的语文教师形象、文人形象有所不同，说我身材魁梧，肌肉发达，人晒得很黑。我做宋史，我很清楚，起码宋代的时候，文人射箭还是很普遍的，很多出使北方的文人大臣都射得一手好箭。倒是明清文人逐渐手无缚鸡之力了。可以说，明清之后的读书人，思想走了样儿，身体也跟着走了样儿。

我不愿做只会教书的药罐子，所以我坚持运动。除了每周多次在健身房里练习器械增加力量，修饰体型，每周一次车队训练或比赛也是必不可少的。2005年至今，我一直坚持自行车运动，2008年加入半职业的自行车队，我已不记得参加过多少比赛。当然，比赛的成绩对我来说并不重要，重要的是在这个过程中，我很快乐，我更健康。健康的身体能够支持我的研究，支持我的事业，支持我站在讲台上与学生分享我的知识和思考。

（原载《教师月刊》2013 年第 12 期）

晴耕雨读好教师

李逊芳：觅影寻声

李逊芳 《**教师月刊**》**2016 年度教师。**生于 1973 年，毕业于华东师范大学音乐系。上海市音乐特级教师，正高级教师，上海市现代音乐职业学校党支部书记、副校长。兼任上海市中小学音乐教学专业委员会副主任、上海市计算机音乐协会副会长、上海市普教系统第四期"双名工程"攻关计划主持人。多篇论文发表于各类刊物，出版专著《行者之歌——一位音乐教师的采风之路》《觅影寻声》等。

李逊芳长期任教于上海市杨浦高级中学。十几年来，她利用假期，远赴国内诸多少数民族地区和 30 多个国家、地区，进行音乐文化采风。她将自己所拍摄的人文风景照片、具有独特风情的民间歌舞视频、购买到的各种民族乐器，以及民间音乐家访谈资料等素材，进行整理、提炼，实现课程化，创设了校本课程"觅影寻声"。通过这个课程，学生们不仅学习了世界各地的民族音乐，还了解了世界各地的历史、经济、人文、地理。

李逊芳还创建了"多媒体数码音乐、影像学习制作室"，用以激发学生的艺术兴趣，开发学生的创造潜能，培养学生的动手能力，深受学生欢迎。因独特的艺术教育与现代科技相结合的新模式，该制作室被评为上海市第三批创新实验室。李逊芳主编的《让艺术展开信息的翅膀》一书，作为高中艺术特色教材参加了第十届上海教育博览会。

2016 年，李逊芳受命参与上海市现代音乐职业学校的创办。这是上海市

第一辑 跨界发展

杨浦区政府联手上海音乐学院等国内外优质资源创办的全国唯一一所公办专业流行音乐中等学校，以培养现代音乐制作与表演专业人才为目标，意在打造中国现代流行音乐领军人物的摇篮。这一年来，她投入了全部精力，没日没夜地工作，只希望能为热爱音乐的学生们开辟一条多元的成才路径。

（陈　璞）

　　"读万卷书，行万里路。"这是古人的求知模式，也是他们提高自我修养的重要途径。从某种角度看，"行万里路"比"读万卷书"更为重要。只有在路上，才能触及大千世界的本来面目，观察到其最真实的各个侧面；只有在路上，才能更直观地领略人类文明的丰富多彩，感知各民族历史、文化的源远流长；只有在路上，才能获得第一手的知识和信息，在实践中去辨别、检验书本知识的真伪。

　　作为一名爱好摄影的艺术教师，我在行走中关注最多的是"影"和"声"。"影"不仅是大自然的馈赠，也是人类社会几千年发展演变的缩影，我们从中不仅能领略到自然界的雄奇壮美，更能体味到芸芸众生的喜怒哀乐；"声"同样是大千世界奇妙的造化，也浓缩了不同时代的民族心声，在"人籁""地籁""天籁"的交相辉映中，我们眼前的世界变得丰富多彩、有声有色。

　　十余年来，我到过西藏、新疆、云南、陕西、福建、内蒙古、青海等地，以及非洲、欧洲、澳洲、美洲、亚洲的 30 多个国家和地区。每到一处，我都会拍摄人文风景照片，体验当地风俗民情，拜访民间艺术家，摄录具有独特风情的民间歌舞，购买具有当地民族特色的乐器，记录行程中的点滴感动。随着音乐资料的不断丰富，我将它们编成教材，创设了"觅影寻声"课程，以艺术教师的视角向学生介绍各地的历史、地理、音乐、人文，将从各地采风得来的鲜活的、现场的、原生态的内容融入课堂，与学生一同分享自己的旅途收获和情感体验。

　　我的行走之路，以世界非物质文化遗产为主线，除了音乐，还关注建筑、文学、历史等——实际上，它们也是相融的，不可分的。2012 年，我将目光投向了西班牙。西班牙是一个集浪漫与激情于一身的国度，它的历史，它的艺术，都不断地吸引着世人的目光，斗牛、舞蹈、吉他、足球……每个西班牙文化符号都令人向往和着迷。

如何在行走中体悟西班牙人民的创造性和想象力，将毕加索、达利、戈雅的绘画，阿尔贝尼兹、法雅、罗德里戈的音乐，高迪、米拉莱斯、波菲尔的建筑，还有弗拉明戈火热的舞姿这些最能体现西班牙民族文化与特色的内容带给学生呢？

在西班牙的"觅影寻声"之旅中，我设计了这样几条线路："文化之旅"——以塞万提斯的《堂·吉诃德》一书所提及的地点为线路，沿着堂·吉诃德和桑丘的脚步，闪回到尚处在"黑铁时代"的西班牙，感受理想主义者堂·吉诃德那些充满奇异想象的绝妙故事；"音乐之旅"——以阿尔贝尼兹巅峰之作《伊比利亚》组曲为蓝本，以其中《港口》《隆达纳舞曲》《特里安纳》《阿尔拜辛》等作品所描写的加的斯、隆达、塞维利亚、格拉纳达、阿尔拜辛区为行程重点，一边聆听钢琴作品，一边行走在伊比利亚半岛，丰富的西班牙民间音乐、舞蹈，让我更为多元地体会到了西班牙人激情、豪放、洒脱的民族性格；"艺术之旅"——探寻西班牙国宝弗拉明戈的发源地，欣赏展现"心与灵"本能的魅力之舞；"朝圣之旅"——行程融入"圣地亚哥之路"，结合自然风光、历史和文化的考察，在徒步前往圣地亚哥的漫长路途中，领略西班牙北部美丽的自然风光，同时感受朝圣者虔诚的心；"探寻之旅"——尽情领略托莱多、阿尔罕布拉宫、高迪建筑等艺术瑰宝……

回国后，我整理了大量的视频、音频和访谈素材，以"走进神圣的殿堂——西班牙文化之旅"为题呈现在学生面前，让学生品尝到了一次艺术人文盛宴。

回顾十几年的"觅影寻声"之路，收获颇丰。我曾三次踏上平均海拔4500米的西藏阿里地区，两次走进新疆和内蒙古采集录制当地民歌；入住山西绛州鼓乐团，向鼓手们学习中国非遗绛州鼓乐"花敲"的特殊技法；探访过非洲肯尼亚马赛部落，了解"一唱众和"的音乐特点；走进阿根廷卡米尼托小道了解世界文化遗产——探戈的起源。

随着行走之路的延伸，我的教学内容不断丰富："人与自然的和声——

侗族大歌""维吾尔族艺术之母——十二木卡姆""草原上的雄鹰之歌——内蒙古呼麦""鼓乐新声——山西绛州鼓乐艺术""打阿嘎的魅力——西藏劳动歌曲""苍茫大地，自由生灵——非洲马赛部落歌舞""铜锣文化之美——印度尼西亚佳美兰音乐""魔幻仙境中的战斗之歌——新西兰毛利族音乐""葡萄牙的时代悲歌——法多"……我希望通过"觅影寻声"这一课程，师生共同欣赏与感悟，使学生足不出校就能接触到充满民族特色的异域风情，拓宽艺术人文视野。

在"觅影寻声"课程的实施中，我没有局限于音乐这个维度，而是将历史、经济、人文、地理等相关内容有机融合起来，以丰富、加深学生对艺术作品的体悟与理解。

法多是葡萄牙的非物质文化遗产，是一种以声乐为主体的综合艺术，它最初出现于葡萄牙海滨城市里斯本。法多一词在葡萄牙语中的意思是命运或宿命，因其具有悲恸的曲调与伤感的歌词，也被称为葡萄牙的"悲歌"。

如何理解"悲歌"的特殊含义？如果仅从音乐的角度看，只有"叹息性"下行的音调可以感悟到悲伤的情绪，但为何大多法多歌曲都在"叹息"？教学中，我让学生欣赏了多首经典的法多歌曲，并建议他们从地理、经济、历史等多维度进行分析。学生很快找到了关键：从历史的角度，葡萄牙人长期受腓尼基人、古罗马人和阿拉伯人等异族的统治，也曾伴随着地理大发现而成为不可一世的海上霸主和殖民帝国。然而在西班牙、荷兰、英国相继获得海上强势地位后，葡萄牙开始不可逆转地走向没落。失去了海洋的葡萄牙如同被削去羽翼的雄鹰，再也不能展翅高飞了；从经济的角度看，如今的葡萄牙基本以农业、服务业和旅游业为经济支柱，发展水准在欧盟各国中居于末位，近年来又屡受金融危机的冲击，通货膨胀率和失业率居高不下；从地理的角度看，葡萄牙的一边是逐渐强大的西班牙，另外一边则是充满未知和恐惧的大海，当水手们扬帆起航时，留给更多人的是等待和痛苦。因此，法多的歌声充满悲切、哀怨之情，法多的悲歌融入了太多元素。

这种以音乐为出发点、融合多学科内容的课程，让学生不仅可以从音乐角度感性思考，更能在学习的过程中学会多维度地思考，也加深了对音乐本源的理解。

在课程的建构中，教师本身也是重要的资源。教师有意识地将自己的情感体验、态度、价值观、思维方式与生活阅历渗透在课程活动中，能使课堂教学更富生命活力，潜移默化地积极作用于学生的学习与成长。

如果说音乐、艺术、人文是"觅影寻声"课程的明线，那么在教学过程中还有一条极为重要的隐线，即通过一个个鲜活的故事、案例，向学生展示自然之美、艺术之美、人性之美，传达积极的生活态度，引导学生树立正确的人生方式。

尊重自然，保护地球。大自然既是人类繁衍生息的场所，也是所有文化艺术灵感的来源。除了在旅行中践行绿色出行的理念，我还将尊重自然、保护地球的观念带回课堂，引导学生自觉加入到保护地球母亲的行列中。

感悟历史，聆听未来。当我徜徉于古格王国遗迹的断壁残垣、古罗马的城墙水渠之间，攀登上丝绸之路必经之处的塔什库尔干石头城，感悟到的是历史的真实与厚重，这是在任何历史教科书中都难以读到的。在那一堆堆的碎石瓦砾中，我不仅触摸到历史的隐隐脉搏，也仿佛聆听到未来的召唤。只有符合大自然的运行规律，同时顺应人类进步需要的社会体系，才可能在未来世界拥有一席之地和光明的前景。

欣赏艺术，体验沟通。作为人类文明最璀璨的花朵，艺术不仅是人与自然交流的媒介，也是人的精神家园。在旅行中，我深深体会到劳动人民才是艺术的真正创造者，无论是黔东南侗族村寨中的侗族大歌，格拉纳达窑洞中的弗拉明戈舞蹈，还是花莲阿美族的丰年祭歌舞，艺术无处不在，并且与普通人的生活水乳交融。这些艺术之光，不仅点亮了人类的精神世界，也使各种族人们的沟通交流拥有了更多的可能。

敬畏生命，相互尊重。在"行走"中，我体验最深的，是生命的独特与可贵。无论是迁徙中的角马、圣湖边的羚羊、旷野上狂奔的野驴，还是草原上的马赛人、城市边缘的吉卜赛人、行走在喜马拉雅风雪线上的背夫，每种动物、植物以及各种肤色的人群，都有自己生存的权利，并且应该受到绝对的尊重。在每天都有数百物种灭绝的今天，保持生命的多样性显得尤为重要。在课堂上，我通过课程、教学、活动等载体告诉学生，只有敬畏生命、相互尊重，人类才会有可期的未来，保护野生动植物以及所有的生命，就是在保护我们自己。

很多学生问我为何喜欢旅行，我告诉他们，在行走中能找到更多的美，能重新定义对美的认知，它源于生活，它是生活的本真，它使我拥有新的目光，拥有精神和智慧的力量。

2016年，我迎来了新的人生和新的教育生活，从杨浦高级中学调入上海市现代音乐职业学校。这是一所旨在培养现代音乐制作和表演人才的艺术类中专。因为这些专业能力、艺术表现力俱佳的学生，我的"觅影寻声"课程走向了边界拓展和深度挖掘的新阶段。我将结合学校 MIDI 课程、录音课程，将从各地采风得来的音乐作为素材，让学生编曲、录制、演唱，以艺术实践的形式深化对艺术的理解和感悟，提高综合的音乐、艺术素养。

我相信，这是"觅影寻声"的一种新绽放……

（原载《教师月刊》2016 年第 12 期）

晴耕雨读好教师

吴樱花：贴近大地，才能自由呼吸

> 吴樱花 《教师月刊》2016 年度教师。1971 年生于江苏灌南，1990 年毕业于苏州大学体育系（专科），1995 年毕业于华东师范大学教育管理专业（本科函授）。中学语文高级教师，江苏省师德先进个人，苏州市德育学科带头人。著有《孩子，我看着你长大》《遭遇学困生——学困生的教育与转化技巧》《遭遇青春期学生——应对青春期症候群的教育智慧》等。现任教于苏州工业园区星港学校。

吴樱花是我的学生。可以这样说：我是看着她成长的。

学生时代的吴樱花是运动场上的弄潮儿，她所创造的 100 米和 200 米短跑纪录在县志上保留了 35 年，至今无人打破。

吴樱花是以体育系高材生毕业步入工作岗位的，五年之后，因为热爱而毅然改教语文，并以优异的学科成绩和出色的班主任工作实现了人生的第一次华丽转身。

从 2002 年到 2005 年，整整三年，吴樱花以 15 万字的观察日记，跟踪记录学生生活，使一名顽劣少年成长为中考"状元"。这个故事感动了苏州，受到东方卫视、央视新闻频道和《人民教育》《中国日报》《新民周刊》等媒体的关注。

2006 年，吴樱花自发组建教师发展团队——青葵园，推动教育名著的"接力共读"，促进团队成员藉由阅读参与课题研究，逐步培养教育写作的习惯和能力。

十年坚持，共读共写。除了积极地自我发展，吴樱花还推动了一个群体的共同成长。

（杨　斌）

阅读，总能让自己在困境中找到出路 ◥

小时候家里很穷，兄弟姐妹六个，父母养活孩子已属不易，根本没钱买书，偶尔得到报纸或电影海报，必是当作年画般装饰在草屋的土墙上。

文字对孩子是有天生的亲和力的。记得小时候最喜欢玩的游戏就是找标题，兄弟姐妹轮流"出题"，让其他人找，看谁最先找出来。墙上报纸的内容我基本烂熟于胸，每有新的一张贴上去，我都会先睹为快，所以每一次我都能在最短时间内找到标题。也许就是凭着这点爱好，在那物质和精神都很贫瘠的年代，无论是在村小还是乡小，我的成绩都能轻松获得优秀。

为了拼劳力，也因为读书无望，更因为贫穷，农村的父母大多会让孩子辍学挣工分。而我只有初小文化的父亲始终坚持：只要孩子有能力考上，就一定让他们完成学业。他和母亲拼尽全力供我们六个孩子读完初中，大哥大姐上了高中，我更是成为村子里的第一位大学生。父亲以他朴素的理念告诉我：读书是走出去的最好途径。

小学时，同学的一册作文选、一本《格林童话》，都能让我看得如痴如醉。考入县中后，图书馆里的《少年文艺》《儿童文学》，以及金庸和梁羽生的武侠小说成了我的宝贝，我经常躲在宿舍里看到深夜，席慕蓉、汪国真的诗歌，琼瑶的言情小说，更是陪伴了我整个高中生活。

上大学后，自由支配的时间多了，我开始迷恋读名著，读港台女作家的散文，读柏杨、李敖和龙应台的杂文，读侦探小说……没有中文系的阅读任务，我带着体育系的散漫，自由地呼吸着油墨的香味。热爱阅读，为我后来由体育改教语文储备了足够的勇气。

1996 年，做了五年体育教师的我，改教语文。为了让自己的语文课堂充满活力，也为了对我的学生负责，我开始了新一轮的专业阅读。我阅读教育

晴耕雨读好教师

名家，最早读的是于漪、宁鸿彬、韩军等老师的作品。为了让自己的课堂更亲切，又读了于永正、支玉恒等小学名师的著作。阅读使我从一名新手成长为骨干。我还学习魏书生和李镇西的治班方略，班主任工作更是得心应手，并且还荣幸地被评为中学语文一级教师。

阅读总能让我在困境中找到出路。当我因"四不像"的学历背景在老家应聘城里学校处处碰壁之时，一所高科技装备的新建学校——昆山玉峰实验学校意外地给了我一次机会。更令人激动的是，试讲课刚上完，我就接到了签约通知。

2002年暑假，我从家乡苏北来到昆山。在玉峰实验学校，我参加了新教育实验，聆听了朱永新老师的报告，开始读他的《我的教育理想》。在这个充满书香的校园里，我从很多教育名家的经验和智慧里汲取到了自己需要的营养。

2006年，我从昆山来到苏州工业园区星港学校，遇到了一群热爱读书、热爱孩子的备课组同仁。因书结缘，我们后来创建了"青葵园"读书小组，大家"接力共读"。《教学勇气》《教学机智》《自卑与超越》《学校与社会》《明日之学校》《教育的目的》《静悄悄的革命》《脂砚斋重评石头记（甲戌本）》《语文科课程论基础》《思考的艺术》，一本接一本，十年如一日，我们一起教研、一起读书、一起写作、一起外出参加培训活动。2016年，作为"青葵园"接力共读的发起人，我荣幸地获得了《中国教育报》"推动读书十大人物"提名奖。

阅读，让我获得了越走越远的动力。

总有一种方式适合自己 ◥

小时候的我体弱多病，父母曾一度担忧：如果这个孩子将来考不上大学，回到农村做农活，该怎么生存啊！由于打针吃药的时间多，家里的体力活分给我的就很少，这样就让我有了更多的时间在阅读中自得其乐。

后来，我因为身材瘦高被选进了运动队。参加体育锻炼多了，我的抵抗力有所增强，生病的次数越来越少。作为县乡级的专业运动员，进省体工队就是终极梦想。虽然我当年创造的短跑记录后来一直都没人打破，但是相比进省队的标准还是有一定的差距。读初三时，我被选送到市少体校训练了一年，最终仍然因为力量的原因而与省队失之交臂。无奈之下，我放弃了读体育师范的保送机会，决定回县中读高中考大学。

天遂人愿，三年之后，我如愿考上了苏州大学体育系。我父亲因此被邮递员要求买了一大袋水果糖在全村发放，还燃放了鞭炮以示庆贺。

1980年代，跳出农门对一个农村孩子来说是一项多么伟大的事业啊！我终于以一种适合自己的方式让父亲放心了——不干农活也能生存。

1990年，大学毕业，我被分配到一所农村学校教体育，成为这所学校的第一个专业体育教师。学校没有操场，体育也不是考试科目，上体育课就是"放羊"。为了改变这种让很多人羡慕的"混日子"的工作状态，也因为内心深处对文学的热爱，我主动请缨改教语文。趁着1996年乡镇学校全面普及九年义务教育的东风，校长最终经不住我的软磨硬泡，让我如愿改教了语文。

毕竟不是中文科班出身，文学素养是我的软肋。改教语文并做了班主任之后，我努力给学生的每篇作文都写批语，并以书信的方式与学生们沟通。他们对批语的渴盼和对书信沟通的热情接纳，极大地鼓励着我。

新教育实验提倡"师生共写随笔"，初到昆山的我也是全身心投入。我开始写教育随笔，每周至少一篇，并按要求发到"教育在线"。

当初写的随笔主要有两方面的内容：班级管理和语文教学。一个月左右的时间，忽然发觉我的随笔里经常出现一个男孩的名字。不少网友建议，把这个孩子的故事专门写出来。这就是后来我的随笔的第三方面内容：档案跟踪记录。

宋小迪，就是我随笔中的男主角。这个被同学称为"天地间第一恶人"的男生，为了"惩罚"隔壁班的同学，能把牙刷先沾上粪便再冲掉后让人家刷牙，能把喜欢的女生的名字用刀片刻在自己的胳膊上，能为了打篮球强烈要求退学，说是要进NBA……三年时间，他几乎每天都要给我制造麻烦。

这三年里，我为宋小迪写了15万字的日记，每年一本。我把这些日记装订成册送给他。2005年中考结束，宋小迪主动要求留在教室里，一个人默默地把教室打扫得窗明几净，桌凳摆放得整整齐齐，还把卖废纸所得的80元钱压在我的办公桌上，留言说要捐给我们班级资助的一名云南小学生。中考成绩揭晓了，宋小迪竟然奇迹般地以660分名列昆山市第一名。拿分数单的那一天，在全班同学面前，他双手接过分数条，恭恭敬敬地对我鞠了一躬，久久不愿起身。

没有绚丽的文采，没有巧妙的构思，也没有高深的立意，这种平实的甚至贫乏的"档案式"的日常记录，大概就是最适合我的成长方式。日积月累之中，我感到改变在不知不觉中发生。我相信我的改变会给我的学生带来更多的积极转变。

而"青葵园"的接力共读，是最适合我和我的伙伴们的成长方式。2016年是"青葵园"团队行走的第十个年头。十年以来，团队成员都成长为不同类型的教育教学骨干（荣誉甚多，不胜枚举），而这些收获并非当初出发时的觊觎，可以说是对读书人的额外奖赏。

时时重新开始

初登语文讲台时，我之前所有的体育资本全部归零。我几乎把语文教参背了下来，课本上密密麻麻写满了各种解析。那时的我，不知道怎么提问，也不知道怎么和学生互动，基本是一口气讲到底。所幸的是乡村孩子比较淳朴，他们求知若渴地瞪着眼睛听我讲课，丝毫没有厌倦的表现。

为了不辜负这群可爱的孩子，也为了能站稳这个讲台，我开始针对自己的短板恶补。我借来《古代汉语》《现代汉语》，悄悄地自学起来。

我开始懂得，每次上新课之前应该先听专业老师的课，请教之后再梳理自己的上课思路。在语文教学的天地里，我如初生婴儿蹒跚学走。一个学期之后，出人意料的是我教的班级语文成绩竟然很不错。以这样一种永不知足的态度，我在语文教学的三尺讲台上逐渐站稳了脚跟。

因为国人对所谓状元的情有独钟，作为宋小迪的班主任，我一度成为各类媒体的焦点，特别是《姑苏晚报》连续四天头版头条的跟踪报道和整整八版选载了我的随笔以后，荣誉接踵而至。我被评为昆山市语文学科带头人、昆山市优秀共产党员、江苏省师德先进个人。2005年8月，体育系毕业的我评上了中学语文高级教师。

我一下子觉得自己失去了平衡，仿佛被旋风卷到空中。尚存一份清醒的我深知如果不能脱离这种旋涡，那么很快将失去自我，再也找不到脚踩大地的踏实感。我不喜欢这种悬空的漂浮感，于是选择了离开。

当我以一个新人的面孔站在苏州园区星港学校的校园时，我深知过往的所有荣誉和光环都已全部清零，一切都将重新开始。

除了两个班级的语文课和班主任工作，在星港学校我还有了一个新的身份：备课组长。相对来说，我管理班级还有点经验，而团队建设则是一个全新的挑战。我们这个备课组有五位成员——电脑高手张鹰驰老师，勤恳好学的孙志平老师，活泼高效的郭萍老师，还有极其迷恋红楼的高桂萍老师。我很庆幸遇到了四位和我心性相投的伙伴，大家真心喜欢学生，并且都是真诚直率谦虚好学并渴望成长的人。一年之后，我提倡组内老师每周写一篇千字随笔，得到了大家的赞同。在坚持行走的路上，我越来越坚信：个人只有依赖于团队，才能走得坚实，走得持久。

为了有一个便于交流的空间，我们很快建立了一个QQ群，还特意请智童科技公司为我们设计Logo，并把团队的名称确定为"青葵园"。青，象征清纯、青涩、青春；葵，象征向师、向日、向善。我们都是渴望成长的青葵，青葵园就是一个见证学生成长、家长成长、教师成长的园子。

为了更好地凝聚团队的力量，在好友王丽琴老师的指点和参与下，我们的团队建设有了明确的方向：聚焦课题，搭建成长平台。

2012年初，青葵园团队合力创作的《遭遇学困生——学困生的教育与转化技巧》一书正式出版，我们申报的省级规划课题"中小学生'青春期症候群'与家庭教育干预研究"也顺利通过了立项审批。然而，我们也深感自己理论知识的薄弱，为了把课题研究深入开展下去，我们开始了教育理论的共读活动。

我们约定：大家自行阅读规定文本，结合自身实践体会，每周摘录一段箴言，根据这则箴言撰写200字以上的感悟，在规定的时间内上传到QQ群共享，其他时间则可以自由提出与教育有关的话题或参与话题讨论。

十年共读，十年同行，我越来越清楚：当我们无法改变环境和制度的时候，要清醒地辨别各种甚嚣尘上的新潮和司空见惯的常规之真伪。通过与一个个伟人的对话，我也慢慢认清了自己乃芸芸塔基中的一分子，如此就少了许多焦躁，多了一份淡定。

贴近大地，才能自由呼吸。这是我至今最为深切的一个成长体会。

（原载《教师月刊》2016年第12期）

邵广红：镜头里的教育生活

邵广红 《教师月刊》2016 年度教师。1979 年 4 月出生于辽宁省北票市大三家镇，2001 年 7 月毕业于辽宁省朝阳师范高等专科学校，回到家乡做了一名农村小学班主任，任教语文、数学、品德与社会等学科，2010 年被评为辽宁省骨干教师。2019 年 5 月，调入北票市教育局工作。

认识邵广红老师是从她的照片开始的。虽然我们没有见过面，但她鲜活地出现在我的想象中。她忘我地投入工作，喜欢孩子。从她的照片里也看得出，孩子们有多爱她！

很多人的照片充满刻意的技巧，布满伪装成美与善的功利欲望，让人看不下去。而邵老师拍的"孩子们"的照片似乎得来容易，一气呵成，我们根本看不到摄影师的存在，但照片简单、朴素、真实，不知不觉就走进了我们的内心。再看一遍，这些照片带着满满的爱意，这是最可贵的。所以，她的作品得以入围"首届阮义忠摄影人文奖"的终审名单。几年来，这位班主任用自己的卡片机和手机用心记录她身边的可爱的孩子们。孩子们互相帮助的温暖细节，老师和孩子之间的感人故事都被记录。希望这满满的正能量，传递给更多人。

（傅拥军）

第一辑 跨界发展

每当活泼可爱的孩子们从身边蹦蹦跳跳地经过，总会勾起我对童年往事的美好回忆。我从小生活在农村，那时候的我和许多土生土长的乡下孩子一样，贪玩、淘气——每天和村里的小伙伴们一起捉迷藏、过家家，上山采蘑菇，爬树掏鸟窝，下河摸小鱼……只可惜，这些回忆没留下任何影像。

师范毕业后，我回到家乡，做了一名农村小学教师和班主任。我喜欢跟孩子们在一起，他们的纯真经常把我带回梦中的童年。2012年，我拥有了第一部智能手机，开始记录孩子们生活、学习、游戏的点点滴滴，有趣的、感人的、快乐的、忧伤的……关于孩子们的一切，都是那么真实而温暖。镜头拉近了我和孩子们之间的距离，让我得以走进每个孩子的世界。我经常把孩子们的故事用照片加文字的方式发到我的QQ空间，和孩子、家长、同事、朋友们一起分享，得到了很多人的喜欢与关注。

一个偶然的机会，滕利明老师走进了我的QQ空间，发现了这群可爱的孩子，他被孩子们的纯真所感动。滕老师是我们当地的著名摄影师，他的摄影作品《天边的故乡》曾经获得第二十五届国展艺术类金奖，后来又被评为辽宁省摄影艺术展金像奖。

正是在滕利明老师不断的鼓励与指导下，我走上了摄影之路。2015年5月，我买了一部卡片机，并学会了把照片发到"快拍快拍网"，又得到了网站发起人、《都市快报》摄影部主任傅拥军老师及快拍小友们的厚爱。2016年6月，《都市快报》以"乡村教师镜头里的校园"为题发表了一整版我的作品；7月，我又在《中国摄影报》发表了整版的作品；10月，组照《我的孩子们》荣获辽宁省摄影艺术展纪实类铜奖，并于11月在"首届阮义忠摄影人文奖"的评选中入围前十五。

这些荣誉来得非常突然，但它们并不是我最看重的，能得到社会各界朋友的喜欢与认可，让更多的人关注我的孩子们才是最重要的。"没有爱心和童心是拍不出这些暖心的照片的！"我感动于网友们的评论与理解。

我所拍的每一张照片的背后，都有一个真实的故事。为了深入了解孩子们的生活，我经常家访，也经常带给孩子们一些小礼物，如图书、衣服等。2015 年 11 月，孩子们非要我带他们到市里的电影院看电影。在他们的一再央求下，我顶着"学生安全"的压力答应了，带他们看了他们人生中的第一部 3D 动画片，还逛了新华书店、公园，最后把 17 个孩子带到家里，做了他们最爱吃的炸鸡翅。

镜头一　我的红膝盖　▼

记得那天，我摔伤了，手心和膝盖都磕破了皮，还流了血。

孩子们看到后很惊讶，也很心疼。刘洁说："老师，赶紧去医院上药吧！"房鑫说："老师，我先给你擦擦吧！"廖宏泽说："快！看看《本草纲目》上是怎么写的！"孙儒学说："老师，我长大要当医生，专门给你治伤！"……

孩子们的话有些夸张，但我心里很温暖。"老师，你明天还是穿平底鞋吧！"房明阳的一句话让我感到一丝羞愧，还有一些感动——孩子们说喜欢我穿高跟鞋的样子，但是我实在是太笨，刚刚穿上高跟鞋，就从台阶上摔了下来，让孩子们失望了。

我坐在椅子上，傻傻地盯着伤口，忽然想起了小时候，因为淘气，膝盖总是带着两块红红的伤疤，几乎没有痊愈的时候。我也经常跟孩子们提起我的红膝盖，为的是让他们学会坚强。现在，孩子们有点小磕小碰从来不喊疼，也不会因为被谁不小心撞倒了来找我告状。

今天，这双惹祸的高跟鞋终于让孩子们亲眼看到了他们一直在脑海里想象的老师的红膝盖。想到这儿，不禁觉得这次摔得很值。

镜头二　哭泣的父亲　▼

房明阳家就在通往镇政府的主路旁边。

推开一扇窄窄的小木门，里面是狭小的旧屋子：一铺双人床大小的土炕，陈旧的塑料棚顶，几年没有粉刷过的墙壁。就是这样一间小小的屋子，却是一家人所有的生活必需——是卧室，也是客厅，厨房也在这里。还好墙上有一面大大的镜子，让屋子显得不那么压抑。

那天，只有房明阳和她爸爸在家，她妈妈在村里的一个工厂做饭。看到我，孩子特别高兴，马上从电视机后面的一个小盒子里拿出两袋杏干递给我："老师，你吃！"

房明阳特别懂事，平时喜欢看书，文文静静，内心丰富，感情细腻，她写的作文经常把我感动得热泪盈眶。本学期的期末统考，她的成绩也是名列前茅。当我说起这些时，孩子爸爸的眼圈红了，他说因为自己身体不好，不能给孩子一个好的家庭环境，总觉得对不起她。房明阳拉着爸爸的手说："没事啊！我觉得自己非常幸福。"看到孩子如此懂事，爸爸再也抑制不住自己的泪水。都说男儿有泪不轻弹，只是未到伤心处。我知道，这泪水里除了有对自己身体的无奈和对孩子的愧疚以外，更多的是感动、幸福和骄傲。此时此刻的我，再也举不起自己手中的相机……

孩子是一个家庭的未来和希望。有一个身心健康、孝顺懂事的孩子，再不幸的家庭也会充满温暖。

镜头三　吹小号的男孩　◥

任波是一个单亲孩子，长得又高又胖，饭量也大，我经常在食堂多打一些饭菜给他。他的父亲八年前在一场车祸中去世，那年他只有4岁，妈妈怕孩子受气，没有改嫁，几年来，一直在外地打工，他和姥姥姥爷生活在一起。两年前，姥姥又得了脑血栓，为了维持生计，姥爷出去做木工，姥姥拖着病体照顾任波的生活。

一次家访时，我听说了一件事：任波的姥姥右侧手脚活动不便，切不了土豆，为了做任波喜欢吃的土豆丝，就找邻居帮忙。我嘱咐任波要多帮姥姥干家务活，让他试着理解姥姥生活的艰辛。一有时间，我就去他家看看，一边帮忙一边鼓励孩子。由于从小失去父亲，家里人对任波非常溺爱，让他养成了一些不良习惯。现在看着他每天都有点滴进步，我非常欣慰。

通过任波，我感觉到，每个孩子性格的形成都与童年的经历有关。我需要给任波的，就是一个与其他孩子一样阳光的童年。

镜头四　课本剧的主角　❧

胡忠涛在班上的学习成绩比较落后。通过家访，我了解到他生活在一个比较特殊的家庭。他的父亲由于家里贫困，入赘到胡忠涛姥姥家生活，他还有一个由于智障没有上过学的姐姐。我发现胡忠涛最大的优点就是喜欢看书、讲故事，但是他有吐字不清的毛病，于是我不断矫正他，现在，他读课文已是绘声绘色。每次表演课本剧，我都安排胡忠涛做主角，以培养他的自信。胡忠涛活泼可爱的身影一次又一次地出现在我的镜头里。

我相信，爱可以传递温暖，爱可以孕育自信。在爱的浇灌下，任何生命都能健康成长。

镜头五　"弟弟，我爱你"　❧

吴东旭是一个很特别的孩子，不爱说话，不爱跟小伙伴们交流。两岁时，他的父亲去世了，母亲带着他和姐姐改嫁到现在生活的这个家庭。六年前，母亲给他生了一个小弟弟，今年3月，这个可爱的弟弟患了白血病。父母一直奔波在给弟弟治病的路上，小东旭由姥爷照顾。

今年夏天，在吴东旭身上发生了一件让我感动的事。他用地上被风吹落的柳条编成了一个粗糙的东西，说要把这个"玩具"送给弟弟，让弟弟开心。我问他这个"玩具"是什么，他举起来给我看，边用手指着边慢声细语地解释说："这样横着看，像小虾，这是它的胡须；也像螳螂，这是它的手臂；这样立起来，像孙悟空，这是他的金箍棒，还有两根翎毛；这中间的圈圈像跑道……"听着孩子的讲述，我不禁两眼泛红，"玩具"在我的泪眼中渐渐模糊。我一定要到他的家里去看看，以后的日子要经常去家访，也带给他们兄弟俩一些小礼物。

一次家访，趁孩子们在边上玩时，东旭妈妈向我诉说了家里的情况，其实不用她说，困难就摆在眼前，东旭弟弟治疗至少需要30万，现在网上的"爱心筹"捐助已筹到了两万多，加上跟亲朋好友借的，一共是十多万，"不管怎样，我都会给孩子治的！"东旭妈妈说这些话的时候很平静，没掉一滴眼泪，但我还是从她的眼神里看出了无助和忧伤。她说孩子学习成绩不好，让老师天天操心，觉得对不住老师。

当我说起小东旭给弟弟编玩具的事，她终于抑制不住自己的眼泪："小东旭命苦！但这孩子非常懂事，他跟我说，'妈妈，我不想上学了，我想在家里照顾弟弟。你们去沈阳我也跟着去，我可以给弟弟买饭，陪他玩'。"看到妈妈哭了，东旭的弟弟一下子扑到妈妈怀里，使劲地亲妈妈。小东旭坐在炕上默默地流泪，那一瞬间，我的眼泪再也忍不住了。

临走时，两个孩子追着送我，还一直喊着"谢谢老师！"我真的很惭愧，因为在这样一笔庞大的治疗费用面前，我所做的一切都显得那样微不足道。因为这个孩子的特殊性，我在学校经常对他表示关心，孩子心里明白老师对他的爱，有一天他突然跑到我面前，举着脏脏的小手递过来一块糖，说："老师，这是我姐姐买的，送给你一块！"

我觉得自己是幸运的 ◥

自从走上摄影之路，我的生活发生了很大的变化。孩子们和我更亲了，他们都喜欢我给他们照相，我也经常把照片冲洗出来送给他们；家长更支持我的工作，经常在网上交流关于孩子的教育问题；学校领导知道后也大力支持与鼓励。

每一个班主任对于学生的教育都有自己的方法和途径，我采用的是拍照的方式，记录班级里每一个孩子真实具体的生活。他们在教室里讨论问题，在劳动中团结合作，在课间游戏，闹矛盾以后和好，帮父母做家务，为老人捶背等，都是我拍照的素材。这拉近了我与学生的距离，还架起了一座与家长沟通的桥梁。

我觉得自己是幸运的。因为给孩子们拍照，先后有很多媒体来到我们学校作采访报道，甚至还得到了央视新闻频道的关注。我最高兴的是，这些关心教育的媒体，给孩子们带来了自信和信念。童年应该是快乐的、自由的、无忧无虑的。希望我们的教育、我们的社会能还给孩子们完整的童年；希望未来的某一天，他们能从我的镜头中看到自己青涩的童年和年轻的我；希望他们永远像现在一样热爱生活，懂得回报他人、回报社会。

我们都知道，人生来并不都是健康的、聪明的、漂亮的、完美的，但作为一名教师，我们可以用温暖的心和不放弃的倔强，陪伴每个快乐和忧伤的孩子，让他们都一样幸福。愿我的爱和孩子们的情，汇成一股甘醇、清澈的暖流，永不枯涸，温润人间……

（原载《教师月刊》2016 年第 12 期）

高东生：在虫子的江湖里开悟

高东生 《教师月刊》2017年度教师。1963年生于河北雄县，1982年毕业于保定师范专科学校，任教于河北雄县中学，2001年应聘到江苏省张家港高级中学工作至今。2017年出版摄影散文集《虫子的江湖》，2021年出版"自然影像丛书"，两部作品均获科技部优秀科普作品奖。

2011年秋，我结识了高东生，只身跑到张家港，去完成他布置给我的一项任务。

任务完成后，我们几个语文人，冒着微雨，疯疯癫癫地跑到水边去看林清玄笔下的菅芒花。高东生背着他笨重的摄影器材。目测他的相机很是值钱，满以为他会给我和几个美人儿拍一批靓照，然而，没有！人家举着个高级相机，只拍虫子不拍人！

他的同事告诉我，高老师在学校开了一门名为"摄影与写作"的校本课程，后来我看到了一本他们自己编的小册子，图文都颇像样，由不得想，这个高东生，还真有些与众不同。回到唐山，写了一篇讴歌高东生的散文——《气味》，发表在2012年第7期的《散文》杂志。许多人看了文章之后说：哇，想不到还有张老师这么佩服的人！这个高东生究竟是何方神圣？

他偶尔给我发来他拍摄的蟹蛛、蓝蜻、杆螽斯、斑须蝽……我盯着那些神气活现的小东西，嘴里不停地念叨着这些闻所未闻的虫名，惊叹得不行！我看他拍的虫子和写的文字都远超众人，大概是三年前，就把他推荐给了

《读者》的编辑，没想到这就揭开了高东生与《读者》斩不断的情缘。几乎每月刊发一篇图文并茂的文章不算，《读者》还打算为他出一本书。

高东生镜头中的虫虫，一律是有温度的。追求完美的他，不把虫虫拍出他想要的绝佳姿色就断不肯罢手；高东生的文字，不事张扬，从容而又温雅，读得人心生欢喜。

后来，高东生跟我说，自己业余时间在摄影上下了些功夫，写文字也是为了备忘而已，哪知不少同事也颇感兴趣，一起努力，2014 年，张家港高级中学的"影像与写作"获批江苏省普通高中课程基地。高东生对此非常感叹：这辈子是躲不开语文了。

（张丽钧）

小时候，虫子是伙伴儿，也是玩具。那时虫子太多了，我家又住在村边，紧挨着白洋淀的外堤。夏天在田野行走，有时虫子会飞到嘴里；晚上几乎不敢开门灯，蛾子之类的虫子绕着灯泡飞舞，会让灯光暗淡，灯下落满一层。

捉一只金龟子用高粱秆稍加改造，就能让它在双手间旋转；把天牛拿在手里，往它的嘴里送草叶，它能一截一截把草铡断；用扫帚扑一只母蜻蜓，然后用芦苇最尖端的叶子拴住，在水边轻轻一晃，就会有公蜻蜓奋不顾身地飞来拥抱，一会儿就能捉一串儿，拿回家喂鸡；把麦粒嚼出黏性就能粘知了，一根马尾也能轻易套住在树枝上唱歌的它们……

现在虫子少了，农药是罪魁祸首，房地产开发又推波助澜。但有些没有减少，只是远离了我们，我们对不起它们，它们也不再愿意见到我们；好多没有绝种，有些还在我们身边。自然残酷到无以复加，好在生命也是顽强到难以想象。

年龄渐长，脚步便不再那么匆匆忙忙，内心也不再那么心急火燎。虫子似乎又转世重生，一个一个冒了出来，但这次的它们，不再是伙伴，也不再是玩具，它们每一个都成了生命的传奇，是换了一副模样来晓谕我们的上帝。

转折点是一台单反相机和一只微距镜头。由于工作的限制，我知道自己平时没有多少时间去拍摄名山大川风景名胜，因此，我的挂机头是经典的百

第一辑　跨界发展

微，这种配置在摄影人看来未免有些奇葩，但回头去看我与众不同的组合却得感谢这样的阴差阳错。几十年来，我还从未在这个角度细看过我身边的世界，也从未发现在我的周围竟然还有这样一个精彩纷呈的江湖，我一次次被惊得目瞪口呆。

此后我大部分的业余时间就用来微距拍摄，写作摄影手记，当然还有与此相关的延伸阅读。不少朋友问我：你怎么对虫子这么感兴趣？其实我并没有专门的拍摄选择，感觉什么值得拍就拍什么，只是逐渐发现虫子的江湖风起云涌、惊涛拍岸，它们的魅力让我沉迷其中。

此前我写过不少教育教学随笔，声嘶力竭地呼喊，也想改变一下身边的教育生态，后来发现和痴人说梦差不多。比如，语文教师鼓励学生阅读，班主任却把名著当成非法读物没收，那个摆在教室一角的书架只作装饰和应付检查之用。"整本书阅读"最近竟然成了热门词汇，难道以后还会有"半本书阅读"，还会有"三分之一本书阅读"的教学探讨？占语文教学半壁江山的作文至今也没有一本权威的被大家认可的教材，大家各行其是，甚至不读书不写作的语文教师也在那里一本正经地指导着学生阅读和写作，有的还口若悬河手舞足蹈。当听到质疑的声音，他们毫无愧色，还振振有词：有的优秀的游泳教练并不会游泳，刘翔的教练肯定没有刘翔跑得快，师不必强于弟子……听到这些的时候，我就更想去拍虫子了。

那是一个在常人看来微不足道的世界，其实它广阔而神秘，丰富而多彩。我拍它们，写它们，读书、上网了解它们，这个虽耗时费力但乐此不疲的过程，让我有了比读专业书籍、做专业研究多得多的收获。

它们卑微，那是因为你的视角是居高临下的。几粒米饭、一只昆虫的尸体，也可能引发蚂蚁的战争，这在某些人看来着实可笑，为一点食物而刀兵相见大打出手甚至命丧黄泉，是不是因小失大？但换个角度看，我们有多少人曾为涨工资得奖金、评职称评先进等斤斤计较甚至伤肝动气呢？设若头顶三尺有神明的话，在神明眼中，你说，我们与蝼蚁何异？一只豆娘，头部被一颗露珠砸中，像戴上了一只水做的面罩，它用腿撕扯几次没有效果，此时露水像胶水，水的张力对弱小的虫子来说强大到不可抗拒。但一颗露珠只相当于人的一滴眼泪，一滴雨也大致相当，所以骤雨乍来，千万滴雨珠从天而降，我们依然镇定自若。假如雨滴像足球一样大小，啪啪地砸向车窗、屋顶，我们还会从容淡定吗？但造物主没这样做，我们是不是该感激造物主的恩典？

我看到过好多次蚂蚁放牧蚜虫的场景，蚂蚁跟在蚜虫的后面，吃蚜虫分泌的蜜露，蚂蚁的回报是负责蚜虫的安全。这种场面也让我开悟，我想到了智慧，想到了合作，想到了互惠互利。商人们竞争到难以为继的时候才想到的双赢，蚂蚁和蚜虫在几百万年前就付诸实践了。我再看电视里那些所谓的职场高端培训，讲师在那里喋喋不休，感到十分好笑，像看一出小品。

悬茧姬蜂育儿的过程，在我看来也是天方夜谭。它会捉住一只虫子，把它麻痹，然后把卵寄生在上面。毒不能多，多了寄主就死了，当然也不能少，少了没效果。它要保证寄主不死又不能动，让自己的孩子吃到比冰箱保鲜效果还要好的食物。它的孩子竟然神奇到也懂得这一点，先吃寄主的非主要部位，让寄主尽量长时间给自己供应新鲜食物。一位在医院做领导的朋友听我谈起姬蜂，感慨不已：我们的麻醉医生比姬蜂差远了。后来他把我拍的一些图片和这篇讲姬蜂的文章贴在医院的墙上，他改成了这样的题目：《中深度镇静高手》，给病人也给医生看。虫子的世界好像有取之不尽的资源，各个阶层各个职业各个年龄的人都能从中得到启发，前提是你要开悟，当然，不一定是在菩提树下。

摄影在我的生活中只是一个点缀，是对业余时间的填充。但我看到了虫子世界里有那么多以前熟视无睹的内容，忽然理解了《散文》杂志的广告语。这本刊物这么多年来，每期封面都印着一句话：

表达
你的
发现

我明白了，这原来才是写作的核心要素。写作是先有"发现"，然后再进行"表达"。没有"发现"的写作，难免东拼西凑，甚至无病呻吟。

微距镜头是我的另一只眼，我透过它，发现了很多容易忽略的内容。梳齿一样的蛾子的触须，原来这才是"蛾眉"，我激动不已，马上写了摄影手记《我发现了蛾眉》并投给了报刊，不久就发表了。蚊子、苍蝇类的昆虫的后翅退化成了一对平衡棒，在飞行过程中能搜集空气中的信息，调整飞行姿态，发明家据此仿生，发明了振动陀螺仪，我也拍到了，欣喜地写了摄影手记《一切都是最好的安排》，马上就发表了。蓑蛾的幼虫能织一个袋子，粘上枯叶杂草，自己藏在里面，我拍到了它的生存招数，写了《用三亿五千万年做一件隐身衣》，也发表了……

一个普通的作者，文采、思想都不出众，想在正规报刊上发文章，不交版面费还挣稿费，也不是一件轻而易举的事。我在虫子的江湖里开悟之后，这件事变得简单起来。我身边的几位同事也有摄影和写作的特长，我们就以"影像与写作"的"特色"申报江苏省普通高中课程基地，2014 年 6 月获批。这有些幸运，有些无心插柳的意外。没想到竟然通过这样的途径找到了另外一条抵达之路，"语文学习的外延和生活的外延相等"，这很像魔咒，而且法力无边，我折腾了半天还在它的手心之中。

后来，《读者·原创版》编辑部竟然计划把我写虫子的摄影手记编辑出版，这是又一件意外的惊喜。地处大西北的《读者》创造了报刊出版界的传奇，已经成了一种文化符号，我是从"《读者文摘》时代"开始订阅的，看着看着我就慢慢变老了。没想到这辈子，我还能和它一起叙述一段故事，留存在我人生的册页上。

为出版图书和《读者》编辑沟通的过程，也让我受益匪浅，这也是"虫子的江湖"衍生的故事。我为书的及早出版而着急上火，他们却不紧不慢，几易书稿，精益求精，因为封面镂空没对准扉页的小蚂蚁，出版社又补印了不干胶贴纸。我是一介默默无闻的小人物，与《读者》的编辑素未谋面，更无交情，他们为我的书一丝不苟，我看到的是他们职业精神的光亮。毕竟还是有一些人能沉潜下来做事。社会的浮躁不是自己跟风摇摆的借口。这个社会变得太快了，让人目不暇接，但教学中学生的主体地位不会变吧，教师要读书的道理不会变吧。

2017 年 8 月，《虫子的江湖》出版后，不少朋友问我为什么起这么个名字——"虫子的世界"不更广大吗？我也想过不少书名，但感觉还是"江湖"一词更能表达出虫子世界的丰富。它们为了生存而作出的不懈努力，它们向着完美目标进化的辉煌路程，让我在走近它们的过程中一次次自愧弗如；它们为了躲避天敌而殚精竭虑，为了孩子平安无事而挖空心思，经常是你死我活，惊心动魄，有喜怒哀乐，也有爱恨情仇，树丛和杂草间，可不是你想象的，都是诗情画意。

（原载《教师月刊》2017 年第 12 期）

晴耕雨读好教师

苏翔：带不走的繁华，带不走的我自己

苏翔　《教师月刊》2019年度教师。1986年11月生于浙江桐乡，2009年毕业于杭州师范大学中文系，同年考入杭州师范大学中文系文艺学专业研究生，2012年获得文学硕士学位。现任杭州市星澜中学校长助理，系杭州市教坛新秀，杭州市拱墅区"运河名师""运河教育标兵"，杭州市初中语文教研大组成员，浙江省现代文学学会会员，杭州市艺术美学研究会会员。在《名作欣赏》《书屋》《浙江作家》《教学月刊》《教师月刊》等期刊发表文章多篇，出版个人专著《北极熊俄罗斯》《斗牛士西班牙》《老祖宗说游艺》《课堂名人故事·文学家》。

教师的成长，如同学生那样，必须自由而"野蛮"，惟其如此，方能成为一个完整的人，一个真正具有个性的人，并且他所教授的学生也才会如其完整而有个性。

苏翔老师便是这样一个在"任性"中寻找到了自己的人。她自由而充足，并以她的文化给周遭的人带来了一种清新而浓郁的气息。

她是一名优秀的中学语文教师。她很清楚学生的需求——无论是应试的"刚需"，还是人文的"投资"，她都努力满足。她所带班级的成绩总在全校名列前茅，而她带给学生的，却又不仅仅是成绩。

还有美。

她喜欢写作，并且为了写作，愿意孤身踏上俄罗斯的黑土地，感受这个

第一辑　跨界发展

民族的音乐和文学；她也愿意为了《千里江山图》的卓然不群，而在春节抢票去故宫；她甚至为了她的文学，设法在乌镇采访陈丹青，与他对话，并像艾克曼那样保持着谦卑与独立。她的文字，散发着江南小巷特有的清香、品质与才气，让你徜徉其中而不自知。工作才七年，她就出版了好几本文化类图书，写作了诸多性灵高远又活泼的文字。并且，她还将她的这种性灵，以文化课程的方式带给了她的学生……

这很不容易，因为，在这个世界，向美，是需要勇气的。

（王小庆）

这几年，大运河的气质越来越好了。

四五月的丽水路，天色好像永远不会暗下来，整个杭城满满当当的光亮，因为有了运河的轻声细语，这块地方显得隽永深邃。没有芍药，杜鹃时时娇艳令人心潮起伏，在黄昏未老的河道畔散步，一个人的时候，忍不住就会念出陈育虹的诗："我告诉过你我的额头我的发想你 / 因为云在天上相互梳理我的颈我的耳垂想你 / 因为悬桥巷草桥弄的闲愁 / 因为巴赫无伴奏静静滑进外城河……"（《我告诉过你》）

大运河的过去，是一股激流，奔腾不止，披着它身上的历史；大运河的如今，是一股暖流，洋洋洒洒，穿过桐乡我从小生长的地方，静静卧在我工作地的一旁。真的是一旁呢，如果我愿意，我可以每天下班拉着我的黑色"小船"，顺着永庆路快乐着一涌而出，直到那条诗意烂漫的丽水路，南北左右便是我的大运河了。

我想，这不能不算是一种缘分吧。

2014 年的拱墅区"大运河国际诗歌节"，你们都知道的，舒羽邀约，北岛来了，唱《晴日共剪窗》的民谣歌手程璧也来了，当时来的，应该还有很多名人，但我现在只记得里面有一位我现在的学生，他是作为学生代表去参加的。我问他当时对北岛的印象是什么，将近一米八高的他很认真地回答我说："北岛人很平和，也很精神，走路很平静（指的是有修养），说话很从容。是有文学涵养、阅历丰富的人所特有的。"我当时一惊，因为他说，北

晴耕雨读好教师

岛身上有一种气质，是文学的气质！原来在一个十多岁孩子的眼里，文学也可以是崇高的。一次活动，让一粒火苗燃起。我也想知道，他会怎样评价我：有班主任严格的气质？还是也有那么一些与众不同的文学气质？一笑。

载着诗人们的邮轮"拱宸邀月号"在那个夜晚静静划过，一路夜光灯景，诗人们在这里相聚，论诗咏诵，共诉衷肠。

我的阅读初史：辨认生命的每一个瞬间 ◥

韩国诗人崔东镐说："活着就要把瞬间作为永远歌唱！"无数个黎明吹散过无数个黄昏的依恋，每一瞬间，都值得歌唱。

我生长的时代，没有破旧的马车，也没有诗人多多笔下巨型的渔网架；我的青春还没有说散就散，更没有怀乡的伤痛。曾经很多时候，我恨自己生不逢时，他们最好的 1990 年代，我却为什么只是在水塘边无忧无虑扔瓦片的小孩。我开始的时代，温暖如春，如四五月的丽水路，毕竟都已太好。

太好，是的，但它不能成为我消磨度日的理由。工作已到了"七年之痒"的境地，我记得刚入职时，一位临退休的老教师对我说，工作开始后，你所拥有的知识就会渐渐散失了。用木心的话来说，散失，散失，散便是失。这句话几乎成为我自觉的警记，因为至今我都不能认同。

如果把这份教师职业仅仅当作一张粮票，那么形魄都是无意义的。然而不幸的是，我们大部分人既不能摆脱身边的一切都是正在失去的这一真理，又不能始终冲着最高目标去坚守自己，只是如此日复一日地活着。他们不是缺少怀疑的本能，而是在沉默中选择了放弃。

有没有一种可能，可以平衡好获得与失去？这也许很难，坚持和放弃看似两难，其实大多难以说清；然而唯一不用去怀疑自己的，是辨认的过程，辨认本身自有价值。诗人有诗人的使命，用生命去记录人们所经历过的政治的或文化的甚至艺术的变迁；教育者也有自己的使命，给孩子们带去三月的春暖花开，帮助他们学会认真生活，认真思考。

因为如此，活在瞬间中的我们，要允许自己折腾自己。从学院派来，到实践中去。工作刚刚两年青春自信没关系，不懂怎么运行自己的课堂好像也没关系，但我坚持认真写论文，笔耕不辍。从第一年的随心所欲地宠爱自己的写作，到现在能从教育界中找出金蔷薇的写作，我仍然是我，一个风风雨雨能痛哭的我。入教育之门很早，觉悟却很迟，也是这两年豁然懂了：噢，教材思路是这样的，噢，教学目标是这样的，那样子一琢磨，真是哪里都能开心起来。

去年书架上增加的 60 本书虽然没来得及全都翻看，但就像大运河一样，至少它们可以永远流淌在我心上。很多年前，我开始读诗，是两个偶然引我爱上了诗：一是瑞典诗人雅尔马尔之死，一是北岛所译的里尔克的《秋日》。前者，是诗意人生；后者，是人生诗意。此后，每次读到喜欢的诗句，就用淡淡笔墨勾画些小趣味，有的还要抄在笔记本上。

2015 年，我上过一节课外阅读公开课：《贝加尔湖》。那时刚工作三年，散文课上得不甚如意，可是文章我喜欢呀！梁恩明，文字平淡从容，记者出身，还做过商人，太难得了。我就沿着文章里延伸出去的列宾的油画《不期而至》一路向北，越钻越爱，越爱越钻。有时候爱得多了，就把阅读课当成俄罗斯艺术史课；爱得淡了，就歇一歇，去圣彼得堡的冬宫看个天荒地老，去莫斯科的特列季亚科夫画廊找《无名女郎》。一往而深的感动，滚滚而来，倚靠着暗橙色木质展厅的大柜子，一眼竟可以望到灰蓝忧郁的涅瓦河啊！

那是我第一次离开祖国往北方岁月里去。我编著的《北极熊俄罗斯》已经出版两年，急切希望能踏上那片遥远的黑土地，一睹直击人心的白桦林。

在圣彼得堡的冬宫和莫斯科的画廊里，我不再需要时间，我已没有了时间。列宾的认真，巡回展览画派的才华与从不消沉，一幅幅名画，列维坦的，克拉姆斯柯依的，库茵芝的，清晰辨认；还有俄罗斯的音乐与文学，拉赫玛尼诺夫指尖最后的浪漫，我也同情肖斯塔科维奇的艰难一生，颠僧也好，圣愚也罢，为了平静与活下去，找到一副伪装的面具。读读《见证：肖斯塔科维奇回忆录》吧，真相总是令人气愤而又黯然神伤。

也正是那时，我刚结束第四本书《老祖宗说游艺》的写作，回国后，我匆促写下自序，这是使命，同样不能再耽搁。我们的血脉传承到我这里，竟感动甚少。反思后我明白，不是我们的传统散沙一盘，而是中国人基因里太过含蓄，偏见式地遮蔽自己、忽视自己。特别认同冯骥才对传统文化的现代呼吁，年轻人总要有保护传统的文化自觉。

晴耕雨读好教师

多该像这些朝圣者啊："她们躬着的上身微微前倾，膝盖着地，上体前扑，脸面朝下，额头碰地。最后双臂紧靠在发鬓两侧，如孔雀开屏地向外划开一道弧线，收拢到腰际间，她们撑起身体重心，重新再站立起来。扬起一些卑微的尘埃，与无尽的尊严。"（谢旺霖，《转山：边境流浪者》）朝圣者望得见他们的信仰，听说，冒着生命风险的朝圣，不为今生，只为来世。风餐露宿每一日，不会有怨言，因为他们心中只有信念。夜里，他们喝着酥油茶，用没有修饰的话语聊些再普通不过的家常，围坐在火炉一圈，交心取暖。

虔诚的人往往不在乎无谓的东西，他们自动摒除了杂质，剩下的就是坚持下去的决心。

年轻人不能没有过程就直接无欲无求了。生活中的大多数时候都不尽如人意，但你不能以此作为消磨时光的借口。"消磨"这个词太可怕，你还没有成熟，就已经老去。

就这样，我的阅读史不过分美丽，却很别致江南。没有静下来阅读思考的习惯，就不会有遇上心中所爱也能坦然面对的自信。与大师们相互倾诉，学者们用这样的对话续着世界的命，续着他们的梦。我们多读一些，也算是一种心灵照应吧。

否则，等你"不幸"逛到了奥赛美术馆的璀璨艺术史里，却对巴齐耶一无所知，这将会是重大的遗憾！我便是这不幸的人。2017年2月，我一路如坐针毡，下了飞机再辗转换了地铁走到地面上，啊！巴黎圣母院并无焦灼、完完整整地站立在我面前！我深深、深深地记得，那是我见巴黎的第一面第一眼：天色已半分暗下，暮色婉然柔丽，我完全忘掉了托尔斯泰的凝重悲怆，忘掉了拉赫玛尼诺夫的重重的黑白低音，忘掉了列维坦的油画《弗拉基米尔大道》，忘掉了肖斯塔科维奇郁郁的一生，就像从沉重的肉身顿然走出，只沉醉在雷诺阿和莫奈的谈笑风生中了。

两段"轻"与"重"的旅途，巴黎与圣彼得堡，像离开爱、奔向爱的不断上演。遗憾，我的知识有限，我的阅读有限，我的记忆有限，还是错过了挂在二楼的巴齐耶的名作——《画室》。一直到现在，我仍然遗憾。这种遗憾在我尝试过几幅油画之后显得更加疲惫、沮丧，因为油画是极讲究的，你得细细看，看画家的笔法和技巧。在橘园美术馆里，我痴痴地盯着《睡莲》

看了很久，差点引起管理员的警告。所以后来，为了尽可能减少失落感，我打算攒够了知识再去追。

课程笔记一二三 ❮

2019 年，天寒地冻的北京二月，我忘不掉陈丹青说王希孟的那句话："我分明看见一位美少年，他不可能老。他正好十八岁。长几岁、小几岁，不会有《千里江山图》。"都是十八岁，余华笔下那个男孩也是十八岁出门远行，叫我怎么办，真是没有半分的矫情，很快我就订了春节去北京的火车票，想到故宫博物院仔细看一看宋代《千里江山图》的卓然不群。

为此，那个早晨，北风推着我径直走向武英门，却不想，一条红丝带直愣愣拦我在外。啊！闭馆。那个瞬间，一切都引不起我内心半点波澜了。暂且没有缘分，只好骗自己下次再过来吧。

后来，我在国家博物馆待了一天，把镇馆之宝一一看了个遍。从北京回来以后，我设计了一个关于文物的拓展性课程，叫作"中国古代文物研究"。起步还是草稿，做着做着，小朋友们也欢喜。每个人在资源库里自愿认领一件中国文物，跟着纪录片《我在故宫修文物》一起做点微小的研究，自己把所认领的珍宝通过查阅资料整理成一份研究报告，做成形式各样的 PPT，在课堂上分享。课程临近结束时，每个人制作一份国宝手绘报，张贴在学校的个性化走廊。起初，我以为那些看起来冷清的老物件应该很难引起学生的关注和喜爱，所以我只打算做一点。

现在看来，不仅能做，还能做得有滋有味。站上讲台，他们就严肃起来，把自己的收获讲给大家听，一个个地讲下去。何静蕊讲《清明上河图》，是比照了语文课《梦回繁华》去讲，真是让我惊喜，惊的是她的想象创造力，喜的是她在传播，她在继承。《洛神赋图》，长信宫灯，翠玉白菜，素纱禅衣，《千里江山图》……几件国家宝藏都让他们了解了个透，还亲手画了个遍。

教师是学生的引路人，是思想之光的持灯者，要有足够的勇气去承担，要有深远的目光去凝注。

在这门课之前，我以《老祖宗说游艺》里的游艺项目为蓝本，设计了同

晴耕雨读好教师

名的拓展性课程，至今已有两年，每学期 15 节课，课程纲要以及教材是我重新设计、编写的，分"童趣与清趣""玩赏与怡悦""竞技与成败""桌游与逍遥"四个单元，介绍有代表性的中国古代游艺活动，如酒牌、灯谜、曲水流觞，弄潮、皮影戏、捶丸，蹴鞠、斗草、投壶，樗蒲、弹棋、藏钩等。如今带出了两届学生，小有欢喜，倒不是因为这门课被评选为"拱墅区精品课程"，而是长久以来的坚守终于有了回声。

去年一天夜里，我接到了中华书局祝安顺老师的电话，邀请我参加作为教材的《中华优秀传统文化》"游艺"部分的编写工作。直到那时，我才真正意识到我的书的价值，这渺渺之力，念念不忘，方得始终。

重见陈丹青，重见木心 ◥

2019 年，湿漉漉梅雨天的江南七月，我在乌镇抓住了另一个不留遗憾的时刻——重见陈丹青，重见木心。13 日下午 3 点，乌镇木心美术馆"2019 年特展"开幕式在乌镇西栅的大剧院序厅举行，展览主题为"文学的舅舅：巴尔扎克"。除了馆长陈丹青，主办方还邀约了几位嘉宾一起聊文学。

一个机缘，我被安排作为桐乡电视台记者采访陈老师。

"你们是哪里的？"他问。

"是桐乡电视台的。"我答。

"哦，桐乡也有电视台……他一边摆弄着话筒，一边说。原来陈先生也爱开玩笑，我差点儿笑出声来，心里抗议着：桐乡哪能没有电视台呢？

陈先生眉宇间目光深邃，耳垂十分阔气，短短的板寸头，一副西洋式小圆眼镜，声音里带着一些浙江味（他母亲是浙江人）。隔着话筒，我看清了他镜片后面那坚定不游移的眼神，看清了他这些年为我们能够近距离观察西方艺术真迹而做的一些实在事。他很认真，这种认真仿佛让我看到了他年轻时候的较真，固执的他曾经在纽约唐人街与卖包妇女唇枪舌剑不肯罢休。

开幕式后是沙龙，主题是探讨傅雷的翻译的影响，以及这个时代年轻人怎样看待巴尔扎克。席间，陈子善老师幽默风趣，董强老师批评中肯，年轻貌美的作家笛安则认真地聊她的青春阅读史，还有巴黎巴尔扎克故居馆长伊万·加缪一丝不苟地介绍此展的意义。

"年轻人还读巴尔扎克吗？"

谁来回答这个问题？

谁能回答这个问题？

生活的苦，生活的痛，年轻人需不需要提前去懂？读懂又怎样，他们还是愿意先追求幸福，那是年轻人的信念，因为他们年轻。对于年轻人如何去读巴尔扎克，嘉宾们全都避开不谈。是因为无话可谈吗？也许是吧。我想他们未必真的了解现在的年轻人，正如年轻人自己也未必真的了解自己。

读书一为求得知识，二为获得智力上的乐趣。没有乐趣的阅读，不如不读。我也不是十多岁就读策兰和昆德拉的，这个经典快要被抛弃的时代，这个传统文学边缘化的时代，接棒的人在哪里？不要太过担心，很多年轻人此时此刻也许正在读木心，甚至正在读陈丹青。

后来八月暖风的一个夜，我在杭州单向空间再次见到陈丹青老师。他坐在台中央，讲起了与木心、与文学的故事。那晚的陈丹青谈得爽迅，谈得很怀念，莫逆之交的情谊，是上天的恩赐。那个夜呵，有说不出的朦胧，远远近近围拢起来的读者，就这样听他笑说了半个世纪。那个时候，我们所有人，连同楼梯过道上挤着挨着的年轻人，仿佛有了心照不宣的秘密，都把时针向后旋转，在更年轻的记忆里找回了自己。

"我给你签'张苗'好不好？"

他又笑了，这一次是真的说给我听。

谈到这里，也不过都是谈丹青，而木心于我的意义，已不是三两天能说得完的。等待丹青来席的前刻，我静坐在书馆里，一个人读完了《张苗与木心》。合上书恍如已是八年以后，竟想不到，开篇即是"守护与送别"，这一场永恒的诀别离我是这样的近——桐乡第一人民医院——在我生长的桐乡！我当然清楚那是在哪，我也能熟练分辨医院里那来往其间的乡民口音，偏偏又是一次次地错过，如果那时我知道木心就在，如果那时我闪倏读到《芳芳N0.4》，如果那时我已看透了他的痴情与薄情，也没有所谓如果了。

也不过只有八年，木心的读者已是千千万。但凡读过木心，是很难忘得了他淡而不平的文笔气质的，随时一句"真是把西班牙的整个春天喝下去了"，不惊不艳，恰当温柔。

"木心就是一种瘾，和你说话之前真该每次都喝一点。"

"醉了才好，便知酒浓。"

我们终究要感谢陈丹青，感谢陈向宏，将木心请回了我的故乡。木心的归来，绝不囿于一方格局之内，而是让乌镇有了人文的凝聚，不再散失。他的归来，让云也有了日记，把痴情与薄情辩得如此通透。"风啊，水啊，一顶桥。"每逢欢喜与惦记，我们都能做个江湖中人，来乌镇一聚。

在时间中自燃 ◥

有天夜里，我大概想到了人与人难以捉摸的失联，就写了一首诗《洞》：

戎马一生还有谁没有在慌乱中伪装自己

让月光的典雅连同棉花柔软洁白的记忆

在阒静的夜幕里

装满星空的神秘

谁没有过失落的夜，在失落中寻找星星的碎片？那不也是一种美吗？如果能在霍珀的午后二楼阳光的画里读出一种孤独的美来，那不也是一瞬慰藉吗？人际交往我不擅长，情商也不高，稀里糊涂走江湖，但我用真心换真情，对孩子们也是如此。

为什么要活得如此现实？人的一辈子是短暂的，30岁到34岁也是一晃而过，生活的激情与感动不是更重要吗？至少，我不想做一个无趣的人。

七年里，算不算做了很多的傻事？一趟十二天的巴黎之行开销得三四万，我是不是活得太不现实了？十二天，他们在埃菲尔铁塔跟前吃蜗牛碰香槟，他们在塞纳河游船里听肖邦听舒伯特，我什么都没有。机票那么贵，我只能把时间全都留给它们——那些不可复制的艺术品！最要命的是那天清晨已经够冷，整个第五街区还昏昏沉沉的，我化过妆套上西装还尽可能地吃下更多食物以便不会低血糖，然后裹着巨大围巾沿塞纳河一路飞走。那个令人激动的早晨，我几乎是屏着呼吸挨个走到它们面前——雷诺阿的《煎饼磨坊的舞会》！德加的《舞女》！梵高的《自画像》！十二天，我走了两遍卢浮宫，去了罗丹美术馆、奥赛美术馆、橘园美术馆、吉美博物馆、蓬皮杜艺术中心、毕加索美术博物馆、凯布朗利博物馆，一件件看过去，记得住的，记不住的，像是远山的玫瑰，一望无际不可知，却是荡气回肠，心满意足。

这一生，这一世，总该放一把手，活出自己的个性，在时间中燃放自己。

谁能够料想，当年我在巴黎圣母院尖塔下古老的玫瑰花窗前祈祷许愿，这座尖塔会在公元 2019 年的 4 月 15 日被大火烧得倒下？谁能够料想，无锡 312 国道上那座让人不曾怀疑过的跨桥，竟然那样任性决绝地坍塌，降临下了一场灾难？

所以，就像毛姆在《作家笔记》里的感叹："因为欢乐苦短，或者害怕快乐过后就是腻烦，于是便躲避欢乐，这真是蠢透了，好比因为食欲很快就能得到满足、满足之后就不饿了，于是便拒绝吃饭一样。"认清真相，并且快乐地抓住真相生活下去，就是不枉此生，不废虚时。

走过了不算很多的路以后，我明白了：无知，才是最好的礼物。

人们总是太在乎曾经拥有的事物，殊不知距离产生美，多一点漫长的渴望，才会有更多一点的过程的享受。在教育里行走，丰盈的教育智慧会随着年龄的增长而成为教书育人的经验。也有别的路等着我去走一走，流动的文化盛宴是黎明，是黄昏，是时时刻刻的存在。

我越来越相信，人总是会变的，"除却巫山不是云"，也未必一定是最爱，过去没想通透的以后或许会想明白。我们要敢想，要敢做，也要往下摸索，才能够于心无愧地把它说出——

我看见三只大船驶过海面，其中一只注定要远航。（菲力普·拉金）

做这只大船吧！长路再漫漫，大海再无情，寒风再凛冽，这一条路总要独自完成。你要相信的是，远方会有明亮的风景，玫瑰会等你来拥抱。

人生要逆旅，何况我们，才刚刚开始。

（原载《教师月刊》2019 年第 12 期）

晴耕雨读好教师

第二辑

专业精进

　　跨界发展的直接作用，常常就落在专业精进上。当一个教师在专业上不断精进，便意味着他对学科品质和职业尊严的不懈追求，意味着他一直"向着明亮那方"，同时关注人的成长的辗转与幽暗。作为深圳市（基础教育系统）和《教师月刊》的双料"年度教师"，王雪娟老师说，当她教过的学生"因为求学、工作甚至感情等问题打长途向我倾诉时，我知道，我的担子还没有卸下，我的目光还不能收回"。这样的"精进"，关乎专业，亦贯通人生。

何凤珠：以成为学习型教师为职志

林志超：探索艺术化教育之道

李　迪：美在美中生长

王雪娟：我在

李文送：教师成长的姿态

李富恩：大家都戏称我为『莎姐姐』

侯晓斌：有爱，还要有方法

库亚鸽：向着明亮那方

何凤珠：以成为学习型教师为职志

何凤珠 《教师月刊》2014年度教师。任职于中国台湾省台南盐水小学。嘉义大学数学教育研究所毕业，台南市数学领域辅导员，永龄希望小学多所大学分校课辅教师之培训讲师及"数学好好玩"培训讲师。曾获教师师铎奖、Super教师奖、教学卓越金质奖。2014年5月受北京师范大学特邀参加"首届华人数学教育会议"并作主题报告。多年来受邀到江苏、福建、天津、深圳、西安、贵阳、合肥、成都、上海、山东等地现场执教、演讲，并担任多地数学学具工作坊培训讲师。

何凤珠老师的学习经历颇具传奇色彩：专科学的是音乐，本科学的是特殊教育，研究生阶段学的是数学教育，并从此走上数学教育的道路。她是一个小学数学教师，更是一个小学数学教学研究者。她的教学课程（内容）全由自己设计与编制，被人誉为"创意课程设计导师"。她同时还是培训教师的名师，在近十所大学和学术研究机构长期开展讲学活动。

她还是一个非凡的多面手：不仅研发创意课程，还自己设计启智教具、学具、玩具；她是在线电子互动教材制作能手，也是数学游戏工作坊设计高手；她是多元评量设计与实务经验讲师，也是科学教育馆科展指导讲师及评审委员。她还是海峡两岸小学数学教学交流的促进者、行动者。

近几年，她在教学工作之余，应邀到大陆多地讲学，全面展示迷人的教学风采，系统阐述创意教学、活动教学、游戏教学理念。同时，她也将大陆的新课程标准、新世纪版小学数学教材及教学理念、分享式教学介绍到台湾省。

（叶建云）

在教学的过程中，常常会遇到一些瓶颈，因而感到有些手足无措，虽然已经有 20 多年的实务经验。时代的巨轮在隆隆向前，不进则退，我又怎能停留在原地呢？我也一直坚信，教师不应只是职业，更是一份志业，需要时时追求新知，认真经营，以成为一位学习型教师为职志，坚定地行走在教学研究与实践的路上。

数学写作 ◥

早期的我，根本不想走教师这条路，因为语文水平低，怕在台湾的包班制度下误人子弟，但在父母的再三劝说下，我还是当上了教师。渐渐地发现教语文也没有那么可怕。为了不误人子弟，我认真备课，不断学习。从学生的回馈中，我深切感受到"教学相长"的意涵，正是这些学生，鼓励着我不断地学习。

2000 年，在恩师刘祥通教授的启迪下，我开始走上数学专业成长之路，"翻转"我的数学课堂，以开放式的学习单来引导学生学习。为了深入了解孩子数学学习的思维过程，我引入了数学写作，如写作（当角柱碰上角锥、小数点的故事……），开放性问题写作（体积容积哪个大、伤脑筋的三角关系……），改正错误的写作（平均的陷阱、名侦探抓漏……），下定义的写作（话说"质数与合数"、你眼中有我、我眼中有你……），错题写作，数学日志，等等。这对我是很大的考验，因为开放式的学习单在设计上、批阅上就是一个很大的负担。

比如"数学日志"的实践。我让孩子们准备一本自己喜欢的笔记本，记录"课前预习""知识整理""困惑的问题"等，并作好万全的准备及心理的"安抚"，因为将数学"写"出来对孩子而言是很陌生的。第一次的尝试让人沮丧，孩子们无从下手，也没有范例可依循，写上两三行就结束了。慢慢地，开始有学生将课本里的重点以条列式的方式抄录下来，大家开始有样学样了，原来可以这样写呀！慢慢地，孩子们加图、加表格、加注记、加颜色、加重点框，样式愈来愈多元。

这都是孩子们自己创设出来的，然而可苦了我，因为孩子们愈写愈多，愈写愈精彩，他们在笔记本中如流水般地写下解决问题的思路，甚至找来相关的题型进行解题挑战，这些内容绝非一两节空堂时间可以批阅完的——只是打个钩或盖个章，那对孩子是不负责任的——所以每天我都用大书包将这些数学日志带回家，利用夜深人静时，仔细阅读、欣赏孩子们各式各样的解题思路，并在笔记本上，用笔和孩子对话，写下我对他们的回馈或者追问（他们都会在最后画下一个漂亮的框，要我在里面批注对这次作业的感受）。现在回想起来觉得挺有趣的，怎么反过来变成他们当老师了！隔天孩子最期待的就是拿到笔记本，自己躲在角落里偷偷看何老师与他们对话了什么。

他们非常地珍惜，而且愈来愈认真，曾有一次家长跟我抱怨，他让孩子不要在"数学日志"上花那么多时间，但孩子坚持，宁可牺牲休息时间来完善他珍爱的"数学日志"，这太令我感动了！

创意教学 ◥

"简化问题""学具操作""对话讨论""游戏挑战""生活联结""角落学习""情境营造"等都是我课室里的创意，没有期许把学生教到多优秀，仅希望改变他们对数学的不良观感，慢慢接受数学并喜欢数学。

为了让学生随时沉浸在数学的情境中，我收集了很多数学益智玩具，供他们在课余时间把玩；购买了很多数学漫画书，让学生阅读并从中了解一些数学史知识及有趣的数学知识；制作了很多数学学具，让学生自由操作。利用教室的一角长期经营"数字抢拼"活动，目的是为了让学生运用简单的数字熟练掌握四则运算。方法很简单，从1~10的数字中任选4个，利用运算符号组成24的解，或者1~10、1~50、1~100中任意一数的解，相当具有挑战性。答案未必都有，重要的是解题的过程与创新，是相互欣赏的学习与对话。

数年下来，不同的学生有不同的精彩，给我印象最深刻的是一位对数学相当排斥的孩子，在经过一个半月的挑战后，从不敢解题到成为班上的"解题王"，这些课堂外的成功经验让他对数学开始有了自信。有一天他跑来跟我说："老师，我觉得我好像中了数学的毒，现在晚上睡觉望着天花板满满都是数字，我停不下了解数学的欲望……"听到这番话，我莫名地感动，觉得自己的努力已有结果了。

由于数字简单，孩子们没有负担，因此乐意挑战。两年前，在一次穷途末路之时，一个孩子用"根号"解出了答案，成功地破解了一局，从此"根号"这个数学符号在孩子们心中掀起了巨大的蝴蝶效应，纷纷追问那是什么。我轻轻点拨一下，他们自然与平方数作了联结，满足的神情，赞叹的眼神，带点聪黠的慧眼，都透露出他们似乎感悟到了什么……而后奇迹般的惊喜让我看到傻眼，惊呼连连，孩子怎么能写出如此这般的"奇式"！然而，他们只是小学五年级的学生而已，即使有些孩子无法写出这样令人惊叹的算式，但能看懂其他孩子的算式，我想这就够了。

看着孩子们下课后奔着来解题，大伙儿挤在大白板前深思着讨论着，满板的算式，五花八门的解法，我开始疑惑：孩子的潜力究竟有多大？简直太不可思议了，孩子间的相互学习所产出的成果远超过老师授课所给予的知识呀！听着孩子们的对话，看着孩子们的解题过程，我不禁羡慕起他们，在没有太多知识的包袱之下，可以尽情发挥创意。反观我们大人，早已被许多的知识框架给束缚了，要想跳出去谈何容易，我们真要向孩子学习呀！也希望这群孩子不要太早为既有的知识所捆绑。

数学科展 ◥

在我的教学任务中，有一项年年都需要做，就是指导学生进行 PBL 的数学专题研究，即数学科展。这是一项长期的艰巨任务。带着学生探索未知的数学路，不知何时会走进死巷或遭遇障碍泥泞，能否突破，我们全然不知，就是一路前行。

近十年来的科展之路，让我尝尽了酸甜苦辣，每回遇到瓶颈，每回的突破，到最后的惊喜，皆历历在目。2008 年，带领学生探究"纸张切割最佳模式探讨"，在好一阵子皆无法突破难点且又面临时间压力时，我跟孩子们商量延后，他们竟苦苦哀求我继续做，并誓言更全力以赴，最后在他们的努力下，拿下了全台第一名。每每想到这一幕，我都有一种莫名的感动与惭愧，我的毅力竟然不如孩子！

2010 年，带领学生探究"多面体几何问题"。参赛前一晚 11 点多，我已经上床快睡着了，突然想到一个问题，于是模模糊糊开口问学生，没想到学生躺在床上就与我对起话来，但半梦半醒中我实在不理解学生的说法，她们看我一直听不懂，就爬起来将箱子里的教具拿出来比划给我看，可我还是没理解她们的想法，但可以看出，她们已是胸有成竹。突然，我会心一笑：老师不会又有何关系？学生懂了就好！这次果真幸运地又拿下全台第一名。

这一路走来，着实辛苦，获奖固然高兴，但，更重要的是与学生一起努力的过程，这让我看到了学生的潜力与创意，对研究的坚持与毅力，以及在参选过程中的勇敢与默契。这群孩子，是我的老师，我陪着他们成长，他们陪着我学习。

教研朋友 ◥

由于热爱数学，所以喜欢阅读数学书籍，喜欢探究数学问题，喜欢学习新的数学教学理念，到处寻找可融入数学课室的素材，也常常受邀作讲座，但总觉得少了一些志同道合且愿意在数学这个领域进行琢磨的伙伴。

一年多前，我通过 QQ 接触了网络教研群，认识了很多大陆的老师，也了解了大陆新课改的点点滴滴及各地的教育状况。在这个平台上，我找到了梦寐以求的学习天地，有互动交流，有创意激荡，有视频学习，有问题探究，大家相互支持打气。这是一种非常贴近一线教师的草根教研，没有任务，没有压力，一切都是自发的组织与学习。

大陆的同行对数学概念、知识的掌握比较到位，要求严谨，害怕教学过程中出现失误，因此，在教研交流群中常会看到老师对问题穷追不舍，不管是凌晨或深夜，都能看到有人在探讨数学，但在台湾或许只有像我这种对数学痴迷至深的人才有可能这么做。大陆的老师们会为了上好一堂课，用心去分析各版本教材的编排思路，去听名师的课，并融入自己的思考，设计出一堂堂有特色的课，希望藉此提升孩子的兴趣与思维。一有人抛出问题，群里就有很多热心的老师相继给予回应或提供资料，大家共同成长，这是一个很棒的学习环境。

一年多来，这些点点滴滴一直回荡在我心头。因为这个群，我认识了好多热爱数学且热心助人的伙伴，如明伟老师、辛欣老师、小谢老师、明岩老师、建云老师、志鹏老师、郑帅老师、刘勇老师、玲玲老师，还有一些学校领导，如任景业校长、武秀华校长、王首朋校长，等等。他们执著坚毅，治学严谨，待人真诚，给我太多太多的惊喜与感动。也常常有老师私信我，讲述他们对教育的迷茫与不解，以及常因教学的压力、现实环境问题而丧失信心，通过在群里和我交流后，他们开始找到自己的方向与希望，开始积蓄正能量，期望给自己的孩子一个快乐的学习天堂。因此，我常怀感恩之心，也期望成为更多同行及孩子的"贵人"。

（原载《教师月刊》2014 年第 12 期）

林志超：探索艺术化教育之道

林志超 《教师月刊》2014 年度教师。1974 年 3 月生于浙江苍南，1992 年毕业于浙江省瑞安师范学校。浙江省特级教师（德育），全国优秀教师，全国优秀班主任。出版《从班会课到成长课程》等专著。曾为浙江省苍南县龙港潜龙学校德育主任，现任教于杭州某学校。

林志超从事班主任工作、德育工作已 22 年，始终将如何艺术地应对各种学生问题作为自己的研究方向和探索领域。

林志超深谙这样的道理：由于班主任所面对的教育对象千差万别，所面临的教育情境千姿百态，所面向的教育内容千变万化，因而必须成为"特殊的艺术家"，根据具体的教育对象、教育情境和教育内容，因人、因地、因时制宜，采用乃至创造适宜的教育方法。

班主任工作没有现成的模式可以套用，没有一成不变的方法可以照搬，它需要每一位班主任用自己的聪明才智去创造性地实施。22 年来，林志超总是担任最具挑战的班级的班主任，潜心研究班主任工作艺术，注意发现、搜集各种学生问题，善于创新各种教育方式，积极探索艺术化教育之道。

（张万祥）

2010年，一位杂志社的记者认为我的教育随笔"浓浓地透露出艺术化教育的气息"，决定来采访我，想看看我对教育"有哪些独到理解"。他后来在报道中这样写道："来到学校，向校卫打听时，校卫竟滔滔不绝地夸起林志超来，说自己当校卫十几年，从没见过一个教师这么有能耐。一个接送日总是哭哭啼啼的一年级学生，一次在门口连续哭闹了几个小时，所有人都拿她没有办法，林老师碰巧经过，把孩子叫到办公室，孩子出来之后就不哭了，接下来的日子里也没有再闹过。我们寄宿制学校总有孩子因为刚开始不适应而哭闹，可只要林老师出马，就能立马 OK。你得好好采访采访他，看他到底有什么妙招。"

当时记者问我："能让校卫都赞不绝口，你到底有什么样的教育艺术？"我的回答是："教育学生是一个需要长期研究的课题，一个需要讲究艺术的事业。我也经历过很多失败，曾经气馁过，但一直走在探索的路上……"

因爱而变 ◥

记得，那是 2008 年，一位学生因浪费粮食被公告批评，于是他就跑去挖掉了公告栏中自己的名字。"学生为何如此？"震惊之余，我陷入深思，开始寻找对策。"批评，如何既能呵护童心，又能达到教育的目的？有没有一举两得的好方法？"

受到一个"艺术讨债"故事的启发，我想到了一个办法。于是，校园公告栏上出现了这样的公告：

星期一，诸葛亮乱丢垃圾，张飞欺负低年级同学。

星期二，林睿子同学组织了"护绿大花坛"行动，周瑜却故意弄坏了花坛中的花盆。

星期三，张启航帮助低年级同学值日，而曹操浪费粮食。

……

公告中受到表扬的学生是真实名字，受到批评的学生用的是三国人物的名字。这张跟以前完全不一样的公告，让校园炸开了锅，学生纷纷打听："诸葛亮是谁？""张飞是谁？"由于不能从老师那儿得到答案，他们就开始关注其他同学的一举一动，"诸葛亮""周瑜""曹操"们自然不敢大意，表现也有了进步。

一个星期过去，公告栏里只有被表扬者，没有被批评者了，"著名人物"统统消失了。一个月很快过去了，公告栏里竟不再需要公开批评了，除了表扬，还是表扬。"诸葛亮"和"张飞"也都做了好事，并且被以真实姓名公开表扬了。

改变，收获了惊喜！这让我非常有感触：批评，是一种值得深入研究的教育手段，犯错的学生往往会把教师的批评当成是斤斤计较，有的表面接受，内心却不服气，甚至会出现报复性的犯错，有的则会当面顶撞，造成许多不愉快，教育效果大打折扣。面对学生的错误，批评教育不是不可，但需要智慧，需要讲究艺术。这件事让我感受到了教育艺术的魅力，产生了新的教育顿悟。我暗下决心，将如何艺术地教育学生作为研究、探索的方向。

因生而宜 ◥

面对各种不同的教育状况，教师要因生而宜，因事而变，因机而择。2009 年，班上来了一个叫浩然的孩子，他大错不犯，可小错不断，总说："老师，我一定改，我写保证书。"可保证书一张又一张地写，错误一次又一次地犯。一次，他又犯错了，我无奈地拿起他的日记本，让他把犯错经过写下来。一段时间后，我发现他写的日记内容发生了变化，以前是"坏事连连"，现在竟然是"好事多多"。我不解地问他为什么前后变化这么大，他说，每次看到"坏事"的记录，就感觉不舒服，自己想写"好一点"的东西，"好"的东西会看了又看。

孩子的话带给我深深的思考，是呀，"想写得好，先要做得好"。当"我要做好"成为一个人的强烈愿望时，他便获得了坚定的信念和前行的动力，进而激励自己不断进步。"作为教师，我也可以这样去做。"我悄悄地告诉自己。于是，关注各种学生问题的成因和规律，寻求问题解决的教育资源，便成为我研究和实践的重点。

小夏是一个性格孤僻、害怕交往的孩子，我为他设计了"走入人群三部曲"：一是引导同学们主动跟小夏打招呼，多向他微笑、点头；二是鼓励小夏主动找同学说说话，多与同学交流；三是引导小夏大胆邀请同学参加自己的活动，也积极参与他人的活动。这个过程虽然很长，但小夏在渐渐地改变。

小征天生有缺陷，口吃、胆小，智力发育迟缓。我为他量身定制座位，并设计了一个服务同学、服务班级的职位，让他经常收获被认可的喜悦。一次偶然的机会，我发现他会写诗，就鼓励他大胆动笔，展示特长，在收获同学们掌声的同时，不断唤醒自我，增强自信。

小涵是一个与众不同的孩子，口水、鼻涕随时会流出来，经常有同学取笑她、捉弄她，令她嚎啕大哭。我为小涵准备了专用纸巾，并告诉她，不要总觉得自己"被人欺负或不被尊重"，那很可能是同学想帮她，如果有什么困难，要随时跟老师、同学说。慢慢地，小涵学会了接受大家的帮助，大家也感受到了小涵的不易和助人的快乐。后来，"小涵交际圈"收获了"爱心小组"的称号。

一个叫小微的女孩，可能觉得自己"长得不出彩"，所以很自卑，总躲着人。我发现小微的文采好，就督促她多写文章，并举行了一次"一芳群赏会"，引导同学们品读她的文章，欣赏其中的优美句子。平日，我经常给小微讲三毛等作家的故事，激励她做一个"自己的三毛"。有了精神追求的小微，也有了更多的动力和信心，作文屡屡发表、获奖。

……

一次次学生问题的艺术化解决，就是一个个学生成长的故事。学生成长中的问题，就是教育的问题，就是教师要解决的问题——问题的解决，是教师实现专业发展的重要条件。从班级到校园，再到校外，我注意收集各种"疑难杂症"，研究分析，探索艺术化解决之道。

我觉得自己非常幸福，因为能看到学生的积极变化，能感受到学生不断增长的学习信心。

晴耕雨读好教师

因行而进

随着研究的不断深入和探索领域的不断拓展，我逐渐梳理出常见问题、学习困难、交往障碍、成长困惑、非常心理、不良习惯等六大系列的学生问题，并提炼出近百个"艺术应对"的教育方案。

2013 年 3 月，福建教育出版社遴选了其中的 36 个，为我出版了《教师艺术应对学生问题 36 记》一书。"36 个'现象点击'，既是对教育问题的思索，更是对社会现象的剖析，理性透视现实，寄意教育期盼；36 篇'案例描述'，是艺术应对的巧妙方法，承载教育智慧，是走进学生心灵的经典案例；36 则'评析'，阐述教育理念，盈溢教育情感，富有人生寓意。"这段文字，是《中国教育报》给这本书的推荐语。

我觉得，教育学生的艺术，就在于如何用心寻找教育学生的方法。总有一种方法能唤起学生积极的回应。

除了自己的持续研究，我还努力传递艺术化教育的热量，领衔多个班主任工作室，担任多个班主任培训班导师，引导更多的教师、班主任参与研究和实践，让更多的学生获得幸福成长。

我发现，教育的艺术，不仅体现在学生问题出现之后的艺术应对，更体现在把工作做在学生问题发生之前。走在学生发展的前面，才是艺术化教育的真谛。于是，形成预防性教育方案，艺术化地引导学生成长，让学生对自己的现状"心中有数"，防患于未然，就成了我的下一步目标。

一路艰辛，一路收获。艺术化教育的探寻，不仅收获了学生的幸福成长，更收获了自己的专业发展。2014 年 7 月，我被评为"浙江省特级教师（德育）"；9 月，又被授予"全国优秀教师"称号。

荣誉，是继续前行的最好理由。虽然艰辛漫长，但充满期待。有人说，班主任是"特殊的艺术家"，我愿意为此不断努力。

（原载《教师月刊》2014 年第 12 期）

第二辑 专业精进

李迪：美在美中生长

> 李迪 《教师月刊》2015年度教师。1972年出生于太行山深处的河南省辉县市南寨镇大全地村，1994年毕业于河南大学音乐系。首届"河南最美教师"，河南省骨干教师，河南省学术技术带头人。河南省作家协会会员，国家二级心理咨询师。先后出版《做学生欢迎的班主任》《智慧应对班级棘手问题》等11部专著。现为郑州市科技工业学校音乐教师、班主任。

李迪任教于中职学校，面对的是文化课基础欠佳且桀骜不驯、古灵精怪的青春期孩子。天性率真、柔弱的她，也曾被气得直掉眼泪。

在琐碎的日常工作中，李迪深信老子的"上善若水"，欣赏孔子的"有教无类"，努力做到《礼记·学记》中所说的"道而弗牵，强而弗抑，开而弗达"。

在忙碌的教课带班间隙，她坚持阅读、反思、写作。在取得成绩并拥有一定影响后，她一次次归零、放空自己，重新谦卑地起步。她喜欢过一种"冷冷清清中的风风火火"的生活。多年的内外兼修，使如今的她越来越从容、自信、优雅。在首届最美教师颁奖会上，评委会给她的颁奖词是："以智启智，以美育美，你为新时期教师代言。"

她始终认为，每一个教师都应该美美地活着，享受工作带来的幸福，并用自己在教育生活中优雅的姿态，引导学生去感知美、热爱美、追求美，进而帮助学生成就美好人生。

（张万祥）

晴耕雨读好教师

2015 年，我获得首届"河南最美教师"称号。颁奖典礼上，应邀来做主持的央视主持人海霞老师劈头第一句话就是："李老师，你平时上班也是这样的打扮吗？"

我点头："是的。"

海霞老师继续问："你这样会不会给学生造成不良影响，让他们也热衷打扮？"

我那天的装束是这样的：一件印有荷花图案的改良版旗袍短袖上衣，配一件蓝黑色长及脚脖的裙子，均为低调的棉麻质地，颇有民国时期女教师的风范，何来不良影响？何况，我之所以选择这套裙子，是因为这是我的学生亲手为我设计、打版、缝制的——我们学校有服装专业。我穿着学生为我量身定做的衣服来领奖，多么有意义！

片刻之后，我恍然明白：估计很多人，包括海霞老师，对于"最美教师"，对于"教师之美"，有诸多误解之处。也许，他们认为"最美教师"一定是含辛茹苦、牺牲小我、成就大家的形象，一定是辛劳憔悴、无暇修饰、未老先衰的样子……

而我惟愿美美地活着，美美地工作着，让职业因充满幸福而呈现教育之美，进而积极影响学生，让他们感受学习之美，享受成长之美，成就人生之美。

开给自己的花 ╲

暮春周末，杨柳青青，芳草萋萋。

我带学生到郊外踏青，偶见原野里一株盛开的野花，娇嫩而又妩媚，多姿却不张扬，我久久凝视，不肯离去。

学生凑过来看，继而感叹："这花虽好，可惜长得不是地方。"

我纳闷："何以见得？"

"这里人迹罕至，它就是开得再好，也没有几个人来欣赏，就这样开着多可惜……".

我轻轻摇头："它是开给自己看的，不是开给别人看的。就算我们今天不来，它照样会在这里迎风舞蹈……"

……

我是职业学校的教师，很多人得知后，都表示很遗憾、很"同情"：那你岂不是很没有成就感？无论你工作多么努力，你的学生也不可能考上清华北大。

我默然——别说清华北大了，我的学生连普通一本二本院校也考不上，往往只能读个三本院校。我的诸多朋友每每为我惋惜：你的价值如何体现？你怎么去获得别人的认可？你不如换个单位吧，到名牌学校重点高中去……我却想说：我这样努力地工作，根本就不是为了获得别人的认可，我为的是自己的心。就算是没有一个人欣赏我，我依然要开花给自己看。

其实我的学生有时也是不理解我的。

小雷夜不归宿，恰逢那天有狂风暴雨。我担惊受怕，为了找他彻夜未眠。第二天，他好端端地回来了。看见我红肿着眼睛进教室，他还没心没肺地问："老师你怎么了？"

我气不打一处来："你还问我怎么了？这么大的雨，你上哪儿去了？整夜不归……你说我怎么了？"

小雷很不好意思地挠挠头："哎呀……老师，你说你这么认真做什么？我又不打算考大学……我爸妈都不管我了，你一个老师……你说你再操心，我还能有什么出息！"

但是，我知道任何真情流露都是有震撼力的。小雷毕业之后，虽然没有成名成家发大财，但他在学校后来的日子里，再也没有出现夜不归宿的状况。如今他已经融入社会，成了自食其力、遵纪守法、乐观向上的人。你说，我这样开花给自己看，是否值得？

更多的时候，教育是一种熏陶、感染。当我真切地与学生分享敷衍课堂、潦草生活是对青春的浪费时，学生便能明白，彬彬有礼、温文尔雅、遵守纪律、认真学习，是为了让未来的自己更美丽。我们所做的一切不是为了领导的表扬、同事的喝彩，不是为了荣誉证书或奖金，而是为了不白活一回，成为自己的主人，拥有从容的心态和真正的自由。

给学生一个美好的命名　◥

仲夏午后，烈日炎炎，蝉鸣声声。

我让新生上台作自我介绍，有个女生这样说："我这个人可以用八个字来形容——静若疯子，动若瘫痪。"——职业学校里的一些孩子，个性张扬，桀骜不驯，下课的时候很闹腾，上课的时候又很颓靡。这个女生就是这样子，所以她对自己有这样的描述。这是一个不好的"标签"，一直贴着的话显然不利于孩子进步。

我引导说："你能否用美一些的词语形容自己？"

女生很迷茫。

我转问同学们："疯子和瘫痪这两个词给人的感觉都不美。大家能否用两个美好的词语来替换？"

学生一起动脑，马上有人说："静若处子，动若脱兔。"

我带头鼓掌："我记得越剧《红楼梦》里，宝玉第一次见黛玉，曾经感叹黛玉'娴静犹似花照水，行动好比风拂柳'。"我转向刚才那位女生，心疼地说："以后再不要说自己'动若疯子，静若瘫痪'了。我相信你能像黛玉一样，'娴静犹似花照水，行动好比风拂柳'……"这个平时疯疯癫癫、似乎对所有事情都满不在乎的学生，眼睛里突然泪光盈盈。

给学生一个美好的命名，他就更有可能往好的一方面去努力。这个时候，命名就是一种提醒和引导，让学生相信自己有变得优秀的潜质，并渴望优雅、高贵，同时对消极、丑陋的言行产生排斥感。

用音乐建设课堂　◥

初秋的夜，凉风习习，月光溶溶。

教室里，学生用最轻最柔的声音吟唱《云水禅心》，我弹琴伴奏。歌声琴声沉浸在透明的夜色中，与之浑然一体："空山鸟语兮，人与白云栖。潺潺清泉濯我心，潭深鱼儿戏……"那一瞬间，我与学生一起感受到了闲云悠悠、碧水澹澹的情境。唱不完的诗情画意，道不尽的浪漫逍遥。

《云水禅心》是一首佛乐。曲子沁透心扉的淡雅之美，带着人浸润于一片悠然禅意中。

一曲歌罢，同学们脸上一片祥和，我与学生似乎都穿越了时空，远离了红尘，来到一个"人闲桂花落，夜静春山空"的地方曼声轻唱。

品味。沉思。久久。

最后我开玩笑说："感受了这样纯美音乐的人，怎么可能做那些粗俗不堪、满口脏话的事？怎么可能不保持环境的清洁美丽？"

学生会心地笑了。

就这般柔曼、空灵。我常常借用音乐的魅力，让学生在感知艺术之美的同时，净化心灵，提升人性。

现在，我除了要教音乐，还要教德育课。但我最清楚音乐的魅力。我最向往那种"亦咏亦教"的场景：老师在讲课，旁边有学生弹琴。每次上德育课，我都要进行一次热身：让学生一边轻声歌唱《感恩的心》，一边做手语操。我不太喜欢那种过于喧嚣热闹的课堂。过高的嗓门，会让学生只注意自己的声音，而忽视倾听来自外界的劝告。所以，若要让孩子们学会合作、尊重别人，最好的方式，是让他们用最轻柔的声音歌唱。一个热爱音乐的人，再怎么坏也坏不到哪里去；一个经受过合唱训练的人，一般都懂得如何顾大局、识大体。因为合唱最讲究合作，只要有一个人的声音冒出来，就说明了他（她）没有静心倾听别人的歌声，从而破坏了声部的和谐。

音乐是最好的美育方式。我读李叔同的生平事迹，读《罗兰小语》中作者的中学时代，听资中筠花季时期的钢琴演奏会，总是深叹那时的教学从未离开过月夜下的轻歌慢唱。如今我们的教育，怎地如此浮躁，如此单一乏味呢？

什么是最美的人生 ◥

隆冬之晨，繁星点点，寒风凛冽。

我悄声起床，匆匆洗漱后，打开小音箱，戴上耳机，一边聆听有声读物（比如傅佩荣的《论语三百讲》），一边为孩子煮牛奶、烧热水，再将昨夜就洗好的菠菜切丝、剁碎，加鸡蛋、面粉、火腿丝、调料，充分搅拌，放到电

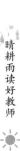

饼铛里摊成煎饼。

6 点 10 分，早餐做好，喊孩子起床、吃饭，然后收拾厨房，上班。

这是我每天早上的功课。

上班的路上，我依然要听有声读物。到单位后，我的心思就转到教学和班级管理上。中午不回家，稍事午休后，或者和学生谈心，或者写班级日记。晚上回家若时间还早，我会到健身房练一个小时的瑜伽。然后做晚饭，和孩子共一盏灯学习……

不耐烦人际交往，那就远离喧嚣的人群；不喜欢灯红酒绿，那就拒绝不必要的应酬——后来发现，人生没有多少应酬是必须的。简单而又充实的生活，最能培养人淡定的气质。

早会时间，我常常根据所见所闻与学生一起讨论人生。有一次，我谈到某私立学校一位女校长的优秀，最后说了一句："心在哪里，精彩就在哪里。"马上有女生说："一个事业有成的妈妈，心在工作上，必然会忽视自己的孩子，必然会亏欠自己的家庭，必然是不合格的妈妈。我不愿意成为这样的女人。"

我谈了自己的感受：一个妈妈为了孩子放弃工作，一心扑在孩子身上，势必会给孩子带来强大的压力。孩子一旦成绩不好，会更加愧疚。一个热爱工作、积极上进的妈妈，本身就是孩子的楷模和榜样。如果年过四十的父母还在积极进取，青春期的孩子便没有理由颓废。能让学习、生活、工作、兴趣、修身养性和谐统一的人生，才是最美的人生。

今天，我利用闲暇写这篇文章，在宁波宾馆——我带几个年轻老师来宁波观摩学习。和我同住一室的李爽老师的孩子今年 4 岁。她说自己每天早上 6 点起床为孩子准备早餐，不到 7 点就带宝宝到学校。自己进班上早读，孩子就在教室外用早餐。早读结束，送孩子上幼儿园。下午 5 点孩子被送到学校来，等妈妈忙完晚自习再跟随妈妈一起回家……我不禁感叹："可怜的孩子，才 4 岁，就和你一样起早摸黑了。"李爽却说："不是的。我的孩子经常在回家的路上感叹，'妈妈，我怎么这么幸福啊'，因为以前是爷爷奶奶带他，天天闷在屋子里。现在在学校，有这么多大朋友带他玩儿（他把晚自习画画当成了玩儿），晚上睡觉前我还给他讲故事，他就很开心。我们大人所认为的幸福，在孩子那里，不一定就是幸福……"

从小就习惯了陪妈妈勤奋学习、努力工作的孩子，长大后，怎么可能排斥读书呢？

今天早上 5 点多，我和李爽老师不约而同爬起来写作。我说，我要在文章里赞美她带孩子积极上进的幸福生活，她说，她要在日记里写："上苍不会亏待每一个努力的人。当我们在火车上聊天的时候，李迪老师在听有声读物；当我们在宾馆看电视的时候，李迪老师在写作；当我们去吃宁波小吃的时候，李迪老师在和当地一个校长谈工作；当我在被窝里玩手机的时候，李迪老师贴着面膜开始读书；当我早上睡醒发呆的时候，李迪老师在做瑜伽舒展筋骨……我都好久没有贴面膜了，所以你才这么美啊……"

我俩相视而笑：幸福的教育生活不但是相似的，还是可以相互借鉴、相互促进的。

（原载《教师月刊》2015 年第 12 期）

王雪娟：我在

王雪娟　《*教师月刊*》2015 年度教师。1978 年出生于黑龙江省牡丹江市，2000 年毕业于北京师范大学中文系。"深圳市（基础教育系统）年度教师"，深圳市"五一劳动奖章"、广东省"五一劳动奖章"获得者。2021 年被评为广东省"特级教师"。现任教于深圳市平冈中学。

　　自 2000 年从北京师范大学毕业后，王雪娟老师就一直在深圳市平冈中学任教，并在今年"深圳市年度教师"的评选中脱颖而出，摘得桂冠。结合她多年的工作、成长经历，我认为她是当之无愧的。

　　与王雪娟老师共事多年，她安静沉稳、勤于求索的工作态度最让我钦佩。带着对语文教学的深度思考，她倡导"原创式备课"，坚持"不读书，不上课"的原则，善于引导学生体悟文学之美，培养学生独立思考、表达的能力。

　　王雪娟老师感性、温和。她经常和学生分享自己游学、旅行、生活中的种种经历，分享自己的成败得失。曾经有一位毕业生这样评价她："我常在想，如果我没有遇到你，我可能只懂得分语病却不一定会分是非，我可能只懂得写作文却不知怎么写人生，我可能只会博览群书却不知怎么看世界……"通过言传身教，王雪娟老师走进了每一个学生心里，走进了每一个同事心里，带给身边的人以希望和美好。

　　王雪娟老师淡然、上进。从教 15 年，她一直坚守岗位，执著追求，通

第二辑　专业精进

过不断学习，丰富自己。不论是站在万众瞩目的聚光灯下，还是站在平凡普通的三尺讲台上，不论斩获多少大奖，为学校赢得多少荣誉，不论收获多少鲜花和掌声，她都坚持"本色"，坚守"本分"，踏踏实实地做好语文教学和班主任工作。

2015年是王雪娟老师在深圳市平冈中学的第15个年头。15年前，她的梦很美；15年后，她是最美的梦。

（刘静波）

粤教版高中语文的第一篇课文是毕淑敏的《我很重要》，每次教这篇课文，我都会推荐学生"延伸阅读"台湾作家张晓风的散文《我在》。两篇文章的共性在于关注个体存在，但我的意图主要在于让学生体悟"我在"这个标题所隐含的"对话情境"及其传递的力量和温度。

身为教师，"在"是我的职责，"我在"是对学生的承诺。

上好课一定是第一位的

前几年，深圳市高三模拟考试出了一篇命题作文——《心要在焉》。说的是人要专注于自己所做之事。而教者之"在"，就是专注课堂。

每接手一个班，我都特别注重第一个月的教学。对学科本质的认识，对学习的要求，教师的个人风格及教学能力，课堂推进的节奏等，都要在这一个月中加以呈现并让学生有所感知。这决定着自己的"专业威信力"，并且，对于我的班主任工作，也有非常重要的作用。

近八年来，我倡导"原创式备课"，即不依赖教参，不照搬教案，不重复自己。曾经，为了上好一节《论语》，我阅读了五本研究《论语》的专著；为了讲好《春江花月夜》，我阅读了近十万字的材料。深圳市教研员程少堂老师曾经说过：教师要进步，就要有"十本书一节课"的精神。不读书，不上课。八年来，每一轮教学我都要重新阅读，重新思考。我没有一节课用的是现成的设计，没有一个专题在重复以往的上法。我越来越觉得教学是件非常有意思的事儿。

我从不照本宣科，更拒绝人云亦云的作品解读，我鼓励学生逆向思考、质疑，甚至颠覆。有学生写道："每一次语文课就是一次自我审判、一次自我反省，脑中陈旧的框架一次次被推翻，然后才知道自己错了这么多。"

我也拒绝只为考试而教的教育，更想消除这种短视行为对学生学习造成的消极影响。于是，以课本为出发点，引入丰富的课外资源，进行专题式的板块教学，是我的重要的教学方式。

比如，从"小说单元"的《宝玉挨打》一文入手，我开设了《红楼梦》阅读专题课。我带着学生读了一个半月的《红楼梦》，进行了概述、隐喻、人物、诗词、文化五个专题的教学，激发了他们对《红楼梦》的浓厚兴趣。我要求学生写一篇"《红楼梦》研究"的小论文，并教给他们做论文的基本方法。经过40多天的努力，从阅读、查阅资料到写作、修改，学生在汇报课上的精彩展示层出不穷。总结点评的时候，我问了学生这样一个问题："一个半月以前，你们能写出这样的论文吗？"学生说不能。我继续点拨："这才是真正的阅读和写作，这才是写作能力的真正提高。"在这样一个带着研究的意识阅读、带着研究的意识写作的过程里，我希望他们懂得什么是"有价值的学习"。

还有这些专题："那个你所不喜欢的鲁迅""史记英雄辩""戏剧发展史"，等等，学生都很喜爱。学生说："这样的课，带着我向上爬，去领略更高处的风景……我的心，渐渐宽广……"

不成功该怎么办 ◥

上好课不是教者的全部，我总想给学生知识之外更为丰富的东西。

今天的教育呼唤"人"的培养。教师是学生迈入社会之前接触最多的成人。教师是怎样的人，学生就看到怎样的人；教师有怎样的思想高度，学生就有怎样的人生蓝图。教者之"在"就是走进其心灵。

还是学生的时候，我不是班上成绩最好的学生。我喜欢玩，喜欢结交那些成绩不好却个性真诚的朋友。今天，我自己成了教师。我常思考，我想让学生成为怎样的人？

我希望他们是开朗健康的人，是善于思考的人，是善良正义的人，是热爱生活的人……甚至，我希望他们是懂得吃亏的人，是不那么成功的人。今天，我们对学生的励志教育都是成功教育，可是没有人告诉他们不成功该怎么办，或者说，什么才是真正的成功。他们需要知道，在脱离了成绩排名的评价方式之后，应该如何自我定位，如何设定目标；他们需要知道，如何寻找动力，如何懂得取舍；他们必须知道，如何与人合作，如何与自己和谐相处。

能够合理地规划人生，正确面对人生中的得失，形成良好的价值观和是非观，具备理性的判断力和自我发展的能力，这些都是我们应该在教学中不断渗透进学生心灵深处的东西。因此，我关注学生的阅读、视野、爱好和态度。

我给学生推荐杂志、文章、电视节目，我想让他们知道周围的世界正在发生什么。

我给学生讲我旅游的见闻，告诉他们我在瑞士曾经有 17 天的独行经历，它让我懂得了什么是独处的自由。

我给他们推荐电影，带他们一起啃名著，我想告诉他们电影里和书中的人生有多深刻。我和他们探讨问题，我呈现分析的思路，告诉他们什么是理性的态度和分析力。

我也会痛骂他们。面对高考后一些志向远大却刚刚踩上重点线、哭着喊着要重读的男生，我告诉他们别把自己当成一块被埋没的金子，未来的成就靠实力说话。"四年之后你们敢不敢在班群里晒一下各自大学的时光是否虚度？"当学生们一个一个在班群里回复"敢"的时候，我给他们上完了高中的最后一课。

除了这些，我更愿意让学生从我身上看到什么是进取、阳光的生活态度。

我常和学生分享我的成长、我的进步。今年，我获得了"深圳市年度教师"的称号之后，学生吵着要看我现场比赛的视频。我想，难道这两节课仅仅是为了让学生为自己的老师感到自豪吗？这不是我的目的。

于是，我设计了这样一组教学活动：（1）请为进入"深圳市年度教师"最终决赛的六位教师的演讲分类；（2）请记录每一位教师演讲的主题、结构、扣题方式及亮点；（3）请对每一位教师的现场问答作出评价；（4）请选出你心目中的"深圳市年度教师"，并写出三点理由。（1）和（2）是为了作写作示范，（3）和（4）是为了探讨教育问题和教师的职业精神。

我觉得这是我本学期最成功的一次教学活动。我用了四节课的时间，和学生完成了视频观看、问题解答和价值探讨。在语文教学之余，我希望通过这样一种方式为学生树立起一个做人的榜样：自信、进取、热爱生活、心态阳光。我更希望他们忽略赛场输赢，能够从进入"决赛"的六位教师身上感悟什么才是真正的职业精神。

我深信"言传身教"的力量。励志的话语可能奏效一时，榜样的力量才可以陪伴终身。

2010年考取华中师范大学的毕业生陈惜仪给我写下这样的留言："喜欢你的课堂总是让我们有思考，喜欢你每次在我们日记本上用心的留言……你说的每一句话，我都记在心底。亲爱的雪娟，你之于我，又何止老师，何止朋友，是知己！你总是带给我希望、美好。"

这样的话语总是给我力量。我知道，我的每一堂课、每一个评语，都可能在学生的生命中留下痕迹。陪伴他们走好一程，将有益于他们的一生。当我知道毕业十年的学生至今仍珍藏着我批改过的作文本时，当经历职场困倦的学生听了我的演讲再度充满能量时，我更加深信，教师的业绩虽然由当下评断，而教师在学生心灵深处埋下的美好的种子，是要在未来开花结果的。

教者之"在"，就是恒久影响。

发现使命　▼

曾经读过茨威格的一句话：一个人生命中最大的幸运，莫过于他在年富力强的时候，发现了自己的使命。我仿写了一句：一位教师生命中最大的幸运，莫过于他在平凡的工作中，发现了自己的使命。回顾自己15年的从教生涯，这"使命"无外乎这样三个方面：唤起学生对语文学科的热爱，给予他们知识之外更丰富的东西，陪伴他们成长。

当我班上一个英语特别好的女生说"老师，我本来很想当一名同声传译的，可最近，好几次你上完课后，我都在想，我是不是更愿意去当个语文教

师”，我很欣慰，我意识到了语文教师的价值。

当刚踏入职场的学生对我说“有时觉得自己困惑了，失望了，坚持不下去了，就会想起雪娟是怎样热爱自己的工作的，就会到‘雪娟的空间’的文字中去寻找力量”，我很高兴，这个时候，我以另一种方式在与她同行。

当他们因为求学、工作甚至感情等问题打长途向我倾诉时，我知道，我的担子还没有卸下，我的目光还不能收回。

就是这样的细节，就是这样一些瞬间，我看到“我”的存在，我看到了我在学生心灵中的“存在”。

这就是价值，这就是可以称得上使命的责任。

我们一辈子大部分的时间在工作。我在，是专注，更是承诺。它既是张晓风散文中那彰显着自我存在的话语，也代表着我对教书这份职业的坚守。

当今时代嘈杂浮躁，但总有人会静下心来，一直站在自己的讲台上。我渴望成为这样的人，并不断思考：在教育的岗位上，我的定位在哪里？在学科发展的道路上，我的思考应该在何处深入？在教育所有复杂的情境中，我的灵魂是否在场？

职业的成就、人生的幸福必有所附丽。坚韧的使命感，给职业生活带来的一定是积极而深远的影响。也只有这样，一位普通的教师，才有可能在凡常的职业情境中，建立起超越世俗标准的专业成就感。

（原载《教师月刊》2015 年第 12 期）

李文送：教师成长的姿态

李文送 《教师月刊》2017 年度教师。1980 年生于广东廉江，毕业于岭南师范学院生物科学专业。系岭南师范学院附属中学教研中心主任，广东省新一轮"百千万"人才培养工程名师培养对象，湛江市名教师工作室主持人，湛江市青年岗位能手，中国教育学会第一、二届优秀会员，2016 年"杂志铺"全国百佳校园阅读推广大使，岭南师范学院基础教育学院（湛江幼儿师范专科学校）外聘兼职教授，岭南师范学院生科院外聘导师，广东省中小学教师培训专家许占权工作室助理。中国教育学会（首届）最具影响力微论奖、中南六省（区）生物学教学论文全国一等奖、广东省教育教学成果奖（基础教育类）一等奖获得者。主持和参与市级以上课题 18 项，在《中国教育学刊》《人民教育》等刊物发表文章240 多篇，出版《教师的生命成长》等专著（合著）。

李文送老师已在我校工作 13 年，是一位被认为"应该教语文"的生物教师。他坚信教育的本质是一种"善"，以"教书先读书，育人先育己"为座右铭，提出并实践"三维四象"的生本课堂教学主张，教学风格幽默风趣，深受学生欢迎。

李文送老师诠释了一名优秀教师的责任与担当，得到了省内外教育同行的认可。他主持的科研项目"教育现代化背景下教师专业化发展的研究"和"教师专业成长激励机制研究"分别被列为广东省教育科学"十三五"规划

第二辑 专业精进

2017年度"一般课题"和岭南师范学院广东省中小学教师发展中心2017年度"重点课题"。他多次应邀为福建"国培计划"高中生物骨干教师高研班、广东省生物骨干教师和乡村教师置换培训生物班以及部分师范院校的学生授课。他还通过QQ群、微信群，与全国各地的同行分享自己关于教学、科研、写作的心得和经验，得到了广泛回应和热情评价。

2017年9月，李文送老师策划、组织了学校第四届"励志书香，温馨校园"公益读书活动。目前全市已经有50多所学校积极参与，受益师生超过10万人次。

前不久，中国教育学会评选了首届优秀个人会员，李文送老师顺利当选，可谓实至名归，他还作为30位当选者的代表发表感言《成长自己就是成就教育》。

（林文良）

成长是生命的本性和欢歌，是大自然随处可见的风景；成长是一种长成，是萌发的种子长成树木长成庄稼，是毛毛虫从破茧到成蝶。成长属于每一种生命，属于每一个生命。成长的生命意味着分享与担当，像天上的星星发出自己的光亮。教师的光亮，能照亮学生和他人，也能照亮自己，还能照亮未来。

分享成长的亮光 ◥

作为一名生物教师，我常常听到这样的感叹："我想提高教学质量，但学校连基本的实验仪器显微镜都没有，怎么开展实验教学？""生物是副科，学校不重视，学生不重视，家长不重视，我们自己重视有什么用？""我本来是教化学的，学校却安排我教生物，自己半桶水，怎么教学生？只能边教边学，边学边教。""我是信息技术专业的，领导说，生物很容易教的，看看书就可以教了，真无奈，真无语，只能硬着头皮上。""别想那么多了，生物教师是没有什么地位的。"……每每，我的心里很不是滋味。人可能无法改变现实，但可以改变自己，就好像我们不能改变天气，但是可以改变自己的穿着。也就是说，事物本身不会影响我们，影响我们的是我们自己对事物的看法。

1934年，陶行知先生在《什么是生活教育》一文中指出："过什么生活便是受什么教育，过康健的生活便是受康健的教育，过科学的生活便是受科学的教育，过劳动的生活便是受劳动的教育，过艺术的生活便是受艺术的教育……"我相信每一个人过的都是"生物生活"，而不是"非生物生活"，生物学科的内容是我们一辈子都需要且不能缺乏的。可以说，人人都要接受生物之教育，人人都会受生物之教育。于是，我就想通过自己的实践，告诉同行们特别是生物教师，每个人都可以缔造充满生命气息的教育春天，都能幸福地实现自己的生命成长，从而树立一种专业自信、文化自信和生命自信。本着分享成长的心意，我用三年多的时间对自己的成长经历、教学案例和教育体悟进行梳理，出版了《教师的生命成长》这本书，提出教师的专业发展要走向生命成长，好教师要追求"为人"与"为师"的合一，"经师"与"人师"的一体。

2017年3月拿到书后，我通过QQ群和微信群分享了书中的内容，想不到第一个月就赢得了全国28个省（市）同行的支持和厚爱（"卖出"了440本），读者包括大中小学幼儿园和中专、中职的教师。上海的陆红兰老师说："李老师的书，才拜读了十多页，结合自身仔细琢磨、回味、推敲，很受用，忍不住点赞。……我终于知道我好久未这样读书，不是我不喜欢读书，而是没有遇到这样的好书。"广东的朱雄军老师说："李老师，很感谢您的书！花两个晚上把它看完了，……写得很实在，看完充满了力量。"辽宁的张宝友老师说："看李老师的书，我不断地停下阅读，反思自己的教学过程，有些人，有些事，其实就发生在我们的身边，文送老师以负责的态度写作，行云流水，拿捏得当，值得我们认真学习和仿效。"四川的赵霞老师说："很庆幸买了文送老师的这本书。最近一直在翻看，笔记一直在写……很赞的一本书，我要放在包里慢慢看。"中国教育学会生物学教学专业委员会理事长赵占良老师说："浏览一遍，不禁为作者对中学生物学教学的倾心付出而感动，书中的许多观点我也深有同感。……教育的春天要靠教师自己来营造。正所谓惠人实乃惠己，对学生、对他人、对社会的每一份付出，都是在增加自己人生的高度，丰富自己生命旅程的体验，促进个体生命的成长。"北京十一学校的王春易老师说："非常感动，也很受启发。不论是生物教师还是其他学科教师都会非常受益。"云南的邢艳兰老师说："正在学习李老师的作品，很实用，要是早点学习，很多事情我就可以少走弯路了。"四川的申定健老师说："李老师的书，向读者传递着一种教师继续成长的动力，值得拜读。"

这些热情的反馈让我非常感动、非常欣慰，想不到我这个草根教师得到同行如此"厚待"。我们彼此虽然没有见过面，但是因为书，因为分享，因为教育，联系到了一起。

成为成长的肩膀 ◥

2017 年 4 月的一天，我正准备到高三（8）班上课，一个来自福州的陌生电话打了进来，说是福建教育学院的林老师——后来我知道他是培训部副主任林颖滔老师，想请我到福建给老师们讲讲"教师的生命成长"，帮助他们"形成教育思想和教学主张"。我既高兴又惊讶，不过当时我说因为带高三，可能没有时间走开，下学期会好些。林老师没有放弃，继续向我介绍说，这是国培项目，学员都是生物骨干教师，都是学科带头人、工作室主持人。

听到"国培"二字的时候，我内心就觉得自己非去不可。因为"国培"代表着某种教育使命，所以我表示先跟校长请示下。经过沟通，校长同意了。于是，我第一时间告诉林老师，同时补充问道："我的教龄不长，是不是真的适合去上这样的课？"林老师肯定地说："年龄不是问题。"有他这句话，我心中的顾虑就放下了。在近一个月的"备课"中，我发现林老师原来也是英特尔未来教育项目教师培训的主讲老师，这也算是一种缘分吧。

林老师没有见过我，也没有看过我的书，顶多只是看了有关我的书的介绍，就决定邀请我给国培班的老师授课，这是冒了风险的！在前面三次的集中培训中，学员已经聆听了北师大刘恩山教授等专家的报告，在需要"凝练思想、生发智慧"的重要阶段，让工作才十几年的我来和已工作二三十年的教师分享成长，更是冒险的！不过我还是逐渐读懂了他的用意，那就是希望学员教师在成长路上既要向刘恩山教授那样的专家学习，也要了解当前青年教师脑袋里想的东西。用国家督学成尚荣老师的话来说就是："向上飞扬要接天气，向下耕耘要接地气。"

2017 年 5 月 13 日，在福建省"国培计划（2015）"——示范性综合改革项目高中生物骨干教师高端研修班第四次集中培训开班仪式上，我作了三个小时的报告，主题为"让思想丰盈教师的生命成长"。面对这些比我年长的同行，我居然没有紧张，还得到了他们的认可：上课认真而投入，有思考、有感悟。很荣幸，我有机会成为省外教育同行的"小肩膀"，这也成了我成长的精神财富，让我更加懂得用心的意义。

从福建回来后，"肩膀效应"得到了延伸。5 月 17 日，岭南师范学院聘请我担任"筑梦岭师"2017 年家庭经济困难学生素质提升工程培训班授课老师，并作了题为"成长自己，才能创造奇迹"的主题讲座。8 月 25 日，顾伟清校长邀请我在他创建的教育案例新透视 QQ 群作了一次公益讲座《教师的生命成长》出版记——兼谈教师写作"。8 月 29 日，岭南师范学院培训学院和生科院邀请我为广东省生物骨干教师和乡村教师置换培训生物班授课，主题分别是"中学生物学教师的生命成长"和"中学生物学优质课堂教学的构建与实施"。10 月，我被岭南师范学院基础教育学院聘为兼职教授，为师范生开设我自主研发的课程"中学生物课程教学设计与说课"。

成为别人的"肩膀"，对我来说，不是荣耀，而是一种鞭策，一种激励，这本身亦是我生命成长的肩膀。透过他们，我看到了向上向善向美的力量。记得我在《生命成长的肩膀》（《教师月刊》2016 年第 11 期）一文中说过："父母和教师都是孩子生命成长的肩膀，然而，孩子何尝不也是我们生命成长的肩膀？星星因为相互映耀而璀璨，生命成长也会因相互成就而更加精彩。"教师成为别人成长的肩膀的同时，别人也是教师成长的肩膀，甚至每个人都是自己成长的肩膀。

发出成长的声音 ◥

声音是一种力量，同时也是成长的标志。2017 年 7 月 21 日，在北京国际会议中心，我作为中国教育学会首届优秀个人会员代表发表了获奖感言《成长自己就是成就教育》。我说："……被评为优秀会员，并不代表我们是最优秀的，不过，过去一年，我们是有成长的，是有收获的……加入中国教育学会是我的自发行为，没有人介绍，也不需要人介绍，因为是我想，因为是我要。那么，为什么我要入会呢？因为我成长了，可以承担一些东西；因为我想成长为更好的自己，以成就更好的教育；因为中国教育学会有最爱教育、最懂教育的人，我要与这样的人为伍，我要以这样的人为师，我要成为这样的人。只有成长了自己，才能经受得起风雨；也只有成长了的人，才更容易收获生命的惊喜。"我还说："希望中国教育学会能成为更多一线教师生命成长的肩膀。"

　　这是我第一次站在"国家级"的舞台上，我要为中学生物学教师发声，我要为一线教师代言。本来我的这个第一次可以来得更早一些。我的教育微论《学科教师究竟教什么》去年作为全国12篇微论之一获得中国教育学会首届最具影响力微论奖。看过获奖名单的人都知道该奖不简单，非常不容易，其他获奖者都是我非常崇敬的人。也就是说，我本来可以在去年年底就参加中国教育学会的活动，在中国教育学会第二十九次学术年会现场参加领奖，但我放弃了——因为刚好那时候我的第二个孩子出生了，我选择留在爱人的身边。毕竟，人不是为了荣誉而来的。

（原载《教师月刊》2017 年第 12 期）

李富恩：大家都戏称我为"莎姐姐"

　　李富恩 **《教师月刊》2018 年度教师。**1969 年出生于河北肃宁，任教于河北省华北油田第三中学，担任物理学科教研组组长，"沧州市实验教学网络研修工作站"创始人之一。中国教育学会 2017—2018 年度优秀个人会员、中国教师研修网"学科指导专家"、全国青少年创意编程展评活动评委、华北石油管理局优秀教师、华北石油管理局骨干教师、"沧州市最美教师"。先后主持和参与多项国家级、省级和市级课题研究，数十篇论文、课例（微课）发表或获奖。辅导学生参加"全国奥林匹克物理竞赛"和"全国中小学电脑制作活动"，获得奖项 30 多个。

　　在与李富恩老师合作的过程中，我感受到了她对教育科研事业的深深热爱。她对教师这一职业有着属于自己的理解和感悟，始终以教师职业道德严格自律，以教好书、育好人为天职。李富恩老师研究、开发的"基于 DIS 实验系统的教学方法"得到了大家的认同与赞誉，我也从这一研究成果中受益，将之应用于大学物理的教学中，很好地推动了大学与高中物理教学衔接问题的研究。

（陈　菁）

　　在教学改革和教育科研上，李富恩老师始终走在最前沿。近年来，她潜心钻研电化教育技术与实验学科的融合教学，参与创立"沧州市实验教学网

第二辑　专业精进

络研修工作站"。在具体的工作中，李富恩老师经常接手"棘手班"，尤为善于转化"后进生"，积极促进"后进生"的发展。她所辅导的"后进生"参与河北省中小学电脑制作活动，取得了突出成绩。李富恩老师以专业的素养、执著的精神、兢兢业业的态度，塑造了一个完整的教师形象。

（王晓梅）

既然做了教师，就意味着选择了和学生一同成长。要为自己注入先进的教育理念，不断学习和掌握实用的教学知识、手段。学习、研究、尝试，我一直在路上。

一 ╲

我自1993年从河北师范大学毕业至今，一直执教于华北油田第三中学，送了九届毕业生，孩子们一声声地从"姐姐"叫到"妈妈"，收获的不止岁月的年轮，还有一个个学生的成长。

安于讲台，初心不改，以饱满的热情对待教育教学，积极参加各种形式的学习。跟随着中国教育学会，拜名师，提素养。借助一年一度的全员培训活动，认真观看专家分享的视频，细心琢磨每一位老师的课例，精彩的片段不能下载的就采用录屏保存下来，以备不时之用。

成长自己就是成就教育，最好的自己就是最好的教育。我坚持写教育教学随笔，不断积累和反思，把学到的知识结合自身和学生的特点，形成自己的教学风格。为了提高学生学习物理的兴趣，基于不同学情，采用不同的教学方式，配以幽默风趣的语言和直观易上手的小实验，取得了良好的教学效果。高中学段的物理知识难度大，概念十分抽象，一些学生学得吃力，我便拿出课间或下班的时间查漏补缺。每天拿出一点点时间，日积跬步，以至千里。我不能让学生输在物理学科上。

作为教研组长，我每次认真准备教研活动内容，有时是通过一个讲课视频中的小实验，组织大家讨论改进的方法；有时是就某道选择题的某个选项中的一个词，仔细推敲，分享自己对如何叙述才能更全面地考察某个知识点的看法，老师们经常戏称我又上了一节语文课。

这些都需要我不断地"自我充电"，及时将先进的教育技术和高中物理教学进行深度融合。我们一直在探索的"利用 DIS 实验优化高中物理教学"系列课题，已衍生出了多项教学成果：改造课本中的传统实验为 DIS 实验，多达二十几处；有的习题也用 DIS 实验进行演示，收到了非常好的效果。河北省电化教育馆的领导鼓励我："在教育技术方面的改革，在促进学生全面而有个性的发展方面，取得了显著的成绩，是当之无愧的电教专家！"在《实验：研究平抛运动》一节，我将一道习题的思想引入进来，改进了课本中的学生实验，让小球平抛运动的落点直接打在了白纸上，还用 DIS 进行演示，让同学们直接获取实验数据，直观、明了地展示了平抛运动的规律，克服了实验的诸多弊端和误差，比如解决了每找一个实验点需要多次尝试、反复实验的难点，准确地解决了平抛运动的起点问题，收到了非常好的效果。为此我代表华北油田参加了沧州市的高中物理学科实验教学说课比赛，被沧州市教育局选中，与另外一位老师代表沧州市参加省里的实验教学说课活动并取得佳绩。

2018 年寒假，河北省组织新技术培训，我因故没能到场学习。我找了参加培训的老师，借来笔记，逐项进行学习。这是我第一次接触到立体交互式课件，经过不懈努力，终于掌握了这项"新技术"，并熟练地应用于课堂教学。首次在学校讲解并展示了立体交互的第一节研讨课后，带动一批年轻教师参与进来，将立体交互教学手段应用到各个学科。在今年的"一师一优课，一课一名师"的晒课活动中，我将 DIS 实验和交互式白板教学进行有机融合，得到了同行们的认可。

在今年河北省第四届微课大赛准备期间，一批老师准备参赛，在后期制作的过程中，我帮大家剪辑，大家都戏称我为"莎姐姐"（利用喀秋莎软件录屏和剪辑）。

二　◥

担任班主任期间，我每天中午都与学生一起在学校食堂吃饭。一次，我得知班里王景华同学的家里很困难，因为父母双亡，他跟着叔叔生活，为了减轻叔叔的负担，每天都尽量控制食量，一个大小伙子，中午只吃一个馒头，半份菜，这怎么行！我找到食堂师傅，每月给孩子交上200元钱，交代他说，这孩子来买饭菜，就给他多盛一些。

我经常接手"棘手班"。对于这些基础薄弱的学生，我一直鼓励他们不要放弃，想方设法让他们都能在原有的基础上得到发展。我利用自学的电脑知识，辅导班里的"后进生"参加河北省中小学电脑制作活动，提升了学生的自信。我指导他们尝试着制作 Flash 小动画。功夫不负有心人，在河北省第十九届中小学电脑制作活动中，张岩松和曹馨月两位同学分别获得二等奖和三等奖。

其他同学的信心被进一步激发起来，纷纷表态要报名参加第二年的"和教育"手机动漫比赛，我也期待着有更多的孩子参与进来。班上的吴菲菲同学沉迷于玩手机，可谓机不离手，家长没收了手机，过不了几天她保准又弄来一个。我在网上查询到一款软件"皮影客"，是手机制作动漫的超级好用的小软件，我尝试着走近这个孩子，给她介绍了今年的"和教育"活动和这款软件的特点。当时这孩子并没有接受，而且很不高兴。最后在我的"狂轰"下同意尝试一下，我们一起研究如何制作动画，如何配音，在掌握了使用细则后，又一起设计动漫的内容。短短几天，吴菲菲就做出了第一稿，效果非常好。接下来是四个人物的配音，除了有一名男生的协助，她一人做了三个女生的配音。最终的成品出来，非常出色，一举拿下全省的一等奖。

吴菲菲万万没有想到自己会获此殊荣。惊喜之余，我们约法三章，她会把一部分精力投入到平常的学习中来，减少玩手机的时间，逐步走上高中学习的正轨。之后一段比较长的时间内，她确实有了非常大的进步。

三 ◥

2018年，河北省开始新高考改革，学生要在一年后于理化生史地政六门课中选修三门，物理遭遇始料未及的"冷"。在第一次的选课摸底中，三个班里面有意向选修物理的不过十人上下。如此一来，高中阶段大部分同学只有一年的学习物理时间。怎么办？

为了让同学们在有限的时间内，充分认识到物理学涉及的领域和物理学的发展前景，在开课时必须讲好绪论——绪论课是刚刚升入高中的学生的引航课，开篇就应该把同学们带入奇妙的科学世界，激发学科学、爱科学的信念和信心。

动力学是大学物理的第一部分内容。大学物理注重的是数学在物理学问题中的作用，解决的是接近实际生活的物理问题，高中阶段由于数学方法的限制，注重的是培养学生基本的物理思维能力，解决的是接近理想状态下的物理模型的问题。

再加上多数同学学习物理的时间有限，因此我在高一讲解力学这一章时，更注重知识点和解题方法，比如高中物理速度的定义，就是我们遇到的第一个用高等数学中导数表示的物理量，速度等于位置矢量对时间的一阶求导。高中物理对瞬时速度的定义是：物体所发生的位移与时间的比值，当时间趋近于零时的速度，即表示物体在该时刻或该位置的瞬时速度。这一点高中讲得比较模糊，但大学利用微积分的数学思想就能顺利地解决这个问题。

像这样的知识点高中还有很多，因此对大学物理应该有比较多的了解，才能做好高中物理学习和大学物理学习之间的衔接，让同学们在高中就建立这样的认知：数学是解决物理的有效工具。

四 ◥

2018 年 6 月，参加河北省实验教学说课活动，让我看到了各地实验教学水平方面的差距。在与兄弟学校联合开展的教研活动中，一位青年教师对我说："李老师，你的课很精彩，但是听了你的课之后，我还是要回到我的课堂上去。"兄弟学校的教学校长也说："李老师，您再给带几个徒弟吧！"他们的话一直萦绕在我脑海中，我意识到，这绝不是带两个徒弟就能解决的。于是，我开始思索如何全面提升实验学科教师的执教水平的问题。在与沧州市教育局装备中心的老师多次探讨之后，我们决定成立"沧州市实验教学网络研修工作站"。

作为创始人之一，自然要做很多工作：丰富工作站各实验学科教学资源，给青年教师传授实验教学说课经验，在网络研修平台上给兄弟学校的老师讲解实验教学中的注意事项；分享自己应用 DIS 实验系统进行实验改进的案例课例……

在网络研修中，我们学习的一部分内容是一年一度的全国实验说课获奖案例。讲解中，我会结合自己所在学校的实际情况，而不是一味地照搬照用，把实验中原有的装置利用起来。比如我们在进 DIS 实验系统时就考虑到了学校的实验器材，小车轨道、铁架台、气垫导轨等都是利用的原有器材，这给学校节约了一笔不小的开支。比如我们在学习 2017 年保定二中王毅老师的说课课例《超重和失重》中，深深感受到改进实验所要增加的工作量，不过还是可以借鉴其中的亮点，比如用整理箱制作一个装置，把手机固定在整理箱侧壁，台秤放在整理箱内，利用手机慢动作拍摄物体自由落体的视频，即能清晰记录物体下落过程中台秤示数的变化，在教室里完成"太空实验"。这个实验，王毅老师给了我们一个重要的启发：在手机普及的今天，我们完全可以充分利用手机拍照和视频的强大功能进行实验改进，让同学们有更多的身临其境的实验体验。

用自己一点一滴的工作，带动周围的人，这就是我们成立"沧州市实验教学网络研修工作站"的初衷。我将不改初心，踏歌而行。

（原载《教师月刊》2018 年第 12 期）

侯晓斌：有爱，还要有方法

侯晓斌 《**教师月刊**》**2018 年度教师**。1972 年 1 月出生，1991 年毕业于西安师范学校，后一直在村小任教，现为西安市蓝田县洩湖镇崔坪教学点校长，本科学历，中小学高级教师，高级心理咨询师。为寻求乡村教育的发展之路，先后自费到四川、北京、甘肃、河南等地参加"互联网＋"与乡村教育论坛、中国小规模学校联盟年会、农村小规模学校教师成长计划第六期暑期培训、幸福家种子师资培训、和美家家庭教育培训等活动。致力于创建一所让师生共同幸福成长的乡村学校。

西北地区多数村小的孩子，父母在外打工，没有陪伴，缺失了爱，学习动力不足。学校人数急剧减少，老师们很难正常教学，快要退休的老教师为一年级学生学不会拼音而落泪，四年级的教师为培养学生的学习习惯被气得胸口疼，身为校长的侯晓斌担忧的是，如果撤点并校了，很多家庭会背上沉重的经济压力，村小作为乡村的灵魂和文化中心将会失守。他们学校的外墙上有这样的标语：回归乡土，做有根的乡村教育。

他有坚定的信念。他相信教育可以渐渐改造社会风气。他们学校的墙壁上有"小而优，小而美，小而特"的标语。

他有超强的行动力。每年暑假的"教育行走"打开了他的视野，即使啃干馒头，坐硬座二十几个小时，也不觉苦。外出学习获取了无穷的动力，得到新理念滋养后的他直面各种困扰。

第二辑 专业精进

学校所有教师都身兼数职，他给四五年级上英语课用的是分组对话教学，课堂上学生们尽情尽兴，个性张扬。他尊重每一个生命的样态，他的课堂时有"伟大事物"呈现。

"大地良师"邀他10月10日上网络公开课，作为主持人，我9日那天搭车去了他们学校——西安市蓝田县洩湖镇崔坪教学点。全校6个年级33个学生，精神面貌挺好。中午的图书阅览室里，有几个学生沉浸于书中。老师们看上去精气神饱满。校园里所有的生命都有光。

侯晓斌说，没有阅读就没有教育，不重视阅读的学校都是假教育。他没有停留在口号上，人均300册书，图书馆全天开放，是事实。凡是跟侯晓斌接触过的人都会被他吸引。他常沉默，你在他的沉默中常有流泪的冲动。

（赵清风）

记得《夏洛的网》中有这样一段话："生命到底是什么啊？我们出生，我们活上一阵子，我们死去。一只蜘蛛，一生只忙着捕捉和吃苍蝇是毫无意义的，通过帮助你，也许可以提升一点我生命的价值。谁都知道人活着该做一点有意义的事。"夏洛决心帮助威尔伯，最终，她通过自己的努力，拯救了威尔伯，让他成为明星，也让自己的人生变得更有意义。我是一名乡村小学教师。这里大多数学生的父母都外出打工，他们缺少爱与关怀，他们需要帮助，我愿做他们的"夏洛"。

乡村是美丽的。天空那么蓝，空气那么清鲜。地上到处是绿的，点缀着朵朵鲜花，一座座房屋在绿树中若隐若现。然而，如此美丽的乡村，人越来越少。乡村的人不断逃离，其中一个原因是，乡村缺少好的学校。

事实上，国家在不断加大对农村教育的投入，如今乡村的学校变得好看了，设施、设备也很先进，但是由于管理跟不上，教育教学质量没有大的改观。

自参加工作，我一直在岭区的村小任教。我家也在岭区，我所在村子及周围村子的学校因为学生数过少而被撤并。从小的方面看，由于没有学校，家长只能把孩子送到村子以外的、很远的地方上学，孩子太小的话，还需要有人陪读，这样家庭的经济负担就增加了，算上人工费，一个小学生一年至少要多花家里 1 万元。如果孩子从一年级起就外出上学，仅小学阶段就要支出 6 万元。这对于一个农村家庭来说不是小数目。如果一个村子有 50 名学生在其他地方上小学，一年就要支出 30 万元。社会发展了，教育也发展了，但是很多农村孩子却面临上学难、上学远、上学贵的问题。从大的方面看，乡村学校是乡村的灵魂，是乡村社会改造的中心。学校不仅是乡村应有的，而且是乡村不可缺少的文化元素。由此可见留住乡村学校是多么重要。然而现实情况非常严峻，可以说，村小的发展已经到了生死存亡的时刻。以蓝田县为例，全县有 268 所小学，其中教学点 160 多个，占 64%，这些教学点都面临学生数只减不增的困境，如果继续发展下去，很多就会自然消亡。

留住村小并使其不断壮大是一件艰难的事情。就我本人来说，要改变这样一个局面，只能先从能改变的地方入手，努力改变自己。所以，我选择这样的路：阅读，写作，行走。

我是 1991 年从西安师范学校毕业参加工作的，但我认为我真正开始教育生涯是在 2007 年。那一年，我买了朱永新教授的著作《我的教育理想》。朱永新教授发起新教育实验，提出要过一种幸福而完整的教育生活，书中提到有一个"教育在线网站"。

打开这个网站，我一下子被吸引住了。在这里开博客的是来自全国各地的同行们。我看到一些不一样的教师，打开他们的博客，阅读他们的文章，他们对教育的热情深深打动了我，感染了我。于是我也开了博客，用文字记录自己工作和阅读中的点点滴滴。自参加工作，我一直在校住宿，下午吃过饭后的时间完全属于自己，可以用来做自己喜欢的事。在此之前，晚上喜欢看看电视，此后我改掉了这个习惯，取而代之的是阅读、写日志。常常，我独自一人在学校。寂静的校园，一盏灯、一本书、一台电脑，陪伴我度过很多美好的夜晚。随着键盘的哒哒声，桌面上跳出一个个词语小精灵，最终谱成一曲由文字组成的乐章，再发送到博客上，就有一种小小的成就感，第二天如果看到有人点评，就更开心了。后来，我又追随其他老师在"1+1 教育网"开了博客。

2015 年，我加入"河北省教育叙事专家微信群"。大家在杭州师范大学

第二辑　专业精进

外国语学院杨小洪教授、河北名师孙彩文老师的引导下，共读帕克·帕尔默的《教学勇气：漫步教师心灵》，共写教育故事。杨小洪教授当时身患癌症，他一边和病魔作斗争，一边积极引导大家做教育叙事研究，每当有人发上一篇文章，他都会作几百甚至几千字的点评。我发过一篇文章《你有爱的能力吗？》，杨小洪教授这样点评："爱是一种情感的交流，而不是一种单方面在语言或行动上的宣告。爱的前提，首先是要理解对方，并设身处地地去为对方思考。在这样的自我放下中，对方不可抗拒地会感到一种脚踏实地的爱。只有这样的爱，才能滋养他人也滋养自己。谁不渴望拥有这种能力呢？那就在爱的过程中去提升吧！"如今，再读杨老师的点评，依然会感到一股爱的暖流。

这一年的 6 月，我看到第一届"教育行走"教师公益研修夏令营活动的消息。活动不仅不收会务费，而且免费提供食宿，能听到专家的报告，还能结识来自全国各地的同行，我便准备报名，很快收到回复，报名时间已经过了。我非常沮丧，但还是不甘心，便给项目发起人谢云老师发了邮件，表达了自己的迫切愿望。非常幸运的是，谢云老师为我争取了一个名额，让我搭上了末班车。7 月 20 日，我怀着朝圣者的心情，坐火车到四川绵阳参加了为期五天的研修活动。这是我第一次独自离开西安去外地。

活动安排得非常紧凑，每天上午、下午、晚上都有内容。为了让自己有充足的精力听报告，每天晚上活动一结束我就回宾馆休息，第二天早早就赶往会场。这次活动给我留下许多非常美好的回忆，它是我的教育生涯的新的转折点，也开启了我的外出学习之旅。从四川回来，又看到一个在北京师范大学举办的"互联网＋"与乡村教育论坛的活动信息，我想知道如何能借助互联网推动乡村教育的发展，于是又报了名。8 月 10 日，我终于有缘来到北京。

2016 年 7 月，我报名参加了在西安举办的"勇气更新"活动，并上台作了分享，讲述自己对小学教育的看法和实践。11 月，我自费报名参加了在甘肃省平凉市举办的"中国第二届小规模学校联盟年会"，听到 21 世纪教育研究院杨东平院长的报告，倍感鼓舞。小规模学校是未来教育的趋势，很多发达国家都有小规模学校。甘肃省平凉市非常重视小规模学校的建设，这让我看到村小的希望和发展方向。我们学校虽然规模很小，但也可以办出自己的特色，做到小而特、小而优、小而美。会后，我校申请加入了 21 世纪教育研究院的小规模学校联盟，成为其中一所联盟校。2017 年 7 月，应王丽琴博士的邀请，我到上海参加"爱飞翔·乡村教师培训"的活动。11 月，我又自费报名参加了在河南濮阳举办的"中国第三届小规模学校联盟年会"活动。

2018 年 7 月 20 日，在西安的校长任职资格培训一结束，我又马不停蹄，连夜赶往浙江宁波，参加第四届"教育行走"的活动。8 月，再次到北京，参加 21 世纪教育研究院举办的第六期"乡村教师培训"。

这次培训的主题是"学思达"，由学思达的创始人、来自台湾省的张辉诚老师主讲。为了改变"填鸭教育"，为了给学生"一辈子带得走"的能力，张辉诚老师用了十多年的时间实践"学思达"，并不断推广。在培训中张辉诚老师讲道："村小的孩子由于家庭的原因缺少关爱，教师要给他们一辈子的温暖。"想到那些遭受痛苦的孩子，我真的是百感交集。

有爱，还要有方法。张辉诚老师的"学思达"模式为我打开一扇新的窗口。我对其通过平等、内外和谐一致的对话和学生建立深层的连接非常感兴趣，为此，搜集了台湾李崇建老师的有关文章和演讲视频。通过学习，我明白了对话的一些注意事项，除了必须是平等的、内外和谐一致的，同时要引发人的好奇心，这样才能建立深层的连接，让爱的能量在彼此之间流动，通过对话让人获取自身内在的力量。回到学校，我开始尝试运用在培训中习得的方法。英语课上，我把学生分成三个小组，进行小组之间的学习竞赛。每个学生编一个号，通过抽签回答问题，抽到即为本组获得一分，回答正确的话再加一分。这样的激励方式，极大地提高了学生参与学习的积极性。由于社会的发展，现在的学生不同于过去的学生，如果我们还用过去的方法教育现在的学生，可能就行不通了。

这些年，除了上级部门安排的培训外，我先后八次自费外出，参加各种教育活动。外出学习，让我结识了众多热爱教育的优秀同行，他们感染着我，激励着我，让我更加热爱教育；外出行走，让我开阔了眼界，看到更广阔的天空。虽然花费了时间、金钱和精力，但能给乡村教育的发展找到一个突破口，都是值得的。

钱理群教授曾经说过："中国教育的希望在农村。"我是这样理解这句话的：农村教育的自主空间更大，改革的阻力和难度会小一些。基于学生一生成长的需要，我和学校同事作了一些尝试。

乡村的孩子，有更多可自由支配的时间，但很多家庭的父母都外出打工，只有爷爷、奶奶在家陪伴。老人们往往管不住孩子，加之智能手机的普及，网络游戏占据了孩子们大部分课余时间。所以，培养阅读兴趣，让孩子们学会利用可自由支配的时间进行大量阅读，成了我们的工作重心。我相信，阅读可以开阔农村孩子的视野，更能为他们将来的学习、发展打下坚实的基础，同时还可以弥补家庭教育的不足。

这自然先要解决有书可读的问题。一是学校图书室的建设。除了每年都购置一批图书外，我还利用各种途径，联系爱心企业、爱心人士捐赠，现在已有图书 3000 余册。图书室的设施也很好，铺设了木地板，配有沙发、藤椅、圆桌、绿植，还安装了多媒体设备。每个学生都有一张专门的借阅登记表，只需自行登记，就可以借阅。图书室每天都是开放的，由学生轮流担任图书管理员。我们有营养午餐，学生午饭后都不回家，每天中午都有 30 分钟的课外阅读时间。每天吃过午饭，还没有到阅读时间，一些喜欢阅读的孩子就跑进了图书室。每学期，我们都开展"读书之星"的评选。每年 4 月 23 日的世界读书日，都开展相关活动，并多次开家长会宣传阅读的重要性。如今，大部分学生的年借阅量都在 50 本以上，部分学生年借阅量超过 100 本，更重要的是，他们学会了自主阅读，学会了在家阅读。

我认为，要建设小而特、小而优、小而美的乡村学校，做好阅读是一个很好的突破口和有效的途径。我相信，这些喜欢阅读的孩子，以后到了初中、高中，乃至更远的人生，都会有出色的表现。

艺术教育对于丰富人的精神生活、提升人的生活质量有至关重要的作用。乡村学校人数少，教师也少，缺少专业的体、音、美师资。在"第二届中国小规模学校联盟年会"上，我了解到沪江的 CCtalk 平台。回到学校后，我们立即引进双师课堂教学模式，借助网络，我们的学生也能在专业教师的指导下学习音乐、美术、书法，这大大丰富了学生的精神生活，也让他们的学习有了更多的乐趣。

要办好学校，还需借助外界的力量。除了加入小规模学校联盟，我还多方寻求社会资源，得到多个公益组织的支援，先后争取到价值 20 多万的物质资助。同时联合爱心企业来学校开展丰富多彩的活动，丰富校园文化生活，开阔学生的眼界。

在教学水平、专业能力方面，我们和城里的老师相比有较大的差距，但我们每个人的心中都蕴藏着爱，蕴藏着一份改变乡村的愿望，这爱和愿望，都在我们每个人的行动中。

村里有一所学校，对这个村庄来说，就是有一盏精神的明灯。学校在，活力就在，希望就在。一个乡村没有学校，也就没有生机，乡村振兴也许将成为一句空话。

（原载《教师月刊》2018 年第 12 期）

第二辑 专业精进

库亚鸽：向着明亮那方

> 库亚鸽 《教师月刊》2020年度教师。1976年6月生于河南许昌，2005年毕业于河南大学汉语言文学专业，现任教于海南省海口市桂林洋中学，承担九年级语文教学工作兼班主任。曾获得"全国优秀语文教师""中国好教师""海南省骨干教师""海口市全民阅读推广人""海口市最美乡村教师"等称号，在全国教学成果评比中荣获一等奖。在《中学语文教学参考》《教育·读写生活》《教育时报》等报刊发表各类文章50多篇，出版教育专著一部，参与编写《新教育晨诵》《童书与电影》等图书。

每一位合格的教师，都是耕耘者，脚踏实地地劳作。

每一位优秀的教师，都挣脱了土地的束缚，让心灵到高空翱翔。

库亚鸽老师结合了此二者，实现了教学的腾飞，也实现了人生的超越。

她教初中，工作压力大，中考的指挥棒成为横亘在她面前的跨栏。

她取法乎上，超越了成绩，以素养为追求。契合科学规律的教与学，让她和学生轻松取得优异的教学成绩。

她生在河南、长在河南，也在河南取得了很好的教学成绩。后来，怀着对更大世界的渴望，她毅然离开，奔往海南，在陌生的海天之间，重新绽放出一位教师的生命光芒。

她的成长得到了很多认可，是别人眼中的"榜样"。

晴耕雨读好教师

谈到榜样，似乎总少不了孤军奋战的悲壮。但她并非如此。她充分利用网络，加入"喜阅教师公益行动"等项目，迅速成为该项目的全国榜样教师；在学校，她和同事们分享教学心得，倾囊相授，毫不吝惜。

她立足教室，辐射社会，担任新教育萤火虫亲子共读项目的义工，不仅引领着学生，而且带动着学生家庭，一起前行。她的经历，鼓舞着全国有志探索的教师们和渴望成长的普通家庭。

库亚鸽以智慧应对时代给予的教育挑战，以生命诠释了教师生活的另一种可能：每一位教师，都可以像鸽子，从容，美丽，从当下的立足之处展翅，在教育的天空飞翔。

（童喜喜）

一 ◥

师范毕业，我登上乡村的讲台。

从一开始，我就暗下决心，要改变那种死抠书本、满堂灌的教学方法。我从《童话大王》《儿童文学》等杂志中挑选故事，丰富教学内容；利用各种时间，和学生一起读《安徒生童话》《格林童话》；放学后，领着一群男生女生到田地里去看农民怎样种蔬菜，怎样喷农药；周末，和几个孩子跑到几里外的小河里去摘菱角……

我觉得这样的日子真是快乐无比，可家长不这样想，把我告到校长那里，校长找我谈话，提醒我不能这样领着学生玩，学生这样玩不会有好成绩的。一考试，成绩果然不好。我开始反思，也许真的只有抠教材、满堂灌，才能教出好成绩。

我开始埋头于教参，天天领着学生抠字词，背段意，讲课越来越没意思，学生的课堂表现也越来越差。有时候问一个问题，下面没一个人搭理；有时候说了好几声"安静"，教室里依然像煮沸的水，喧闹不止。一节语文课上，一个男生拿面小镜子在照着。我走过去，二话不说，抓起镜子"啪"的一下摔在地上。男生从座位上一跃而起，对我怒目而视。

我大声训斥道："上着课照镜子，你真是臭美啊！"他眼神里是不可遏制的愤怒，拳头握得紧紧的，冲着我大吼一声："你再说一句试试！"那一瞬间，我觉得自己的人生失去了意义和价值。作为一个教师，却不能得到学生的认可和尊重，我是多么失败啊！

那一段时间真的很痛苦。想到自己刚毕业时的满怀激情，想到自己当初绝不做庸师的决心，想到还有几十年的教学生涯，怎么能就这样疲惫地过下去？思前想后，我觉得必须从事业中找到自己的尊严，不能再这样下去了。

幸运的是，在危机四伏的2008年，我邂逅了新教育。第一次知道教师可以"过一种幸福完整的教育生活"；第一次明白教师要努力改变自己的行走方式，努力转变学生的生存状态；第一次明白教育不是一种禁锢，教育本身应该充满幸福。那个沉睡已久的教育梦想开始苏醒，我申请加入了新教育实验教师专业发展项目。

新教育项目组的要求很严格。每一次阅读都要有摘记、有批注、写感悟，必须按时上传读书笔记，按时参加新教育读书会的讨论，否则资格会被取消。为了跟上阅读进度，多少个夜晚，查过宿舍、回家做完家务之后，我强抵着浓浓的睡意，坐在桌前，一页一页地仔细阅读，一笔一笔地认真批注，一字一字地把自己的理解和感悟输入到电脑里。往往等最后完成读书笔记上传到"教育在线"论坛的时候，已经过了夜里12点。还记得有一年春节期间，专业阅读的年度总结要在除夕前上交；寒假的"教育电影课程"刚进行过最后一次讨论，要在正月初八前上交作业。为了按时完成任务，我除夕晚上通宵都在写阅读总结，正月初一、初二晚上又连续阅读了两个通宵，然后反复观看寒假要讨论的五部教育电影，边看边记下自己的思考和感受……向着明亮那方，我感受到了沐浴阳光的力量。

每年200万字的专业阅读，10万字的专业写作，更新了我的教育理念，提升了我的教育水平。2014年，我成了一名新教育种子教师，自己心中的新教育理念，一点一点转化成缔造新教育完美教室的行动，带着孩子们晨诵、午读、暮省，开设生日课程、"我们的论语"课程、电影课程等班本课程，开启全新的幸福教育之旅。孜孜不倦地播种、耕耘、培育，终有所获。我带的班级被评为襄城县模范班级和许昌市先进班集体，自己也获得了很多

晴耕雨读好教师

荣誉称号。

<h1 style="text-align:center">二　◥</h1>

2017 年，是我教师生涯的一个转折点。偶然看到海南省面向全国引进骨干教师，我心动了——900 多年前苏轼曾在那片蛮荒之地著书讲学，撒下了文化的种子。如果我能把新教育的种子播撒到天之涯海之角，不也是很有意义的事吗？于是，作为引进人才，我从河南调到了海南。

还没开学，我就遭遇了前所未有的挑战。8 月 31 日，学生返校报到。走进教室，看到劳动工具乱丢在地板上，书架上、讲桌上堆着杂物，课桌摆得参差不齐。学生三三两两地来了，穿着短裤，趿着拖鞋，玩着手机，说着俚语。

有个同学走过我身边，我闻到了浓浓的烟味……我开始意识到，捏塑未来，哪有那么容易！

我告诉自己，生活需要用心去捏塑！新教育的课程正是捏塑生命的载体和抓手。每天的晨诵，每天的午读，每周的电影，都是一种力量。当这些力量源源不断地汇聚到学生的生命里，未来定会渐渐显出光彩。

每天早读时间，我带着同学们读一首诗。第一个晨诵课程是《用心起跑》。这本书是适合七年级刚入学的新生的。我是把这群九年级的孩子当成新生来教了。

"我的心不是草席，不能正面也卷，负面也卷，我坚持卷藏爱和美好。"

"我要飞，飞是我的存在。我的存在是，飞而又飞，又飞，又飞。一飞再飞，永远的飞。"

"天赐我一双翅膀，就应该展翅翱翔。"

……

每天中午，我给同学们读《小王子》，一边读，一边讨论小王子的"猴面包树"、B612 小行星上的玫瑰花、虚伪的国王、无聊的商人、辛苦的点灯人……我告诉同学们，我们和小王子一样，一生都在寻找一种"意义"，只要不放弃，就能找到……

就这样读着，每天不间断地读着。变化在悄悄地发生着。从讲台看下去，一双双眼睛变得明亮了，一串串声音变得沉着了。

除了晨诵和共读，还有电影课程，每周和学生共同观看、讨论一部电影。看电影是另一种阅读。电影课上，从刚开始的没人敢说，没人会说，到后来，渐渐有人能说得条理清晰、观点明确了。

后来，我还把这些课程与"喜阅说写"课程相互融合，以说促写，说写并进。教室挂上了流动红旗，我们用说写留住这激动时刻；到了冬至，我们用说写表达冬至的"一阳初动"；文艺汇演结束了，我们以说写来反思表演的成败；期末动员会上，校长来给同学们鼓劲，我们用说写表达感动与奋斗的决心……

在各种课程的推进中，成长的绝不仅仅是学生，我自己也在不断地成长着，由最初的焦虑、烦躁，变得冷静、机智，不再失望，不再彷徨。我知道了怎样对待每一个各不相同的生命，怎样耐心地等待学生的成长。

经过一个学期的努力，期末考试时，全班 54 位同学，从之前的 27 人不及格，十几人作文交白卷，到全班语文平均分达到 92.31（满分 120 分），每个同学都嫌试卷上作文格子太少。

不过是短短一学期新教育课程的熏陶与训练，同学们渐渐对未来产生了美好的愿景，愿意为了自己的明天奋力拼搏了。

就是这群学生，我接手时，成绩差到没有人想过要上高中。一年后 3 人考上了重点高中，14 人考上了普通高中，即使选择了读职校的同学，也改变了混日子的思想，认真地去学一门技术，从此选择了一条向上的路。

我在作引进人才述职报告时，回忆起这一年走过的历程，泪流满面——我被自己哪怕只看到一点希望的微光也要拼命追寻的倔强感动了。我的这一点点付出，也得到了各方面的认可。

2018 年，我被评为"中国好教师""海口市全民阅读推广人"；2019 年，被评为"海南省高层次人才""新教育海南最美萤火虫""海口市最美乡村教师"。

三

心为火种，生生不息。这是新教育种子教师的萤火精神。

作为引进人才，还肩负着引领身边教师共同成长的使命。我也希望，有更多的师生能过一种幸福完整的教育生活。

作为海口市骨干教师工作坊的坊主，我带着一群青年骨干教师一起成长。2020年，我为伙伴们制订的成长计划从寒假开始启动，成长计划包括"专业阅读+专业写作"等内容。不成想，寒假刚到，新冠疫情气势汹汹地来了。全民抗疫，居家隔离，这个成长计划随之泡汤。正在为此事绞尽脑汁的时候，"飓风的新教育教室"来了。这是新教育推出的网上直播公益课程（我是这个公益课程的助讲师之一），由飓风老师主讲如何缔造新教育完美教室。这真是再好不过的机遇，我必须把握好。

于是，我把一群青年教师带进了"飓风的新教育教室"，大家一起按时参与每期课程的学习，我特别强调：要把学习过程中的思考、收获记录下来。

工作坊骨干教师吴小芳在学习心得中写道："停课不停学，寒假成长不止步！从线下转移到线上，'飓风的新教育教室'十二讲，从一间空荡荡的教室开始，到在工作和生活的夹缝中成长，每一讲都精辟实用，让人有醍醐灌顶之感。"

有了这次网上直播课程的学习经历，工作坊的老师们在自己的网络教学中更加游刃有余，效果明显。我们工作坊停课不停学的经验也得到了海口市教育研究培训院领导的肯定。

也是在这一年，我们工作坊还承担了牵手乡村中学、助力乡村中学改进教育教学的任务。疫情笼罩之下，该怎样开展帮扶活动？又该从哪里入手提升乡村中学的育人质量呢？我想到了阅读。朱永新教授说过，一个人的阅读史就是他的精神发育史。我们可以从唤醒乡村师生的阅读意识开始，从培养乡村师生的阅读习惯抓起。

暑假一开始，我就发布了"漂流读书坊"的活动方案，要求工作坊的骨干教师指导自己所带的徒弟，带动和我们牵手的咸来中学的教师，以及乡村学校的学生、家长一起阅读，并准备开展网上阅读分享直播活动。方案刚一发布，牵手学校就反馈过来许多问题：

"住在乡下，没有网络。"

"不会用'腾讯会议'，怎么分享？"

"这几年都没读书……"

我耐心地和大家沟通："抛开顾虑，先选一本书，读起来。只要先读起来，所有问题都会迎刃而解的。"

不知道该读什么书，我就给他们推荐书目；专业书籍读不明白，我就和他们一起解读；不会使用"腾讯会议"，我就一个步骤一个步骤提示；不知道怎样确定分享主题，我就展示范例，启发思考……

要让乡村的学生、家长参与阅读和阅读分享，就更难了。一听说要网上分享，还要全国直播，学生胆怯，家长也胆怯。但既然目标已经确定，再难也要尝试一下。我在家校微信群中大力动员，反复讲这次阅读分享的意义和对学生的积极影响，终于，有一对母女愿意分享《钢铁是怎样炼成的》一书的亲子阅读故事。我先手把手指导学生使用"腾讯会议"，再由学生对家长进行"培训"。真是不容易呀！

整个暑假，就是在这样的共读活动中度过的。9月2日上午，在海口市教育研究培训院的指导下，由我负责的海口市骨干教师"漂流读书坊"第七站分享活动通过"腾讯会议"面向全国直播。这次阅读活动以"生活·艺术·灵魂——人人阅读，人人幸福"为主题，参与分享的有工作坊成员带的徒弟，有牵手学校的教师，还有乡村中学的学生、家长，是"漂流读书坊"暑假十次活动中参与面最广的一次。

海口市教育研究培训院陈素梅副院长给予了高度评价，认为城乡联手、坊校结合，共同阅读，共同思考，真正起到了唤醒乡村师生阅读意识、提升乡村师生阅读能力的作用，为乡村教育的发展注入了生机和活力。

还是在 2020 年，我被推荐为海南省中学语文卓越教师工作室的秘书长、海南省骨干教师培训的坊主。我又开始新的思考、新的行动，通过省骨干教师培训、省卓越教师工作室研讨、新教育海南萤火虫读书会等平台，与全省同行分享自己在开展特色课程、促进乡村阅读等方面的经验和方法，与大家共同思考后疫情时代教育变革的方向和途径。

当然，我自己的精力、能力是有限的。我就像一个孩子跌跌撞撞地向前冲去，只是，有一股强大的力量在前方召唤着我，让我即使跌跌撞撞也不肯轻易止步。我默默地告诉自己，要牢记自己的承诺，在海南乡村教育的土地上，让新教育之花美丽地绽放——这就是我的方向！

（原载《教师月刊》2020 年第 12 期）

第三辑

深耕课堂

　　教师的专业精进，自然会服务于课堂，并与之相互激荡。抑或说，在深耕课堂的过程中，教师的专业精进总是相伴发生的。它在教材研究、学情分析、教学设计等"常规"上展开，它亦有赖于教师的价值观、"教学勇气"、多向度知识情趣的共同发挥作用。所谓深耕课堂，自然是一种隐喻。其意涵在"深"，更在于"耕"，包含尊重、发现、分享、倾听等要素，目的恰如学习共同体团队所践行的：保障每一个儿童的高品质学习权。你可以想象这样的画面：一个耕作者，一张犁铧，一头牛，一片庄稼，他们各自为树，又与脚下的土壤，相约成林。

陈香吟：教室里的『学习共同体』

常丽华：创造自己的教室

周春梅：『手里拿着锤子……』

丁慈矿：守护优雅的汉语

俞献林：翻转课堂怎么翻转

梁晟斌：『最近比较烦』

庄丽如：麦田上的教育诗

学习共同体：保障每一个儿童的高品质学习权

陈香吟：教室里的"学习共同体"

陈香吟 《教师月刊》2013 年度教师。 生于 1976 年 5 月，1999 年毕业于台湾屏东师范学院，获硕士学位。2006 年成为该校创校以来最年轻的"杰出校友"得主，同年甄选至台北县教育局教育研究发展中心担任辅导员，次年考取教育专业类的博士班。曾担任经国管理学院艺术与人文及创造思考课程讲师、台湾课程与教学咨询辅导团队执行秘书等职。现为新北市永吉学校教学组长及注册组长。

陈香吟认为，未来人才需要的是"勇敢的创意""缤纷的文化美感"，于是她不断地充实自我，改变自我，参与各类富有创意的教师研修活动，积极探索富有"人味""美感"和"体验性"的教育教学。她通过"世界咖啡屋"的方式，在自己的学校推动"学习共同体"的建设，倡导教师间的"对话"与"合作"。她说，要为孩子们的美好未来而不断地探索和改变。

近年来，她先后游学于加拿大、澳洲、新西兰及大陆厦门、长春等地，以此反思台湾教育面临的种种问题。她频繁参与海峡两岸的教育交流与合作活动，将台湾好的教育改革经验传递给大陆的老师们。2013 年，她与内地名师合作主编《"不乖"教师的正能量》一书，其中向我们介绍了一批"没有像常人那样追求他人所设定的伟大奖赏，而是朝着自己的极限与未知范围探险"的台湾教师。

她一直认为自己就是一个"不乖"的教师。她在"课程美学"的探索者、"体验教育"的身体力行者、"学习共同体"的推动者、"两岸教育交流与合作"的联结者等多种角色中游刃有余地行走，走出了一条属于自己的教育人生之路。

（段艳霞）

寻找"不乖"教师 ◣

2012年7月，在"厦台中小学教师学习共同体与教师成长研讨会"上，我和来自四川的谢云老师意外擦撞出火花，决定联手编一本展现两岸名师的书，我们对这个名师的定义是"不乖"教师。

我曾担任台湾课程与教学辅导咨询辅导团队的执行秘书，经常组织"三区策略联盟"会议，本可以很快找到许多"优秀"且"典范"的教师。但我问自己："我感动吗？""我做得到吗？"这两个问题，让我慢了下来。原来我所谓"不乖"，是有一个根基性的味道的，那就是"人味"。

所谓人味，在后现代哲学观中，不就是去除"典范"与"伟大"的框架，在实际互动中真诚且踏实地对话吗？在这变化越来越快的全球化社会中，当网络搜寻可以得到所有过去需要死记硬背的信息时，我们到底该如何教育下一代去创造并拥有自我实现的人生呢？如果我们还是不断追求单一的"典范"，少了许多富有弹性的美好差异，那么，孩子的心将离我们越来越远！

所以，寻找"不乖"教师，我放弃了"典范"这个范畴。我要让阅读者看到台湾的基层生命力。我寻找到的这些"不乖"教师，身上总有一股正向能量，让他们坚持在各自的领域。他们不会为了追求华丽舞台而惧怕说真话。他们多半微笑看待权势，选择默默离开去做对的事情。他们不怕别人拿放大镜检视自己的人生，他们会两手一摊，告诉你："我很平凡！"只是他们一直在做着不平凡的努力——这种努力叫作"对生命的热情"。他们发现心中真正的喜悦来自爱和梦想的包容力，那种对"教育爱"的试探精神，促使他们储满能量，足以承受现实中的负面压力。所以，这些"不乖"教师并

晴耕雨读好教师

没有像常人那样追求他人所设定的伟大奖赏，而是朝着自己的极限与未知范围探险。

好好观察自己，才能发现自己是怎样的人。随波逐流，我们就会受困于一个虚假、不真实的体制。所有捆绑自己的谎言，都是自己制造的，因为我们心中隐藏的冲突与梦想，被无名的恐惧与自我禁锢所欺瞒。

"不乖"教师，不臣服于任何人，也不凌驾于任何人之上。他们相信，惟有能够主宰自己人生的人，才会拥有真正的意志力，跳脱恐惧与埋怨的轮回，随身携带一把叫作"改变"的感应钥匙，自由进入心灵乐园，让"不乖"灵魂——或叫作"热情自由的灵魂"——引领自己，找回真正的教育。

纽西兰所记 ▼

2013年，有一段时间在纽西兰的一个农家住宿。农家的爸妈问起台湾教育状况（他们的小孩相当于小学三年级），当他们得知台湾小孩上午7点30分到校、下午4点放学，放学后还要念书，没有空闲运动时间时，难以置信地脱口而出："你们的学生一定很讨厌学校吧！"他们告诉我，他们小孩的学校只有50个学生、3个班级，并说这是他们很正常的小学规模，所以很难想象台湾动辄500人的学校，且小孩们要在学校待这么长时间，被塞进这么多科目，如何乐于上学呢？

和他们一起生活，让我开始反思"教育与生活"这一件事情。亚洲的学校，人们为了提升孩子的竞争力，以便孩子进入社会后迎向各种战役，并能够出人头地，而选择绩效导向。最终孩子们成了不知为何而战的人，也没有了自己的中心思想。这办的是一种"求活命"的教育。

回到真正的学习上来 ▼

2013年11月11日至12日，新北市举办"学习共同体"国际研讨会，邀请佐藤学教授与欧用生教授发表演讲。回想自己担任"学习共同体"先导学校实践推动者一年来，我的内心在默默地改变着，甚至是一种归零，觉得自己在完成一种赎罪。我重新思考快速、效率、表格、辩论、指针、典范等问题。正因为看到这种内在的冲突与矛盾，我开始停止追逐永无止境的"比较"。

未来人才需要的是"勇敢的创意""缤纷的文化美感"。这需要我们回到真正的教育、真正的学习上来。佐藤学教授说过："吵闹的教育，办不了真教育。"这个"吵闹"包含了教师自己心思的慌张。还记得欧用生教授 2013年 3 月来我校指导"学习共同体"活动时，他对我说："定、静、安、虑、得的老师，才能好好教学生。"或许这就是我认为实施"学习共同体"前，人首先要学着诚实面对自己的原因。因为只有诚实，才能剥去"工学模式"的毒外衣，重新思考人的本质，并引发真正的学习。

教室里的"学习共同体"

教室里的"学习共同体"的期待是：藉由倾听、串连、回归等方式，产生"跳跃式的学习"，而"跳跃式的学习"就像是一种"忽然的顿悟"，在尝试过程中，产生经验与理解，所以这种"跳跃"不一定能产生正确答案，而主要是引起继续思考的动力。

在一个课堂中，教师如果经常代替学习者补充或推理知识，学习者就较难发出自己的问题，因此作为"学习共同体"的教室，与传统教室的不同之处在于"尊重发言"，知识的形成是"共创"的导向而非"独尊"的导向，因此"学习共同体"的实施是一种哲学而非一种处方。

当"学习共同体"以 6 人为一组及 4 人为一组时，学习者要在教室里的学习关系中发展。因此教学者的有效提问就变得无比重要，他给予的应该是可以引发更多讨论的题目或线索。"学习共同体"的根就在于"开口讨论与建立关系"，而教师的角色就是营造对话环境的指挥。当这种人和人的关系建立后，不论是大型交响乐，还是小型室内乐，甚至是独奏的爵士乐，都能产生最美的乐音。

（原载《教师月刊》2013 年第 12 期）

晴耕雨读好教师

常丽华：创造自己的教室

> **常丽华** 《教师月刊》2014 年度教师。1990 年中师毕业参加工作。最喜欢的一个称号是来自《中国教育报》的"全国推动读书十大人物"；最额外的奖赏是出版了《24 节气诵读古诗词》《教室，在书信中飞翔》两本书，写的都是和孩子们之间发生的故事；最高的理想，就是孔子说的"老者安之，朋友信之，少者怀之"。最喜欢的一句话：一心一意，是世界上最温柔坚定的力重。任教于北京十一学校亦庄实验小学。

常丽华，北京十一学校亦庄实验小学二年级教师，"全课程"教育实验主要研发专家之一。一直以来，她坚守一个班级，热衷于和自己班里的孩子们过一种充满情趣和智慧的生活。

常丽华调入亦庄实小之后，承担了一项富有挑战性的工作：领衔开发"全课程"教育实验的始业教材。它除了严格遵守国家课程标准之外，还借鉴和吸纳了在国际上享有盛誉的 PYP 教学的精髓和国内近十年来的教改成果。最大的困难在于，要重新调整课程结构，要按照新的结构重新组织文本，要跨学科整合。常丽华和学校的名师团队用了一年多的时间，克服了各种困难，推出了一套"始业课程"。

有了教材，怎么教？这是一个更大的挑战。常丽华的"小蚂蚁班"，成了新教材的实验田（其他平行的班级同时启动）。无数次地摸索，无数次地尝试，常常山穷水尽，不断柳暗花明，教学理念、教学方法逐渐明晰：生活化学习，把孩子的生活编织到课堂当中，让课堂散发出鲜活的当下气息；突破学科界限的综合性学习，让孩子们的视野得到了拓宽——这一切，造就了一种幸福的教室生活，孩子们浸润其中，乐而忘返。

（李振村）

1987年参加完中考的那个暑假，当我得知竟然被师范学校录取时，大哭了一场。那时候，只喜欢一个人读书、写小说。那时候，我并不知道将来要做什么，但要成为一名教师，在我，是一件极为恐怖的事情。我内向、胆怯又自卑，无法想象自己站在讲台上会是什么样子。20多年以后，我却发现，除了做教师，我不知道还有什么事情更吸引我。是孩子们给了我力量，和他们在一起，我变得活泼、轻松又自如。重要的是，孩子们让我看到了最好的自己。一个人赖以生存的工作，恰巧又是自己最喜欢的，这是最幸福不过的事。2012年来到北京之前，我只是一个班级的班主任，天天和孩子们生活在一起，从一年级到六年级，然后再从一年级开始……

我的教室

教室，这真是一个充满魔力的词语！关上教室的门，就是一个安全、自由的王国，我和孩子们能想到的所有美好的事情，都在教室里成为可能。

我也有狼狈、疲倦、茫然的时候，却从未想过离开。只有在教室里，我的心才会安定。

慢慢地，我有了自己的理想：让我的生命和遇到我的每一个孩子的生命，都能在教室里开花；让每一个孩子能在清晨醒来时，对即将开始的一天充满期待和向往，让每一个孩子结束一天的学习回家时，能对教室充满留恋和不舍。

教室，就是我要到达的地方，它包含了我们论及教育时所能想到的一切。

2004年9月，我又迎来新一轮的一到六年级的教学生活，得遇新教育研究中心的干国祥老师、马玲老师，在他们的指导下，我的教室开始有了独特的气息。

每天早晨，我们都在音乐和诗歌中开始一天的学习——这是我们的晨诵课程。低段，我们"穿越"了大量有趣的童谣和优美的儿童诗。中段，我们进入浩浩荡荡的古诗词课程："在农历的天空下"，跟随着二十四节气，走进唐诗宋词，走进古老的中国文化。到了高段，儒家课程、泰戈尔课程，让这间教室里的孩子，习得世界上最经典的语言。每天 20 分钟，日不间断，用声音唤醒诗歌，用诗歌唤醒生命，这是我们诗意生活的开始。

每个学期，我们只用一个月左右的时间学习语文课本，大部分时间用于阅读经典。低段大量的绘本和桥梁书，引发孩子对阅读的兴趣。中段，孩子们在大量的童话、小说的阅读中，完成阅读的自动化。高段，我们开始深度阅读，科学、历史、人物传记成为必读书。整个小学阶段，孩子们被书香浸润——我们从来不面向考试，却能轻轻松松赢得高分。我也从来没有戴着镣铐跳舞的感觉，从来都和孩子们一起自由地舞蹈——我知道孩子们需要什么，素质教育和应试能力从来就不是矛盾的。

每个学期的旅行课程，也是孩子们盼望和向往的。2010 年国庆节期间，我们和家长、孩子一起到上海参观世博会。去之前，我们用一个月的时间，做了世博会课程——我们熟知了众多国家馆的内容，了解了很多国家的历史和国情；而教室里的中国地图、世界地图和大大的地球仪，给了孩子们另一双看世界的眼睛。所以，当孩子们到达世博园的时候，就像故地重游一样。家长们很感慨：孩子们可以给我们当导游了！这就是课程的魅力。孩子们收获的不仅是世博会的知识，还有让他们变得开阔的视野。而走在世博园里的穿着班服的孩子们，就是世博园最独特的风景。

我们的教室有最隆重的庆典：每个孩子的生日。每每这一天，我都会选择一个暗含了小寿星独特生命气质的生日故事讲给他听——当然也讲给全班同学听。在这个故事里，有这个孩子的影子，也有我对他的期待。然后，全班同学给小寿星朗读我根据生日故事写的生日诗，然后为其画生日画、写生日诗，再装订起来。这就是属于一个孩子的生日书，也是我能给予一个生命的最贵重的礼物。这样的教室，这样的生活，让我看到了生命的美好，也看到了自己的力量——虽然遗憾很多，力不能及的地方也很多，但我始终兴致勃勃地往前走着。

我的包班生活 ◥

2012 年 9 月，我来到北京十一学校亦庄实验小学。

这是一所刚刚诞生的学校，在李振村校长的带领下，致力于"全课程"教育实验，从课程入手改变学校生态，让师生拥有幸福完整的教育生活。我的角色也发生了变化：不再是一个人守住一间教室，而是和一个团队一起，尝试另外一种教育的可能。从 2012 年 9 月到 2013 年 9 月，我们用一年的时间作了课程上的准备，开发了始业课程。在 120 平方米的主题教室里，两个教师包一个班，承担除英语、戏剧之外所有学科的教学。其实，我一直很怀疑：我能行吗？数学、音乐、美术、科学都要教啊！我的逻辑思维极差，唱歌跑调，画画也没有感觉，到底行不行？虽然我能确定，我们的课程足够丰富有趣，但只有我知道自己的不安。

一切在忐忑中开始。但一年多包班生活的体验，让我对教育、教室和生命有了完全不一样的理解。

首先，包班，让教育不再有学科上的过度割裂，缤纷的生活就是教育本身。

杜威、怀特海、陶行知，都主张教育即生活。可是，当下教育已经沦为一门学科加一门学科，再加另一门学科，生活本身被忽视了。而我们的课程，则是指向儿童生活的。一年级上学期，我们 9 月的课程主题是"我是一名小学生了"。每天的儿歌、故事、音乐、色彩、游戏，让孩子深深喜欢上了学校和教室，自豪于自己成了一名小学生。10 月的动物课程，教室恍若动物园——孩子们要学会如何和动物相处，学会珍爱动物。当一条蚯蚓造访教室，老师和学生小心翼翼地把它送走，然后想象它的故事，画出它的故事。这个课程，最终以《我家是动物园》的写绘故事结束，对人和动物的关系，孩子也有了朦胧的认知。再比如，11 月的课程主题是"拼音国探险记"。拼音国是一个美丽的国家，彩虹桥把声母城堡和韵母城堡相连，恶女巫嫉妒拼音国的幸福，就施了魔咒，让人们都昏睡过去。于是，孩子们以勇敢的小卫士自居，踏上解救拼音国的旅程。这是学习吗？这是学习，但这是游戏中的学习，是生活中的学习。孩子们穿过一道道有密码的大门，开始挑战黑夜，挑战一个人上街买东西，挑战妈妈不在家时独自安排生活。最终，孩子们成功解救了拼音国。老师和孩子一起，把丰富的生活"活"了出来，孩子怎么可能不喜欢？

其次，包班，让教师更能把握住教室生活的节奏，教学更加从容。

一年四季轮回，一日昼夜交替。顺应着大自然的节奏，人类春种秋收，日出而作，日落而息。对一间教室而言，师生生活的节奏如何把握？我们都知道，把握好了，师生就是从容的；反之，就容易陷入忙乱之中。和传统学校不一样，我们的课程表完全由两个包班教师协商制订。因为我们知道每个课程的时段、目标，所以，当我们既聚焦于每堂课的目标，也聚焦于一天、一周的目标时，就是从容的、自由的。

来自杭州的一位老师，在我们教室里跟班听课两周之后，很感慨地说："一般学校的课程表和作息表，像一个巨大的中药铺，横平竖直塞满了各种药材，教师按方取药。所有的抽屉中，都安排了各种学习内容，教师和学生完全没有自主选择的空间。孩子们从一堂课走向下一堂课，谁管你多想把没完成的画儿给画完？谁管你多想把看了一半的故事书看完？"她看到在我们的课堂上，可以根据学生具体掌握情况调整教学进度后，这样写道：

一年级的课堂里读读写写、唱唱跳跳，有语文、算术、美术、戏剧、生命学科的多种元素，但又浑然一体。孩子们学的不是一门课程，而是在体验和展示自己的生活，并在这个过程中体会到"我在这儿，我很重要"。

是的，我们的课程安排，是应和着生活和学生生命的节奏而确定的。我坚信一点：课程的终端，不是物化的东西，而是一个个活泼泼的、发展了的生命。而让每个生命成为最好的自己，就是课程的核心目标。

追求"对话的课堂" ◥

这一年的课堂，发生了很大的变化。

我开始带着老师们共读佐藤学的书，讨论"对话的课堂"如何形成。和我搭班的老师叫赵秀秀，一个刚刚毕业的年轻人，有很强的思考力。她在日记中这样来描述课堂改革的艰难——

常老师试着开始新的挑战，放弃设计精美的课件，把话语权还给孩子，倾听孩子。每天常老师会跟我聊两句，也会说佐藤学的改革如何艰难，也会埋怨有的孩子怎么就不会说呢，也会因为一点进步欣喜不已，也会为想不出办法而着急。常老师跟我们这些刚从教的老师一样，真实地经历着一天天的改变，有一天，一个老师在听完课后说："上学期，常老师不是这样上课的呀，变化好大啊！我是来看常老师上课的，今天看到孩子们不一样了。"是的，课堂是孩子的，要看的应该是孩子……

课堂就是孩子和文本、同伴、自己的三重对话。走向对话，这是我的课堂追求之一。"秋天课程"中，有一篇小古文《秋虫》：

明月将出，虫声四起，时高时低，时近时远，其声不一。

这堂课，我只提出了两个问题，孩子却给了我太多的惊喜。第一个问题："自己读读，先在小组中说说你明白了什么。"小组讨论之后，孩子们的发言是如此精彩：

"明月将出就是明月出来了。"

"我反对她的说法，我觉得是明月快要出来了。"

"我赞同他的观点，因为有个'将'字。"

"时高时低是有的在高处叫，有的在低处叫。"

"我觉得他说得不对，我觉得可能是有的声音高，有的声音低。"另一组的孩子起身反驳。

"我觉得他们两个说得都对。我们可以理解成有的在高处叫，有的在低处叫；也可以理解成有的声音高，有的声音低。"一个小女孩立马起来发表意见。

整个过程，我并没有说多少话，只是偶尔串联一下他们的发言。

在讨论第二个话题"说说你能想到一幅怎样的画"时，孩子们的发言同样把课堂点亮了：

"我仿佛看到在一片竹林里，明月出来了……"

"我回忆起去年的事情，我到乡下奶奶家，晚上的时候，真是这种场景啊。"

"我也有这种回忆！"

……

这就是，我期望的课堂：上着上着，教师就不见了。

好的教育，也是如此。

（原载《教师月刊》2014 年第 12 期）

晴耕雨读好教师

周春梅："手里拿着锤子……"

周春梅 《教师月刊》2014年度教师。1998年毕业于南京师范大学中文系，2018年获"全人教育奖"提名奖。出版《把自己和书关起来》《一间辽阔的教室》《讲台上方的星空》等专著。任教于南京师范大学附属中学。

有一晚，钱理群老师打电话来，兴奋地问："周春梅的文章看了吗？"他指的是周春梅发表在《名作欣赏》2013年第6期上的有关现代诗歌教学的文章，当时我还没看到。钱老师遂侃侃而谈其意义和价值，并说："我要写一篇评论，介绍她的教学。"隔天告诉周春梅，她平静地说："我只是谈了些教学体会，钱老师过奖了。"

听过周春梅课的很多老师，对她温和中的精致灵秀印象殊深。她是那种特别在意教学品质的人，一丝不苟，如果一节课有缺憾，她会耿耿于怀。我曾劝一些老师不要太在意一节课的得失，但她认为"每节课都是唯一的"。她理性朴素又富有激情的课堂，也代表了南师大附中教学的一种风格。

当年周春梅刚到附中，有个退休老教师遇到我，说："你们组那个小周，看气度，天生就是个当教师的。"周春梅出过一本书叫《把自己和书关起来》，有同事叹息她痴迷读书、教书，不食人间烟火；但她教过的学生，对生命，对人间，对诗，对语文，都有异乎寻常的热爱。

习惯独处的周春梅以读书思考为乐，她的教师生活比较"淡"，听闻涉

第三辑 深耕课堂

及名利的话题，她会显出倦态，后来竟充耳不闻。在办公室，她安静地坐在那里，学生来找她，她总是很热情；毕业生来看她，坐下就不想走。高二学生随笔中记了一件事：跑800米，有个小女生实在跑不动了，说"我快要死了"，但她口中喃喃喊着"周春梅，周春梅……"坚持跑到了终点。她告诉同学，喊着周老师的名字，想着：熬过去，熬过去，下午文学社有活动，就又能见到周老师了。

周春梅把职业荣誉看得很高，在我们叹息环境变得糟糕时，她会若无其事地说："今天的课我能上好。"

（吴　非）

首先要说明的是，跟阅读相比，我觉得生活更重要。一个教师如果能在阅读以外培养广泛的兴趣，对实实在在的生活、丰富的生命形态始终保持好奇和热情，我觉得更能给学生一种本质的热情，让他们热爱生命，相信未来。

而像我这样除了阅读外，几乎没有什么兴趣和特长，恰恰是一种缺陷。

"把自己和书关起来"，将书本置于生活之上，说到底是有些病态的。"纸上得来终觉浅"，我常常觉得自己的生活越来越苍白以至虚无。我也曾试图改变，不过以我的性格，改变很困难，后来也就慢慢接受了自己的这种状态。而让我苍白虚无的阅读获得一些生机，让我个人化的阅读具有一些社会价值的，是我的课堂、我的学生。教师身份，让我有机会和学生分享我的阅读体验，为此，我对命运心存感激。

除了一些自己比较感兴趣的专题外，我的阅读是比较随心、不太系统的。但我会始终保持一种职业敏感、教师视角。有一句话说得很有意思：手里拿着锤子，就会到处发现钉子。如果我们一直保持一个教师的敏感，就会发现可用到教学中的材料如源头活水，取之不竭。在对教材作充分的文本细读、不喧宾夺主、不满堂灌的基础上，适当引入丰富的高质量的材料，对保持课堂的大容量和新鲜度，会很有帮助。这些年的教学经验告诉我，学生很在意你课堂的"干货"是不是很多，他希望你能更多更好地呈现有价值的教

晴耕雨读好教师

学内容，而不是对课文进行枯燥、牵强的过度解读。

苏教版高中语文（必修一）教材修订后，第一个专题是诗歌专题。怎样在高中起始阶段唤起学生对诗歌乃至文学的热情呢？我觉得应当以诗唤醒诗，以诗情唤醒诗情。我曾读到上海女诗人陆忆敏的一首诗，其中有这样几句："我有过一种经验 / 我有一种骄傲的眼神 / 我教过孩子们伟大的诗"。我告诉学生，这首诗正切合我教这个专题的心境："我骄傲，我将要教你们伟大的诗。这些诗，将与你的青春相遇，留下长久的印记。"顺着"青春和诗歌"这个话题，我又引入一个材料——暑假里翻北岛编的诗选《给孩子的诗》，觉得他的序言写得特别好，正好切合"青春和诗歌"的主题。

我和你们走在一起，未曾相识，如果遇上诗歌，恰似缘分。在人生的路上，你们正值青春年少，诗歌相当于路标，辨认方向，感悟人生，命名万物，这就是命运中的幸运。……我相信，当青春遇上诗歌，往往会在某个转瞬之间，撞击火花，点石成金，热血沸腾，内心照亮，在迷惘或昏睡中突然醒来。

雪花和花瓣，早春和微风，细沙和风暴，每个孩子的感受都是独特的，就像指纹那样不可重复——这一切都是诗意，但还不是诗歌，换句话说，诗歌即形式，是由文字和音乐性等多种因素构成的。

这些文字谈及诗歌的两个核心问题。一是诗歌的价值：相当于，路标辨认方向，感悟人生，命名万物。二是诗歌的本质：捕捉生命中的诗意——通过文字的排列和节奏、音乐性等——最终形成诗歌。而如何从诗意过渡到诗歌，正是第一个专题的教学核心。

教学中，我有一个习惯：带学生读一本书中的某个片段后，会顺便推荐一下这本书。比如北岛的这本诗选，收录了不少名篇，对老师们来说，可能新鲜度不够，但对接触诗歌不多的学生来说，则保证了其经典性；诗选也收录了不少普通读者不熟悉的作品，诗人的眼光保证了这些非名篇的质量。学生如果特别喜欢其中的某一首诗，还可以继续阅读这位诗人，由此展开深入、广泛的诗歌阅读。

这样由一个具体的片段进入推荐环节，我觉得比空谈阅读的好处有趣。谈论读书，不如直接读书。我直接摘取一枝一叶，让学生看到它的青翠美丽，他们会很迷恋，然后忍不住去看看那棵树，那片树林，树林所在的广袤的原野，原野上的天空。这样由一个片段走向一本书，再到一个作家，一个主题，再走向相关的另一些作家，另一些作品，最终形成自己的阅读体系和精神谱系。

再比如我读毛姆的小说《月亮和六便士》，看到有一段话很适合为黑塞的《获得教养的途径》作注。课文中有两句话："我们先得向杰作表明自己的价值，才会发现杰作的真正价值。""教养得有一个可教养的客体作前提，那就是个性或人格。"毛姆则阐述了这样的观点：你先得向美（有价值的事物）表明自己的价值，才会发现美的真正价值。

为什么你认为美——世界上最宝贵的财富——会同沙滩上的石头一样，一个漫不经心的过路人随随便便地就能够捡起来？美是一种美妙、奇异的东西，艺术家只有通过灵魂的痛苦折磨才能从宇宙的混沌中塑造出来。在美被创造出以后，它也不是为了叫每个人都能认出来的。要想认识它，一个人必须重复艺术家经历过的一番冒险。他唱给你的是一个美的旋律，要是想在自己心里重新听一遍，就必须有知识有敏锐的感觉和想象力。

而毛姆的另一本小说《刀锋》的主人公拉里（以哲学家维特根斯坦为原型）登临山顶远眺日出的高峰体验，则可以与柳宗元《始得西山宴游记》中"心凝形释，与万化冥合"相通，使学生认识到此类超然物外的深度愉悦，超越了时代与地域的差异，关涉人类共同的终极性的哲学命题。

有时报纸上的"读者来信"，也会引起我特别的注意，比如：

1970 年代，我曾当过几年警卫看守所的战士，见识和参与过对死刑犯的最后处理。……更有甚者，在河北有民间偏方说人的脑浆是治精神病（疯病）的神药，于是每有死刑，便有人通过关系托持枪执行者取死者的脑浆。而为了能彻底揭开死刑犯的天灵盖，持枪者又特意把子弹磨了又磨（据说能增大威力），枪决后被取走脑浆的犯人尸首更为惨不忍睹。（引自 2013 年 7 月 25 日《南方周末》）

读这段文字，我的第一反应是可以为鲁迅的《药》作注：民众的愚昧与麻木多年未变——从人血馒头治痨病到人的脑浆治疯病。而那个年代的被执

晴耕雨读好教师

行死刑者，很可能正是夏瑜一类的先知先觉者、革命者。由此可见社会进步之难，也可以说明鲁迅作品超越他所处时代的长久价值。

总之，在阅读中保持教师的敏感，及时搜集、记录与教学相关的材料，我觉得对课堂很有帮助。这种方法在保证严肃的文学品位的同时，也会深深地吸引住学生，一旦学生有了对文学的热情，一切就都好办了。

当然，阅读与教学的结合，不只体现在课堂上。阅读影响了我的教育观，而教育视角也使我的阅读与一般读者有所不同。

读何其芳的散文，读者一般会注意其抒情的风格、优美的文字，而我则会对他所记述的民国时代的私塾教育、大学教育的细节格外留心。广受好评的齐邦媛的《巨流河》，王鼎钧的"回忆录四部曲"等个人回忆录，我在阅读时，会注意梳理其中教育史的线索。英国戏剧家品特被称为"威胁大师"，阅读他的作品和相关资料时，我也会注意到他的英语教师如何点燃了他对戏剧的热情，从而深刻地影响了他的人生。

鲁迅提倡文章"写完后至少看两遍，竭力将可有可无的字、句、段删去，毫不可惜"，我会联想到，我们备完课，也应至少看两遍，竭力将可有可无的内容、环节删去，不管之前如何耗费心血，毫不可惜。刚工作时，备课往往是在做加法；现在则懂得，做减法更需要智慧与果敢。

还可以把阅读的对象延伸至更广的领域：读人，读生活，读世界。听一位主持人说要随时关注现场气氛，调整节奏，我会想到课堂也是如此，我们要随时关注学生的状态，把"人"放在第一位，调整课堂内容与节奏；听主持人说要找到自己问问题的方式，也许别人问这个问题是合适的，但自己问就不合适——什么样的人问什么样的问题，我会想到，不应盲目借鉴所谓的好问题，而要综合考虑学情、所解读的文本、自己的阅读背景与教学风格等，提出合适的问题，激发学生的思维，同时又能很好地回应、点拨，与学生有效对话。

城市规划师这样谈及硬性空间与柔性空间：硬性空间即钢筋水泥等现代建筑所构建的空间，柔性空间则指树木、草地、水面等组成的空间。前者缺少自动调适的功能，容易形成热岛效应等不良气候现象；后者则不仅可调节自然环境，还可让人们身心放松，有利健康。我们的教育也可以借用这两个概念，并反思：我们给孩子提供了什么样的空间？是刻板生硬的硬性空间，

第三辑　深耕课堂

还是充满爱与尊重的柔性空间？看到南京江宁区有一个"生态涵养不开发区"，我就会想，教育同样存在揠苗助长、"填鸭烤鸭"等过度开发的问题。

看到一个对老人恶语相向的公交车司机，我会想：他经历了什么样的童年？父母是如何待人接物的？在求学阶段，如果有一个教师在他心上留下了长久的爱与温暖，他是不是就不会这样？跳广场舞扰民的大妈们说，不能吃完晚饭就上床睡觉，所以必须跳广场舞，高考期间也不能停。我会想：她们如果在少年时养成了阅读的习惯，是不是就能享受孤独和宁静，不但不会打扰别人，还可以获得丰足的内心世界？

我不知道这样的视角是限制还是拓展了我对世界的认识。但它促使我深入地思考教育的意义，并努力将这种思考落实到日常工作中，从而也为自己个人化的阅读和单薄的生命寻找到些许意义。

（原载《教师月刊》2014 年第 12 期）

丁慈矿：守护优雅的汉语

丁慈矿 《教师月刊》2015 年度教师。1977 生于江苏徐州，1993 年考入上海师范高等专科学校。上海楹联学会、上海写作学会理事。出版《小学对课》《小学生汪曾祺读本》《小学文言启蒙》《给现代孩子的声律启蒙》等专著。任教于上海交通大学附属小学。

丁慈矿戏称自己玩物丧志，喜欢邮票、钢笔、印石、碑帖、旧籍、对联书、老课本、小铁盒子等。钢笔大多作为奖品奖励给孩子们，印石则作为礼物送给朋友，参阅几百本对联书，整理成教材《小学对课》，百余种老课本被编辑成《小学文言启蒙》一书，800 多本碑帖挺立于书架。

除了完成语文课的教学任务，丁慈矿还和学生一起背诗、对对子，一起收集门票、明信片，整理"我的游踪"，化名"土豆大哥"带学生去学校小花园偷偷种土豆、种葫芦，带学生们溜到室外踏青，把小鸡装在鞋盒里带到语文课上，让孩子们尽情观察……这些作为，无非是想传递一种语文情趣。

丁慈矿善于挖掘汉语中的可爱元素，并将它们排列组合成鲜活的读物，和学生一道沉浸其中，含英咀华。对于"汉字""中文"，他有渗入骨髓的热爱，并试图把这一情感传递给孩子们。

在全球化、网络化冲击的当下，在粗鄙日益流行的今日，丁慈矿的作为——守护优雅的汉语和汉语的优雅，尤显可贵。

（周益民）

第三辑 深耕课堂

读师范时，我迷上了汪曾祺先生，那些年，将汪先生的小说、散文都找来读了。在汪先生的小说中，我最喜欢《徒》。《徒》刻画了一位不同流俗的语文教师——高北溟。我当时曾立下一个小小的志愿：我要做高先生这样的语文教师。

教书18年，我也一直这样努力着，像小说中的高先生一样，除规定的课本之外，自选教材——"只有我自己熟读，真懂，我所喜爱的文章，我自己为之感动过的，我才讲得好"（《汪曾祺文集·小说卷·徒》）。

一　　◥

从教之初，在一堂语文活动课上，我给孩子们讲了一个对联故事，没想到孩子们欢呼雀跃，纷纷要我再讲一个。于是乎，我每天抽空给孩子们讲一个对联故事，得到了他们的热烈欢迎。但是，没过多久，少年时代储存在脑海中的故事就讲完了，孩子们的热情依旧不减，我该怎么办呢？

我把这个困惑告诉了我的老师商友敬。老师告诉我，对联教学古已有之，在他小的时候，祖父就曾教过他对对子。我说我想在小学开一门对联课，商老师说："好啊！王尚文、叶柏青最近出了一本书《对韵新编》，你拿去参考吧。"就这样，我开始捧读《对韵新编》，走进了对联教学的世界。我参考《对韵新编》，出些对子给学生对，字数由少到多，内容由简到繁。比如"鹤舞千年树"，一个三年级学生对"龙游万里天"，比古人的"凤鸣百尺楼"境界似乎还要阔大一些；陶渊明的诗句"采菊东篱下"，有个小姑娘当即对出下联"插花南窗前"，真是妙不可言。"假山石上栽真树"，有小朋友对"高楼房中住矮人"，另一小朋友得到启发，对"矮楼房中住高人"，还有学生对"死海水中睡活人"，全班一阵哄堂大笑……

在对对子的教学实践中，我发现每一个汉字都是那么好玩，每一个字音都是那么好听，每一个字形都是那么好看，搭配起来又那么精致优美，变化万千，于是便深深地沉迷于其中，孩子们也渐渐喜欢上了汉语。想来，也难怪蔡元培、陈寅恪、张志公、周汝昌等学界泰斗都推崇对课教学。

从 2000 年到 2005 年，我坚定地走在这条道路上：几年时间里，先后收集了 150 余种对联书籍，200 多篇有关对联的论文，仅对韵我就收集了 25 种。我想为孩子们编一本对联教材，每天看啊，读啊，圈啊，画啊，深深陶醉在中国语言的美好韵味中。你瞧这副西湖花神庙的对联：

翠翠红红处处莺莺燕燕
风风雨雨年年暮暮朝朝

短短 20 个字，把春天的姹紫嫣红、鸟语花香，以及风雨晨昏、年华流逝，都写尽了！

最幸福的时间是 2005 年暑假，资料已经收集得差不多了，时间也有了，我便开始全书的编写。我每天下午两点钟开始工作，宿舍的地上铺满了报纸，报纸上摊着各种参考资料，我踮起脚在这些对联书籍中穿梭。我先从近千则对联故事中选取了 50 则，然后根据自己的理解和认识进行改写。再把古往今来流传的 25 种对韵反复品味，依照《诗韵新编》进行重新编排。另外，我根据几年来在课堂上实践的材料，一课一课地设计练习。陶渊明说，"每有会意，便欣然忘食"，我就常常是在夜幕四合之际才想起吃饭。到食堂吃一碗面，然后在校园中散散步，逛到校外的大超市，买上一大袋桃子，便回房继续工作。桃子成了我的夜宵。在书香与桃香弥漫的斗室里，我继续往下写，写到深夜一两点钟就寝，第二天中午起床继续工作。这一年的暑假，我就是在这种状态中走过来的，现在回想起来，仍然莫名地兴奋。

2005 年 11 月，《小学对课》出版。该书至今修订了三版，重印十余次。通过编写这本小册子，我把古今名联梳理了一遍。因为读得多，自然而然就记住了，到名胜古迹旅游时，拂拭亭台楼阁之间的楹联，便有了与古人对话的机会。

二

《小学对课》完成后，我顺流而下，转向收集整理清末、民国时期的小学国文教材。

受白话文运动的影响，自1920年起，国语课本（即白话文课本）开始在初级小学使用，然后逐渐过渡进入高级小学，在这个过程中，语文教育的文白之争从未停歇，最终在1930年代初，白话文课本取得了"全胜"。整个小学阶段，国语课本完全替代了国文课本，这似乎是历史发展的必然，但总让人有些遗憾。从语文教材演变的轨迹来看，现今的小学"语文"，可以说是有"语"无"文"的。

周汝昌先生出生于1918年，读小学时恰巧经历了语文教科书的文白嬗变，他读初小时，白话课本刚刚取代了文言课本，进入高小时，用的却是文言课本。先生曾回忆说："记得一入高小，换用了世界书局的国文课本，效果立显不同了。这儿所选的历代短篇名作精品，都是'文言'了，从《苛政猛于虎》到《岳阳楼记》，从《秋声赋》到《病梅馆记》……还有《祭妹文》……体制风格，文采情操，极为丰富美好，没有单一感（千篇一律的文风气味，语式口吻……），没有说教性，篇篇打动心弦，引人入胜。学童们一拿起这种新课本，面有惊奇色，也有喜色。他们并没有喊'这可太难了'，也绝没有'奈何'之叹，更不见愁眉苦脸之态。这是令人作深长思的。很奇怪，从小学读的'白话文'，到今一字'背'不出；而那些'文言'名篇杰作，总难忘却——至少还能背出其中的若干警句。这或许是我自己的'天性'和'偏好'吧。"

我觉得有必要对清末至民国年间的小学国文课本进行整理汇编，以"清浅雅致"作为选文标准，并注入现代观念，侧重生活情趣的熏陶，渗透汉语语感的培养。在近十年的时间里，我一直在做资料的收集工作。2014年年底，黄玉峰老师邀我加入"语文太重要丛书"编写组，我即提出要做一本《小学文言启蒙》。

2015年伊始，这项工作正式启动，比之前些年编《小学对课》和《小学生汪曾祺读本》，这本书做得尤为艰难，原因是材料更多、纷繁复杂。此外，单位里事情忙完，回家还要烧饭、陪小孩，所有的工作只能在孩子睡了，也就是在晚上九点钟以后才能开始，每夜编到凌晨，虽然做得辛苦，但在临睡前读读自己编选的材料、撰写的导语、设计的提示，心中还是存有少许的得意。

第一课我选取了《商务女子国文教科书》的课文——

天明，日出，人起。

开窗，扫地，拭几。

十二字简简单单，读来顿觉天清气朗，与日同起，正是生命的节律。

就这样一课一课地编选，一个单元一个单元地拼配，除了撷取小学国文课本的佳篇，我所深深热爱的张岱、张潮、李渔、沈复、金圣叹等人的短小精悍的文字也被编入了这本书。比如金圣叹的 33 则"不亦快哉"，所写皆生活中的畅快之事——

夏日于朱红盘中，自拔快刀，切绿沉西瓜。不亦快哉！

冬夜饮酒，转复寒甚，推窗试看，雪大如手，已积三四寸矣。不亦快哉！

……

选完后，抄在黑板上，小朋友异常喜欢，一则则读下来，仍意犹未尽，开始寻找自己生活中痛快的事儿，书写自己的"不亦快哉"。

当年 7 月，这本书终于完成了，书的字数不多，印出来也是薄薄一册，但其中浸润了我的心血，拿在手中，甚感欣慰。

三

我曾玩物丧志，多年来，喜欢邮票、钢笔、印石、碑帖、旧籍、对联书、老课本、有金属质感的小铁盒子等。教书之余，我收集着这些小玩意，夜幕之下，我不时地拿出这些小东西，摩挲着，把玩着，翻看着，欣赏着……

年与时驰，意与日去。钢笔大多被我作为奖品奖励给孩子们，印石则被我作为礼物送给了朋友们，几百本的对联书被我整理成了一本《小学对课》教材，百余种老课本被我编辑成了小册子《小学文言启蒙》。剩下来的小东西也会逐渐地送出去，只有 800 多本碑帖还挺立在书架上、卧倒在睡床边，我空下来就会取出翻看，梦想着有一天——我一定要把汉字写好，不仅写好硬笔，还要写好毛笔；不仅楷书端庄，还要草书潇洒，最后还要能写古雅的甲骨文，在琐屑的现实下，也许这只能是一个梦想。活着，总得做些事情，我虽不思进取，但总想着把美好的、有意思的东西与人分享，尤其是和孩子们分享。

2012年，学校新校园落成，应校长之邀，我为学校的每幢楼都起了名字。我提出要建一个校园农庄，这一想法得到校长的支持，因此学校的楼顶之上多了一个"实学农庄"，我和搭档曹老师一道，在课余时间，带着孩子在楼顶上种菜。

初春时，我们将土豆种下，每天浇浇水、除除草，隔几周去施施肥，就这样，土豆一天天长高，开出白色的小花来，楚楚动人。不知不觉，夏天来了，我们带着工具，挖开土壤，呵，收获颇丰，两平方米的一小块地，足足收一小堆土豆呢！孩子们参与了农庄的劳动，笔下的文章充满乐趣。

四

反观18年来的语文教学生涯，我有两点基本认识。

一要注重语文情趣。情趣比知识和能力更重要，小学语文教学要着重传递这种情趣。王尚文先生说："语文情趣是读写听说实践的原动力，如对优秀文学作品的阅读爱好，将使主体的时间、精力尽可能地集中、专注于它，千方百计、百折不挠地满足这一要求，并从中感受无穷的乐趣，从而自然而然地提高自己的鉴赏口味，不断进入新的接受境界。语文情趣基于爱美的天性，是形成于后天的对语文之美的爱好和追求。"说得真好！

钱理群先生也曾谈到这一点，他说："人在自然中，这本身就是一个基本的、最重要的，也是最理想的教育状态。脚踏大地，仰望星空，这样的生存状态，对人的精神成长，可以说是具有决定意义的。"

十余年来，除了完成语文课本的教学任务外，我还和学生一起背诗、对对子，一起收集门票、明信片，整理"我的游踪"，带学生们溜到室外踏青，把小鸡装在鞋盒里带到语文课上，尽情观察……这些作为，无非是想传递一种语文情趣。许多年后，课本上的东西也许他们会忘记，但这些事情一定会留在他们童年的记忆里，我相信。

二要挖掘汉语特色。汉语文特色、汉语言之美多年来在我们的小学教材中被忽视，一个孩子读了几年语文，却对汉语汉字没有任何感觉，更谈不上喜欢。这难道不值得我们反思吗？我觉得一个语文教师要善于挖掘汉语中可爱的元素，排列组合成为鲜活的读物，和学生一道沉浸其中，含英咀华。

胡河清先生说，他要做中国文化的守灵人，"文学对于我来说，就像这座坐落在大运河侧的古老房子，具有难以抵挡的诱惑力。我爱这座房子中散发出来的线装旧书的淡淡幽香，也为其中青花瓷器在烛光下映出的奇幻光晕而沉醉，更爱那断壁颓垣上开出的无名野花。我愿意终生守在这样一间屋子里，听潺潺远去的江声，遐想人生的神秘……"

在全球化、网络化冲击的当下，在粗鄙日益流行的今日，我愿做一个富有文化情趣的教师，在小学语文的课堂里守护优雅的汉语，在平淡的校园生活中寻觅一些生命的亮色。

（原载《教师月刊》2015 年第 12 期）

俞献林：翻转课堂怎么翻转

俞献林 《教师月刊》2016年度教师。1982年生于江西赣县，1999年考入江西赣州师范学校，两年后转入高中学习，2008年毕业于西南大学物理科学与技术学院，西南大学教育学部在读教育博士，四川师范大学、西华师范大学校外硕士研究生导师。现为成都七中物理教师、信息技术处主任、"泛在七中"建设小组组长。曾获全国中学物理青年教师教学大赛一等奖、四川省普教教学成果特等奖、国家级基础教育教学成果二等奖、全国教育科学研究优秀成果奖二等奖，成都市骨干教师、成都市教育科研先进个人、成都市优秀德育工作者、成都市优秀班主任、四川省中小学名班主任等荣誉称号。发表多篇论文，领衔、主研多项国家、省、市课题，参编高中物理教科书（教科版，选择性必修1）。

俞献林老师2008年以优异成绩毕业于西南大学，为追寻心中的教育理想，他放弃到党政机关、省教育厅直属单位及沿海地区工作的机会，来到成都七中做教师。八年来，他兢兢业业，精益求精，曾获第十一届全国中学物理青年教师教学大赛一等奖，先后在第七届全国物理特级教师大会、全国社会主义核心价值观进校园德育研讨会等学术会议上承担示范课教学，于2015年12月赴台湾省参加物理教育研讨会并作汇报交流；他的一项教育成果还获得教育部第五届全国教育科学研究优秀成果奖的二等奖。

更难能可贵的是，俞献林老师不断创新，勇于接受挑战。2014年9月，成都七中组建常态化翻转课堂实验班，他任该班班主任及物理教师，从此与教育大数据结缘。两年多来，俞老师的每一节课都在生成教育数据，同时也在应用教育数据：他应用数据判断学生群体的水平，应用数据分辨学生个体的差异，也应用数据对学生进行科学的过程性评价。借助数据，他让教育逐步走向实证。

两年多的翻转课堂教学实践，生成了海量的教育数据，也让俞献林老师积累了丰富的应用教育数据的经验，每每有考察团前来交流，他都倾囊相授。他的工作，得到了包括大数据之父、牛津大学教授舍恩伯格在内的诸多国内外同行的高度赞赏。

工作之外，俞献林老师还是一位好儿子、好丈夫、好父亲，他们一家六口其乐融融，八年里四易住所只为离学校更近，以便顾小家，照大家。

（罗清红）

2016年是我担任学校首个常态化"翻转课堂班"班主任兼物理教师的第三个年头。很多情景历历在目。如今反思翻转课堂，似乎与最初从文献中了解到的并不是一回事：我们并没有把原来课堂上的所有内容都搬到课外，我们的微课不是课堂的"缩略版"，微课的内容也不限于教学的重点、难点、易错点，"翻转"后的课堂也没有沦为习题课……那么，我所尝试的翻转课堂到底是怎样的呢？

成都七中的常态化翻转课堂其实是ICT（信息通信技术）与课堂教学深度融合的现代课堂教学形式，具体的教学流程大致如下：

借助平板电脑和成都七中东方闻道网校开发的闻道微课和未来课堂两个平台，课堂的每一个环节都有教育数据的生成和应用。

课前，我会精心制作一个供学生自学的微课，微课后附加少量测验题，然后推送给学生，学生观看微课后完成反馈练习。如图2所示，自动统计的数据能帮助我精准判断：哪些知识学生已经掌握；第二天的物理课堂上，哪些物理概念、规律、定理等需要我重点讲解；孩子们的困惑在哪里。根据这些数据，再进行二次备课。

图 1　成都七中翻转课堂教学流程

图 2　微课后的反馈练习统计

课中，教师不再一讲到底，因为有部分学习内容已移到课外，所以在我的课堂上，学生有更多的时间来讨论、交流、实验、展示、练习，学生的主体作用明显增强。我也不再是通过经验或"学生的反应"来判断学生对自己刚刚教授的内容是否掌握。通过未来课堂系统交互和及时反馈的数据，我能精准地知道每个学生对教师正在讲授的内容的掌握情况，从而作出判断——是往下讲呢还是继续巩固当前所学。这样就改变了教学的进度、难度、广度几乎完全由教师掌控的状态，而转变为由教师和学生共同掌控。在这样的教学活动中，教师对群体的掌握水平了如指掌，而每个学生也都可以发出自己的声音，留下自己的痕迹。如图3，是我在课堂上与学生互动的画面截图，通过即时统计和错误个案查看，我可以决定如何点评这一习题，并且决定是否要追加一道同类习题加以巩固。过去两年记录的大量过程性数据及对这些数据的统计分析，为我现在对学生进行个性化指导提供了强有力的依据。

图 3　课堂交互即时统计和教师查看学生个人作答画面截图

课后，我将电子作业传至云端，学生下载并在自己的电脑上完成，然后传回云端，我可以在任何有网络的地方完成批阅。系统会自动统计每一道题的正确率、要求讲解的人数，还会自动记录每一位学生开始作答的时刻、答题的时长以及作答的正确率等。如图 4 所示，从某一习题的正确率，可以看出学生对该知识的掌握情况；如图 5 所示，从学生开始作答该作业的时刻，可以看出学生的习惯和喜好；从学生完成作业时间的长短，可以看出学生的熟练程度。这些数据，在短时间内，是我精准判断近期学情的利器，它们能帮助我找到学生的"痛处与难处"，完成"对症下药"式的教学。通过"云"端的"你来我往"，我可以收集到大量学生完成作业的相关数据，借助这些数据，可以对学生各个方面的情况作出比以往他们完成纸质作业时更加准确的分析。

图 4　课后作业统计 1

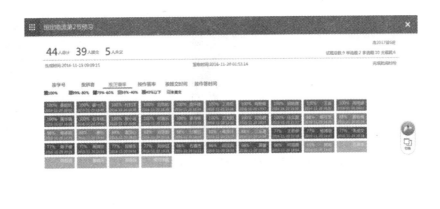

图5 课后作业统计2

如今，孩子们已上高三，作为班主任，我还有一个常规的工作，那就是在平台中看每一个孩子过去两年的学情统计。我可以看到每个孩子各学科的均衡情况（如图6），可以看到这两年里，孩子们用汗水浇灌起来的知识树（如图7）。知识树是学生在学习该部分知识的过程中生长出来的，它不仅是对所学（单元、系统）知识进行全面性、基础性、主干性、系统性的知识建构，让学生能从整体感知知识及知识间的内在联系，更重要的是它还将每个同学在这阶段学习过程中的具体情况用大量数据给予实证。树上的每片叶子都记录了各部分的知识内容及它们之间的内在联系。每片叶子的颜色还记录着该部分知识的学习状况，绿色代表"优秀"，褐色代表"差"，一目了然。而每片树叶的颜色绝不是某一次考试的成绩就能决定的，它是对平时每一堂课中的学习情况记录、课后的每一次作业情况统计后生成的。

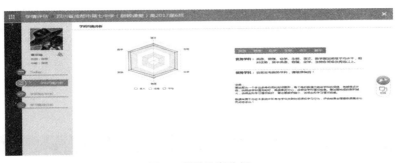

图6 学科均衡分析

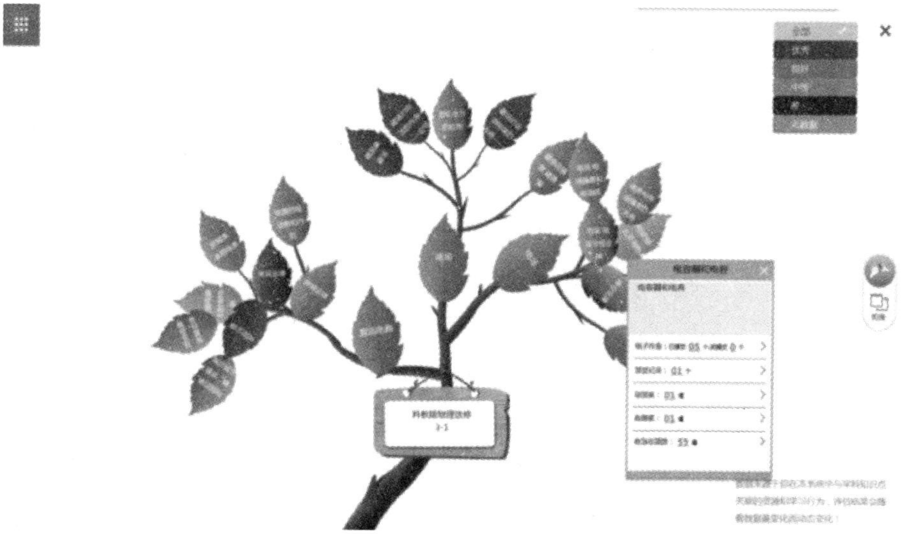

图 7　某同学选修 3-1 知识树

　　我经常根据孩子们自己"浇灌"的知识树，作个性化指导：哪一片叶子呈现黄色或褐色了，则表明这部分知识掌握得差一些，我会给些针对性建议。我真诚地希望，在踏入高考考场前，他们的知识树都变成绿色的。

　　还有两件事让我备感自豪：一是能通过虚拟分组，很轻松地给不同层次的学生推送不同的学习任务；二是班上的每一位学生，都有一套专属于他（她）个人的笔记、收藏集、错题集等学习资源。

　　如图 8 所示，我可以根据过去两年在物理学科中的表现（不仅是考试成绩），将学生分成几个组，每个组每天的作业略有差异；我还可以根据特定学生的特定问题，录一节微课，定向推送，做到对问题的精准"打击"。

　　如图 9 所示，在过去两年的学习过程中，学生将做错过的习题收集在一起，成为专属于自己的错题集；将一些典型问题归类收集成为收藏集；还通过上课时拍照、截图或原笔迹书写等方式形成电子笔记，这相比原来在纸质笔记本上记录高效许多。而这些在过去两年学习过程中积累起来的错题集、收藏集和电子笔记，都是每一个孩子自己为自己"量身定制"的独一无二的高三复习资料，其针对性和有效性必定高过任何教辅，且储存于云端，永不丢失，可随时下载。

图8 分层布置学习任务

图9 错题集、收藏集和课堂记录

晴耕雨读好教师

图10 学生的电子笔记

孩子们进步的同时，我也在成长。翻转课堂伴随我登上了全国中学物理青年教师教学大赛和全国社会主义核心价值观进校园德育研讨会的舞台，还伴随我与物理教育同行交流。这些经历和日常的教学实践一起，在慢慢地改变着我对翻转课堂的认识。

其一，"翻转"有法，"翻"无定法，观念的"翻转"最重要。

有些老师可能会认为，理科比文科好翻转，或者说，有些课型能翻转，而有些课型则不能翻转。其实不然。翻转课堂的背后，是"先学后教、以学定教、学生主体、着眼整体、关注个体"等教育理念和追求，只要这些先进的教学观念深入内心，那么任何学科、任何课型、任何学段都可以成功"翻转"。

例如，在物理教学中，实验教学似乎是最不可能"翻转"的，而这恰好也是目前高中物理教学效率最低的一种课型，有些教师甚至放弃实验教学，出现"做实验不如讲实验，讲实验不如背实验"的荒唐现象。究其原因在于，一方面，很多老师在实验室里花大部分时间讲原理、步骤、注意事项，学生听得极不耐烦，好不容易讲完，学生开始实验时，下课的时间也差不多到了，老师没有更多的时间来关注、指导学生的实验过程，以致学生的能力和素养难于提高。实施翻转课堂后，这个问题就迎刃而解了。的确，不能用视频代替学生的动手实践，但可以将已有的规范化视频及自录视频，实验前通过平台先发给学生，让学生自学实验原理、仪器使用及注意事项，再到实验室做实验。我要求学生进实验室前要对探究方案、实验步骤、注意事项等了然于胸，就像医生在上手术台前对手术方案的理解一样，这样既可以让学生进入实验室后目的更加明确，内心更加自信，有充分时间动手实践，也可以让老师仅用少量时间补充讲解学生在微课上尚未弄懂的内容，或者是解答学生在学习微课后反馈出来的问题即可。在学生实验时，老师有更多时间来进行个别指导，从而有利于学生在实验过程中提升素养，而不是像传统的实验教学那样，过分依赖习题来"掌握该实验"。

在刚接触翻转课堂时，有的老师可能会认为，微课的内容就是某个知识点，是教学的重点、难点或易错点。实践后就会发现不尽然。微课的内容是多种多样的。就物理学科而言，微课可以是重点、难点、易错点，也可以是概念、规律建立的背景；可以把概念、规律的建立过程录成微课，对概念的理解、应用、内化放到课内，也可以把规律的某个重要应用录成微课；微课内容还可以是知识框架的梳理，可以是教材发展空间的解读，还可以是实验原理、操作步骤、注意事项、器材结构和原理等，比如《研究匀变速直线运动》实验中的纸带数据方法，《测电源的电动势和内阻》实验中的实验误差分析、打点计器、多用电表的原理等。

除物理以外，其他学科也一样，成都七中的常态化翻转课堂是所有学科都"翻转"的。例如，语文学科可以把文章背景、作者生平等录成微课，课堂内则重点进行文章解读，也可以通过微课就某一话题给出多种不同的观点，课堂上虚拟分组进行讨论；数学课可以把规律的推导过程录成微课，课堂则主要放在规律的理解与应用上，也可以通过微课对某一定理的应用加以演示，课堂内进行迁移和变式；英语课可以把语言点录成微课，课堂上则进行表达和应用；历史课可以将一些史料剪辑成微课，课内则进行辩证分析、讨论等。

还有人可能会认为，高一高二的新课可以翻转，高三复习则无法翻转了。其实也不然。例如，在高三物理复习课上，可以通过微课引导学生梳理知识框架，也可以通过微课辨析易错的知识点，还可以通过微课讲解某个典型例题或某类题型，更重要的是可以通过微课对学生进行分层从而进行个性化的指导。

如果认为微课只能在课前给学生观看，那也不对。微课大部分时候用于课前，也可以用于课中、课后。微课可以是给全班学生看的，也可以是给部分学生看的，比如高三个性化辅导的微课，就只针对特定的某些学生。总之，只要改变观念，用心研究，任何学科、任何课型、任何时段都是可以翻转的。翻转的方式多种多样，所谓"翻转"有法，翻无定法。

在以往的观念中，负责任的教师应该在课堂上把每一个问题都给学生"讲解清楚"，但苏伽特·米特拉（Sugata Mitra）教授在印度山区进行的"墙中洞"实验告诉我们，孩子是可以通过自组织学习完成新知识建构的，只要给他们一个开放的系统和相应的资源。我班的大部分孩子通过观看微课，即可以掌握 70% 以上的内容，此时若在课堂上再对这些问题进行统一讲解，就是对大多数学生的不负责任。

实践翻转课堂，观念的改变是第一位的。

晴耕雨读好教师

其二，常态化、信息化、现代化是成都七中翻转课堂的特点。

相比于目前国内正在进行翻转课堂实践的其他学校，成都七中的翻转课堂有其鲜明的特点。

1. 常态化。成都七中翻转课堂班从高一到高三，每一个学科每一节课，基本上都采用翻转课堂的模式进行教学，即学生先学，教师根据学生反馈，针对性地备课，课堂上答疑、讨论、交流、实验、展示、练习等，课后通过电子作业再检测、反馈。

2. 信息化。成都七中的翻转课堂班通过 ICT 与课堂的深度融合，真正做到了让学可见，让教可依。课前通过微课系统，我可以了解哪些学生、在什么时候、用了多少时间来观看微课；通过微课后习题反馈统计，我可以清楚地知道学生看微课的效果，知道学生的"痛点与痒点"，进而找到下一节课的着力点。成都七中翻转课堂班的教室是智能交互的，课堂上教师可以通过交互系统实现与学生即时的双向交流，改变了以往大部分时候信息单向传递的状态，而且每次交流都有记录。教师可以在课堂上随时引入网络资源，学生也可以在一定的权限范围内访问网络，这样就极大地发挥了课堂教学资源的效用。

3. 现代化。教育信息化并不等同于教育现代化，教育现代化的核心是教育思想、理念的现代化。所谓教育改革，最让人担心的是"新瓶装旧酒"，借用现代技术手段变本加厉地重复着"昨天的故事"。成都七中的翻转课堂，不仅体现了"先学后教、以学定教、学生主体、着眼整体、关注个体"等理念，还旨在通过云计算、大数据等现代技术手段，创设个性化教育情境，引导学生开展自组织学习和泛在学习。

其三，常态化翻转课堂有诸多优势。

就我所从事的翻转课堂实践而言，其最大的优势就是让教和学"留下痕迹"。这样，通过对相关数据的统计、分析，不仅可以比对每一位学生在同一时段的不同表现，更可以对某一个学生进行长期"跟踪拍摄"，这样比通过"摆拍（某次考试）"来评判一个学生自然全面、客观得多。长期在自然而非实验环境下采集的数据，能真实地反映学生的兴趣爱好、学力差异等，只有真实记录了过程，才有可能进行科学的过程性评价，而基于大数据分析的过程性评价，其可靠性应高于偶然的某一次考试。

借助教与学各个环节记录的数据，可以清晰地看到学生的个体差异，这是我们进行个性化教育的前提；课堂上即时的交互与反馈，可以让教学变得精准、高效；"地平线报告"指出以后学生的学习必定是混合式的学习和学生自带移动终端去学校。"'混合式学习'（B-learning）是在'适当的'时候，通过适当的学习技术，再和适当的学习风格相契合，对适当的学习对象传递适当的能力，从而取得最优的学习效果的学习方式。"混合式学习融合了课堂学习与网络学习两个学习环境，在信息技术支撑下，实现学习效果的最大化。在翻转课堂的环境下，师生共同决定教学的进度与难度，课外，学生可以自主选择学习的时间、地点、终端和内容。这一全新的混合式教学模式应该是未来教与学的方向。

课堂"翻转"以后，学生的主体作用加强了，学习效率提高了，但教师作用并没有削弱，教师工作量暂时也没有减轻，更多时候，是把原来课后的工作移到了课前，对教师的要求变高了。坚持下来，对教师专业素养有很大的促进作用。

其四，翻转课堂面临诸多挑战。

任何事物都有两面性，翻转课堂也不例外。

长期以来，人们默认教学大部分时候是"教师教，学生学"。虽然新一轮课改实施多年，大家也从各方面进行改变和尝试，但是大方向、大趋势没有变。再加上家长对孩子的学习能动性普遍缺乏信任，认为自己的孩子如果没有教师教就学不会或者学不好。因此，翻转课堂的出现对传统教学、对传统教学观念都是冲击，不仅对一线教育工作者，也对家长、学生提出了新要求。这样一来，翻转课堂的实施过程中必然会受到来自各方的压力和阻挠。所以，观念的改变是实施翻转课堂的第一步。我们要做看得见、看得懂的教育工作者。

翻转课堂要求教师在课前发布微视频，学生自主观看并完成检测题。这种模式要求有功能强大的教育技术平台作为支持。该平台需满足教师较容易地上传微视频，满足学生随时随地观看视频并完成检测题，最好具有能系统地将检测答案进行统计的功能。因此，教育技术平台的建立对于翻转课堂的有效实施必不可少。而平台的建设需要大量资金和技术，除了设备投入，后期的运作与维护也是一大问题。

翻转课堂模式下，教师在课前除了常规的备课外，还需要编写脚本、录制视频，另外，还需要熟练应用各种相关软件；在常规备课外，教师还需要设计课堂讨论的情景并提前思考学生可能提出的问题和自己的反应、回答等。在课堂上，虽然是以学生为中心、为主体，但教师的角色依然重要，他更多地作为组织者、引导者、评价者而出现，这对教师的综合素质要求更高。从实践中看，翻转课堂模式下的教学容量约为传统的两倍，教师投入的时间和精力约为传统的两至三倍。这对教师是很大的挑战。

如何保证学生在有限的时间、空间完成课前微视频自主学习是目前实施翻转课堂的问题之一。翻转课堂模式下，教师不再布置或少布置课后作业，学生的晚自习时间可用于视频的观看及检测题练习。可是视频没看懂还得多看几遍，时间无法控制，再加上完成即时练习时间至少也需要十到三十分钟。高一阶段，学生所学翻转课堂科目可能涉及语文、数学、英语、物理、化学、生物、政治、历史和地理等。如果九个学科在同一时间发布了微视频，那么学生的自学时间会在 90 分钟到 270 分钟，时间成本较高。因此在课时安排上需要学校的统筹。

目前的现实情况下，将晚自习时间用于学生课前微视频的自主学习，必须解决观看微视频的设备问题。如果使用学校的计算机机房，如何保证一人一台计算机的充足供应？如果只考虑住读生，目前学校机房是否能满足？如果走读学生家里没有电脑或者没有网络呢？因此，设备也是学校在实施翻转课堂前需要统筹考虑的问题。

教学效果检测也是一个问题。虽然视频时间较短，可长时间观看必定疲劳，如何保证学生自主并且高质量地观看、思考，这对学生的视力又是否有影响呢？还有教师和家长担心："孩子会用平板来打游戏、看小说……"

以上种种，让我有两点颇深的感受。一是，翻转课堂实践的成功，离不开有效的学校管理和班级管理。成都七中的闻道微课和未来课堂两个软件所记录的数据，在适当的时候应该可以以一定的方式服务于教育教学管理，可以助阵班级德育，并可能引导德育走向实证。二是，技术本身是中性的，如果说在实施翻转课堂的过程中会遇到各种问题，极有可能是我们应用、管理不恰当造成的。比如，关于孩子用平板打游戏，我们试想，若孩子真想打游戏，没有平板他也会找到其他工具（比如手机），若孩子真不想听课，就算不打游戏看小说，他也一定会找到其他"乐子"。ICT 与教学的融合是一种趋势，唯有顺势而为，才能在新一轮的教育改革中勇立潮头，拥抱"互联网+"教育的美好明天。

其实，相比于上述技术和管理层面的挑战，我更深层次的担忧是：教育本是人与人之间双向的交流活动，但在翻转课堂的教学中，有一部分被"人与电脑"或"人与数据"替代了。这中间会不会出现某些问题？天天和一堆"不嗔不怒、不言不语"的数据为伴，久而久之，孩子们会不会变得"工具性"有余而感性不足？数据的精准，会不会让我们的孩子精细、精明有余而不够大气？数据上的你来我往，会不会让人与人之间面对面真诚的交流减弱……

这些担心，让我这几年来战战兢兢，如履薄冰。虽然从目前看来，我们班的整体成绩优异、常规良好，同学们积极、阳光、向上，但我不敢轻言成功，因为有一句话叫"教育要看三十年后"！

（原载《教师月刊》2016 年第 12 期）

梁晟斌：“最近比较烦”

　　梁晟斌　《教师月刊》2021 年度教师。1987 年 2 月生于上海，毕业于华东师范大学化学系高分子化学专业，理学硕士。现任上海市大同中学科技总辅导员，高中化学教师，竞赛辅导教师；上海市双前沿平台首席学校负责人，上海市创新课程教学共同体首席学校指导教师。2019 年获“全国实验教学能手称号”，2020 年科研成果《项目式化学实验教学的探索与实践》参加中国化学会的展示交流，2021 年参加上海市化学视频教学评比获得一等奖。先后开发多种跨学科课程，指导超过 100 名学生在青少年科技创新大赛、明日科技之星比赛等活动中获奖。

　　梁晟斌是上海市大同中学的青年党员教师。从教以来，在教学实践中大胆探索、积极创新，逐步形成了自己的教学风格。2012 年至今，参与上海市“新科学、新技术”创新教学平台课程实践，先后开发“动手学做化妆品”“离子液体”“中药缓释剂开发”等跨学科创新教育课程。

　　2021 年，梁老师和一批物理教师、生物教师组成“导师团”，在国家课程框架内进行跨学科项目化学习的教学探索与实践。基于学校广阔的国际视野、个人深厚的学术积淀和灵活新锐的改革精神，他在高一、高二、高三构建起了以大概念为主轴、以创新创造力为能力目标的螺旋状上升的“中医药智慧的现代科学应用”系列课程，获得上海市黄浦区实践创新课程大赛一等奖，更是在学生中获得了广泛的影响力。

第三辑　深耕课堂

最值得一提的是，梁老师引领的跨学科教师"导师团"在探索中初步形成了共同教研、共同指导、学科智慧共享、弹性课时、实施互补型差异化教学等项目化学习设计和实施机制，值得在更多课程领域、更大范围内进行推广和辐射，可为教师跨学科教学能力的养成提供有力支持。

（方兆玉）

在学生项目化学习的指导过程中，我的心情可以用周华健的一首歌来形容，那就是"最近比较烦"。为什么烦？

我看那前方怎么也看不到岸，学校的课程该如何开展 ◥

我自认为不是一个很有创新能力的人。那如何培养学生的创新意识呢？值得庆幸的是，我所在学校上海市大同中学开发并实施了"CIE课程"，CIE，即 Creativity（创造能力）、Innovation（创新意识）和 Entrepreneurship（创业精神）。它以"培养学生创新意识"为首要任务，成立"理科创新实验室"，添置了相应的设备和仪器，为校本课程走向多样化、丰富化、个性化创造了优质的条件。同时，我们邀请到了同济大学的教授来作指导，完成了"中药防晒化妆品的制备"这一课题。该课题引起了学生极大的兴趣。他们参加 Science edge（科学前沿）比赛，获得中国区一等奖、全球赛优胜奖，参加上海市青少年科技创新大赛获得一等奖，还有其他奖项。学生在参与课题活动的过程中亲历整个研究过程，尤其是在制备出一款具有防晒效果的产品时，获得了极大的成就感。

这样的课题，既能激发学生兴趣，又能有具体的成果，何不将其作为课程内容的载体，让学生进行项目化学习呢？如何将一个学生的课题成果转化成更多学生的课题呢？如何持续引导学生开发有创意的课题呢？

学生的选题喜忧参半，做一个皆大欢喜的课题越来越难 ◥

课程的实施不能只是昙花一现。学生在制作化妆品的过程中有一定的想法，但是在自主选题方向上大量"撞车"。例如"中药保湿防晒化妆品的制备与效果探究""中药美白防晒化妆品的制备与效果探究""中药抑菌化妆品的制备与效果探究""中药抗氧化化妆品的制备与效果探究"等，选课题变成了完形填空，几乎所有的自主课题都是"某某中药化妆品的制作"，研究内容仅仅是将已有的配方进行替换，评价方法也比较单一，似乎他们的创意中只有"中药化妆品"这一个选项。

我意识到，虽然"中药化妆品"是一个好的创意，但也在无形之中限制了同学们的思维，从而不能自主形成创意。我试着引导学生将选题作些拓展，建议他们将"化妆品"这一关键词去除，不料学生的选题变成了诸如"中药治疗癌症""中药治疗帕金森""中药制作农药"，看来，他们认为仅仅百度一些资料就可以完成研究，这说明他们对于如何进行项目研究知之甚少。

如何在学生动手实验与自主课题研究之间形成有效的过渡？如何教会学生一些常用的中药及其实验知识？如何指导学生开展项目研究？

我的头发只剩下了从前的一半，学生的课题有些高不可攀 ◥

创新素养的形成是需要一定的知识基础和实验基础作为铺垫的。为了让学生的自主选题既有天马行空的创意，又能落到切实的科学研究过程中，我们搭建了从"兴趣学习"到"自主探究"的各个平台，并将整个中医药探索课程分三个阶段实施。

第一阶段：中药化妆品 DIY——制作中药化妆品，培养兴趣；

第二阶段：中药缓释剂的开发与研究——完成模拟课题，学习研究方法；

第三阶段：学生自主设计课题进行研究。

其中，第二阶段分为五个环节：文献研究、实验探究、数据分析、论文撰写、课题答辩，这些环节也是科学研究必须经历的过程（见下页图）。该课程通过中药缓释剂制备与开发的项目学习，让学生了解常用化学实验仪器和检测仪器的使用方法与基本原理，体验课题研究过程与方法，并且能综合运用文献法、实验法等基本的研究方法，提升在实践中发现问题、解决问题的能力，通过小组分工合作、调查研究、讨论交流等形式，拓展研究方法并激发创新意识和课题创意。

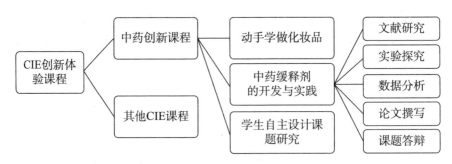

有了第一阶段和第二阶段的铺垫，学生有了一定的独立确定选题和开展研究的能力，相应的课题也变得实际且有研究价值。如原本的"中药治疗癌症"转化成了"对中药吴茱萸甲醛消除作用的探究""探究茶多酚对香烟有害成分的吸收作用"，"中药制作农药"转化成了"离心纺丝法利用废旧塑料制备吸油树脂"。

学生有了可行的选题，但作为化学教师，我并不能解决学生在课题研究过程中遇到的所有问题，因为实际问题往往是综合性、跨学科的，比如大多仪器分析涉及物理知识，抑菌、抗氧化效果的研究涉及生物知识。如何为学生提供较为完善的课题研究指导？

无法解决课题困难，急需外援 ❭

面对跨学科的问题，其他指导老师应该也有类似的困惑。何不彼此联合、相互取长补短，为学生建立一个由不同学科教师组成、能给出专业指导的导师团呢？于是，我联系了物理、生物、信息、艺术等不同学科课题指导老师，建立了一个能解决大多数学生问题的导师队伍。每个学生都有自己的课题指导老师作为主要辅导者，如果涉及跨学科的实验或者分析，就启动专业导师团。比如化学课题的实践中，涉及抑菌效果、毒性效果，就联系生物老师详细指导细菌培养、涂板、保存、测定等过程；如果生物相关课题涉及提取、成分分离、结构分析等，则由我为学生指导萃取、提纯、样品的仪器分析等。导师团现有八人，在大家的相互配合和共同努力下，学生的课题完成度有了显著的提高。

晴耕雨读好教师

当然，如果有团队也无法解决的困难，如缺乏相应的实验设备、仪器，我们会联系大学的科技实践点，邀请专家进行线上或者是线下的指导，希望能系统化地、不断地改进学生项目化课题学习的流程。

虽然一切似乎都进入了正轨，但我还是不敢懈怠。

创新没有一劳永逸的模板，现在的我又有一点点不安

中医药研究型课程在尝试成功的同时，经过相关部门向全市推广，至今已经在多所学校进行试点。今年，我又开设了"数字技术创新实验"等新的研究型课程，以满足学生多样化的需求，也取得了一些成果：市级课题"DIS 应用推进课程"顺利结题，《热成像技术在分馏实验中的应用》获全国实验教学一等奖，运用数字实验技术的《环糊精缓释效果探究》一课获上海市教学评比一等奖；先后有超过 100 位的学生在全国或上海市青少年科技创新大赛中获奖。以今年为例，参与数字化实验的学生中，有超过 70% 选择理工科学类专业，有超过 90% 的学生进入了 985、211 高校的综评面试环节。

学生的创造力是发散的，课程内容却无法时时更新，其中有着不可调和的矛盾，所以创新课程的开发远没有到完善的程度，要在实践过程中找到课程实施与发展学生创新能力的平衡点，让学生在学习的同时又能尽可能地发散思维，就需要创新课程的不断发展。

同时，学生也是多样的。现阶段的课程相对适应热衷于课题研究的学生，高考改革之后，学生对研究性学习的期待与日俱增，我们需要时时跟进，开发适合不同学习阶段、不同能力取向的学生的课程，最好是每个学生都有一套深度定制的课程，真正做到"因材施教"。

高中学生的课业压力非常大，大多没有实验和理论方面的铺垫。任何科学研究都是基于理论基础和实验基础的，缺少了这些，课题研究只会流于形式，学生也只能是科学实验的操作工。通过体验式的自主学习，学生既能获得科学研究带来的成就感，也会了解到科学研究的复杂、困难与失败。只有了解了真实的科学研究，才可能真正喜欢研究，热爱科学。

最后我还是想说，"最近比较烦"，课程还要不断发展，久而久之我已习惯，大家的关心让我温暖，学生是我最甘心的负担。

（原载《教师月刊》2021 年第 12 期）

庄丽如：麦田上的教育诗

　　庄丽如 **《教师月刊》2021年度教师。**笔名追小忆，生于广东省潮州市江东镇，2010年毕业于韩山师范学院汉语言文学专业，现任教于广东省东莞市松山湖中心小学。出版个人诗集《爱，在边缘》，编辑儿童诗集《60个孩子的诗》，参与东莞文化馆诗集《给孩子们的诗》的编辑工作。在自己的公众号上开设"小忆讲阅读""小忆讲作文"等专栏，"小忆讲作文"相关文章被评为"松山湖优秀教育成果"。

　　"梦想是什么颜色的？"庄丽如老师笑了笑说："梦想，就是麦田的颜色！"

　　这个答案在我的预料之中，因为我早已知道"麦田"是她的教育原野，"守望"是她的教育初心。

　　在这片麦田，庄老师已默默耕耘了12年。她坚守教育本色，抵制浮华，远离喧嚣，只愿为每一个来到她身边的孩子埋下真善美的种子，埋下文学的种子。她的期许是，"以日以年，静待花开"。

　　在这片麦田，教育是一首追梦的诗。她创办小忆童心诗社，带着诗歌走到学校各个角落；联合当地各种文化机构开展相关活动，引导和鼓励整个松山湖的孩子参与诗歌创作，引起热烈反响；她还开办"草地诗会"，给家长、孩子讲诗歌，上童诗公益课。孩子们的诗，为每一个草坪添了翠绿。

　　在这片麦田，教育是一场美好的阅读。"让每一间教室都透出阅读的光"，

晴耕雨读好教师

这是她心之所向。每天清晨，庄老师都会在教室里静心读书半小时，在公众号讲阅读、讲写作，用日复一日的坚持，积极影响每一个孩子。她带着孩子们在书中遇见很多有趣的、可爱的、真诚的灵魂，遇见更美好的自己。

在这片麦田，教育是一个真诚的拥抱。"让大家因为你的存在而感到特别温暖"，这是庄老师经常对自己说的话，也是她经常对孩子们说的话。做一个有温度的教师，建造一间有温度的教室，这是她的方向，更是她的行动。

（吕群芳）

我们为什么成为一名教师？朱永新老师《致教师》一书中，第一个问题便让我驻足思索。是的，我为什么当一名教师？面对当下压力重重的教育，我可以做些什么？

《麦田里的守望者》一书，有一个重要的词：守望！教育不是控制，也不是放纵，在紧张与松弛之间，有一种态度：守望！

教育是一首需要炼造的诗 ▼

"露珠""金子美铃"……清晨，粹墨轩的教室里传来了孩子们朗读童诗的声音，如同春日里的百灵鸟，唱着最动听的歌。一个人的一生最好能有诗歌的照亮，一个人的童年最好能有诗歌的滋养。

这些年，我大量阅读童诗，挑选适合孩子的童诗，课前与孩子们一起朗读。课堂上，我们彼此分享自己喜欢的诗歌，我们尝试把课文改写成一首首诗。学完《走月亮》，我们的笔尖流淌出一首首与月亮有关的诗；学完《现代诗：二首》，我们开启自己的诗集创作之旅，致敬现代诗的前辈们。诗歌创作，让每个孩子都沉浸在文字表达的魔方中，就连科学课上养蚕孵小鸡的故事，也被他们写进诗里。

既然诗歌能激发孩子们的写作兴趣，何不让这份热爱传播得更广？为了让更多孩子享受到诗歌创作的乐趣，这些年，我和东莞文化馆的"小诗人沙龙"一起推广童诗创作，面向东莞本地的家长和孩子们普及童诗阅读。

2020 年，在学校的大力支持下，我创办了小忆童心诗社，带着诗歌走到学校各个角落。短短一年时间，我们的孩子创作了上千首诗歌，作品多次发表于各类平台，广受好评。12 月，与松山湖图书馆一起开设诗歌创作营，让整个松山湖的孩子参与诗歌创作，引起热烈反响。时隔一年，再次应邀作为松山湖图书馆诗歌创作营的指导老师，带着孩子们走进诗歌的美妙世界。

这些年，随着电子产品的普及，很多孩子被网络束缚住。为了引导更多的孩子放下手机，走进大自然，亲近大自然，自 2021 年 10 月开始，我定期上草地诗歌公益课"自然绘童诗"，每周日下午，我和孩子们带着笔和纸，来到绿油油的草坪上，捕捉大自然的灵感，书写自然中的美好诗意。

在各种诗歌活动的带动下，越来越多的孩子和我们一起，感受着诗歌独有的魅力。不管窗外风起云涌，不管时代如何喧嚣，至少我们还有诗歌，以及童年的梦想。诗歌，唤起孩子们对大自然的热爱；诗歌，让孩子们懂得观察身边的一切；诗歌，让孩子们热爱任何有生命的动植物；诗歌，让孩子们找到表情达意的途径。一轮明月在他们的眼里，是一个调皮的小精灵，跑到天上去荡秋千；一只小小的蚂蚱，在他们看来，是迷了路的小孩，需要我们帮她找到回家的路；一朵小花，藏在小草之间，于他们而言，是在捉迷藏；一只四处逃窜的壁虎，不用担心遇到一群写诗的孩子；一片叶子的落下，只为成为孩子们眼中的主角……自从用诗歌打开了看世界的窗户，一切都变得不一样：那一颗颗纯洁的心，慢慢滋养出真善美的品质。

教孩子们写诗，不是为了让他们成为诗人，而是为了激发他们对生命、对文字的热爱，培养想象力，点亮梦想，点亮人生。可是，因为诗歌，很多孩子的梦想就是成为诗人，成为作家，因为他们感受到了作品得以发表甚至获奖的激动与喜悦。教室的墙壁，学校的展示栏，随处可见孩子们的诗歌作品，每次家长会或班级文化展示，孩子们手中一本本精美的诗集成为最耀眼的光。

看到孩子们朗读童诗时发亮的眼睛，我更加坚定自己的诗教之路，一切都是值得的。我希望通过诗歌，引导孩子们静下来，慢下来，沉浸到学习的乐园中，做一个纯粹的孩子，也让自己，做一个纯粹的教书人。

教育是一首可以通过阅读去获取的诗 ❯

清晨，当我打开窗帘时，第一缕阳光照射在课桌上，教室瞬间明亮起来。早晨七点半到八点，是我的阅读时间。这个时间，用于阅读，雷打不动，我以日复一日的坚持，积极影响每一个孩子。越是喧嚣，越需要回到安静的阅读。

在繁杂的教育工作中，我专心做一个语文人该做的事：坚持阅读，坚持写作，坚持思考；坚持带着学生阅读，遨游在文字的世界里；坚持指导学生创作，在实践中不断思考，点滴成文；坚持编辑公众号文章，分享教育教学心得。希望通过这样的坚持，让更多的孩子由内而发，爱上学习，爱上校园。

阅读与写作，是语文教师最坚实的阵地。每读完一本书，我都会尝试整理自己的体会，并发布于公众号上的"小忆讲阅读""小忆讲作文"这两个栏目，以此督促自己的阅读与写作。久而久之，学生也受到影响，开始跟着自主创作。公众号从一开始记录自己的阅读痕迹，慢慢发展为记录师生的写作之旅。写着写着，我们有了班刊《梦源松湖》；写着写着，我竟然写了20篇"小忆讲作文"，还被评为松山湖优秀教育作品，并结集成《写作，真好玩》一书出版。

作为一名教师，我有的是朴朴素素的诗歌，安安静静的阅读。我喜欢带着孩子们遇见一个个有趣的、可爱的、真诚的灵魂，这些灵魂，充实了我们的生活，丰盈了我们的生命，同时指引着我们应该往哪里走。

让每一个来到我身边的孩子，爱上自己，爱上阅读，爱上这个大千世界，是我的初心所在。阅读是一种如呼吸般的自然状态，每个孩子走进教室，一坐下来，便手捧书卷，是我的追求。每一间教室都透出阅读的光，孩子们在阅读之光的引领下，不仅学会了关爱他人，关爱身边的每一个生命，也学会了用语言文字描绘自己的梦想。每一次阅读分享都是一次思维的碰撞，每一次阅读交流都带来更多的思考。阅读，不仅改变了孩子们看待生活的目光，同时引领他们去遇见更美好的自己。教育，在阅读中谱写美好的日子，在阅读中荡漾着盎然的诗意。

教育是一首写着温暖与爱的诗 ◥

"老师，阿林骂我。""老师，阿刘把东西丢到我桌子底下不肯捡。"……小学的班主任老师，一天到晚，总会接到许许多多类似的"投诉"。如果不能妥善处理这样的问题，那这些问题很可能会一直困扰着我们。关爱孩子，需要走进孩子，不仅是靠近他们，还要倾听他们，"释放"他们。有些孩子作出"过激"行为，也许只是为了引起教师的关注，也许只是他心里有话，心里有情绪，需要教师倾听和帮助。

那天，两个孩子在班上动手"打架"，看到我来了，提高音量相互"告状"。我做了一个"安静"的手势，走到他们身边，轻声说道："对我来说，影响别人阅读是一件很不好意思的事情，如果我是你们，我会很惭愧。毕竟打架不是好事情。有什么事，可以和我一起到教室外面聊一聊。"事实上两个孩子并没有多大的冲突，无非是不小心的碰撞，又缺乏有礼貌的沟通，导致情况恶化。

我摸着两个孩子的小手，左看看又看看："有没有受伤？我可不允许班上任何一个孩子伤害自己或者伤害别人的哦。没受伤就好，那么我觉得这两双小手，一定很难过，它们应该不愿意去打架，你们觉得呢？"孩子们抬头看着我，又看了看彼此，不好意思地低下头。

"不知道有没有更好的动作来代替打架呢？"我把两个孩子拥过来，打开他们的手臂，"不妨给彼此一个拥抱吧。"他们开心地拥抱起来，转身又一起玩去了。随后，我写下一首小诗，贴在后黑板上：

我相信
追小忆
我相信
比拳打脚踢更好的动作是
一个拥抱
比彼此谩骂更好的语言是

你还好吗

比互相指责更好的方式是

一个微笑

我希望孩子们，用微笑带给别人快乐，用拥抱带给别人温暖，用关爱带给别人感动。

"让大家因为你的存在而感到特别温暖。"这是我经常对自己说的话，也是我经常对孩子们说的话。一个教师对教育的态度，决定了他所带班级的温度。做一个有温度的教师，造一间有温度的教室，这是我的方向，也是我的行动。

守望这片教育的天地，守望孩子的童年时光，用诗歌点燃教育的激情，用诗歌点亮学生的人生。正如《小王子》一书所说的，星星发亮是为了让每一个人有一天都能找到属于自己的星星。

（原载《教师月刊》2021 年第 12 期）

第三辑　深耕课堂

学习共同体：保障每一个儿童的高品质学习权

> 　　**学习共同体** 《教师月刊》2019年度教师。2000年以来，华东师范大学钟启泉教授的团队一直在做学习共同体的研究。2007年，陈静静博士赴东京大学佐藤学研究室访学，回国后开始致力于学习共同体本土化改革的研究与实践。学习共同体以"保障每一个儿童的高品质学习权"为核心愿景，将倾听儿童声音、回归教育本真、坚持研究立场、师生共同创造作为根本使命，以公益志愿团队为形式，联动研究者、校长、教师、教育管理人士及社会支持者协同研究。

　　2017年，在上海真爱梦想公益基金会潘江雪理事长和有关爱心人士的支持下，陈静静博士带领学习共同体团队架设完成组织与执行架构，形成以院长为核心，以学术委员会、指导委员会、政府委员会及社会委员会为骨干，以领衔学者联合会为支持，以六个省市的研究团队为依托，以两大领航学校为基地的团队发展框架和教育服务体系。

　　十多年来，学习共同体本土化研究团队扎根浦东，立足上海，辐射全国，其工作及成效大致体现在如下七方面：第一，全面了解中国课堂的复杂教育生态，以全身心参与的方式，对中国教育的现实作全方位的调研和体察，明确了研究的问题域；第二，全学科、全学段、多地区、高频次的课堂观察与课例研究，确立了本土化课堂观察的基本方法，即基于焦点学生完整学习历程的课堂观察，探索课例研究的新方法；第三，以大量的学生学习为核心的课堂观察和课例研究为基础，进入课堂研究的核心领域，课堂研究与实践互相促进，形成了学习共同体本土化课堂样态，并形成一系列高品质论文和论著，一些研究成果开始引领课堂研究的话语系统；第四，越来越多的教育教学专家加入进来，带领一线教师共同研究，互相学习，培养和带动了一批有境界、有能力、有前景的优秀教师，坚定了研究与创造取向的教师专业发展之路；第五，各个学段学生的学习心理、认知方式的研究不断深化，通过课堂变革来促进学生真实学习、深度学习；第六，公益性高峰论坛形成系统，参与学习共同体的专家、学者、教育同人的研究专注度和研究水平不断提升，"论坛"在业界的引领作用日益突出；第七，"多元支持计划"让更多的地区加入到实践中来，开始从试点阶段进入大规模的孵化阶段，实践样态和经验不断丰富。

（黄建初）

2007 年，我在华东师范大学读博士，师从钟启泉教授，在国家留学基金委的资助下，到日本东京大学佐藤学教授研究室进行了为期一年的研究活动。这一年为我的研究生涯开启了新的方向。

佐藤学教授带我们去参访的学校绝大多数是学习共同体的学校。走进这些学校的课堂，有一种特别宁静淡然的感觉。所有人都是安静地等待、平静地守护，互相倾听，彼此包容，教师没有忙于赶进度，而是精简了学习内容，更加注重从学生的角度作学习设计，让学生自主思考，相互探讨，有序地发言，自己静静地倾听，不慌不忙地记录、串联。所有的孩子在这样的课堂上都可以安全地说出自己的想法，每个孩子的想法各具特色，且都会受到尊重和接纳。进入这样的课堂，人的内心温暖而舒畅，自然而然地平静下来，进入学习状态。这或许就是理想的学习状态吧。

那个时期，我读了很多关于日本教育改革的书，包括佐藤学教授的很多专著，如《教师这一难题》《教学改革的设计》《教育方法学》《新时代的教师》等。佐藤学教授非常同情教师所处的困境，他理解教师工作的不易，称教师工作具有很强的"不确定性"和"非线性"，但是他也同时提出教师应该成为专家，教师职业应该是专业性很强的工作，而不是"容易的工作"。佐藤学教授长期与校长、教师一起工作，一起研究，非常了解他们的处境，所以他总是带着同情与悲悯的心态看待教育领域中的每个人，同情教师也同情学生，所以他的研究带有很强的"人情味"。我也因此学会了避免单向度地对教育现实进行指责和批判，并且生发了在困难中建构的勇气。

实践中的问题和困境，推动着我的研究不断深化 ◥

2009 年博士毕业后参加工作的三年中，我到华东师范大学二附中附属张江中学、建平中学、福山外国语小学等多所学校作持续的观察和研究。三年的时间里，我全情投入地去观察学生，尝试去分析和解决老师们遇到的问题。我当时并没有具体的研究目的，只是用自己的眼睛、耳朵和心灵去观察和体会，我乐于了解课堂内外的每一个人、每一件事情，不关乎任何外在的目的，就是单纯喜欢，被课堂中学生学习的奥秘所牵引，对课堂中发生的真实事件着迷。对于学校、对于课堂、对于教师，我越来越熟悉。我设身处地把自己当作学生，从学生的角度来理解课堂上发生的具体情境，和老师们一起分析这些情境，或者读相关的书，或者自己琢磨、研究，想办法去解决困难。正是实践中的问题和困境，推动着我的研究不断深化。

现实的问题看似杂乱，但总结出来还是有一定的逻辑的，这也许就是所谓"实践的逻辑"吧。存在总有其合理性，如何理解、解释这种合理性，又如何解构这种合理性，加入新的要素，渐进式地改变实践的具体样态？这样的研究往往都需要与实践的充分对话。课堂的转型、教育生态的改变最终要通过教师们的双手去实现，即便是实践取向的教育研究者，也无法通过自己的双手去改变一个个课堂、一所所学校。因此，理解教师的立场和实践的逻辑就显得极为重要。

课例研究持续了七年，其间我们的同伴不断增加，参与的学校也在不断增加。一直坚持下来的伙伴们在学习共同体的研究和实践方面都积累了一些经验和成果，但还需要得到进一步的引领。2016 年 6 月，佐藤学教授来上海访问，借此机会参访了浦东的一所小学——东方小学，观摩了一节戏剧课和一节美术课，还就艺术教育的意义以及如何通过艺术教育来培养学生的创造力作了即兴演讲。参与活动的同人们深受启发。

随后，我和伙伴们筹办了第一届学习共同体暑期工作坊。我们提出了自己的主张，即学习共同体的工作坊要按照学习共同体的方式来进行。参加工作坊的有以钟启泉教授为代表的多位专家学者，还有一线的校长、教师，与会的每一个人都有席卡，四人一组，每个组都有海报纸、彩笔、便签等，以备讨论和展示之用。上午播放课例录像，选取录像中的典型场景，由一位主持人介绍情况，所有的人通过小组讨论和展示，对课例展开分析。下午主要是《教师的挑战》《学校的挑战》两本书的共读和研讨。很多领航教师都是从那次工作坊当中走出来的，王晓叶老师、程春雨老师、芮莹老师等经常回忆参加暑期工作坊的独特感受，他们都觉得那种完全平等的、相互倾听的环境，令人产生表达的愿望，并愿意投入更多的情感。

课堂改革不能让学生缺席 ◥

连续三年的学习共同体暑期工作坊，变成了"领航教师研究坊"。只有研究才能找到出路。与会者除了上海本地的同人，还有来自全国各地的学习共同体的践行者们，从第一届的 100 人发展到第三届的 500 多人。这三期暑期研究坊培育了很多优秀的领航教师，也吸引了越来越多的学科专家。我坚信，通过大家在更大的平台上不断互动、交流、共商、互学，一定可以引领更多的学校、教师前行，引发教育系统内外的共同努力，把这样的愿景变作现实：保障每一个孩子的高品质学习权，倾听儿童声音，回归教育本真，坚持研究立场，师生共同创造。

今年的第四届领航教师暑期研究坊，我们特别邀请了刚刚毕业的学习共同体高中实验班的孩子们。这批孩子，在 2016 年 10 月与他们的班主任郑艳红老师共同开启了大陆首个学习共同体高中实验班的尝试。彼时，他们尚未意识到这次尝试将带来多么卓越的教育财富。2018 年初，我们就在考虑如何让这批学生——学习共同体第一批"领衔学者"发挥更大的作用。于是在学习共同体研究院的支持下，这个班的 40 多位学生开始策划和组织"创新、创造、创生——学生引领未来课堂变革"的论坛，邀请平和双语学校、建平中学、建平实验中学、华东师范大学二附中的同学们前来参加。学生们通过课题成果讲座、辩论、公开课、答记者问、发明展示、才艺表演等方式，向与会老师们展示了高中学子的风采。看到学生们自由地表达对教育的看法，理性地分析当前课堂中存在的问题，热烈地讨论教育改革的困境与出路，老师们感到震惊，不禁感叹：我们对于学生还是太不了解了，原来学生们这么了不起。

我们提出了一个倡议："课堂改革不能让学生缺席。"在这次论坛上，我们成立了"学习共同体·领衔学者联合会"。也是从这次论坛开始，我们所有的大型研讨活动都邀请学生作主旨发言。在我们看来，学生才是课堂的真正主人，学生的心声正是我们应该去倾听的，学生的发展是学习共同体课堂最好的代言。

也是在今年，教育部重点课题"基于儿童深度学习的教育生态重构"立项成功，我们的研究团队向新的发展阶段进发。从儿童的学习和发展需求出发，我们对整个教育生态提出了重构的计划和方案，每个人都扎扎实实地以此为愿景不断努力。我们相信，每个人都做一点点，教育生态就会发生积极变化。

前不久，我们举办了一次儿童学习心理研究的研讨会。来自学习共同体学校的家长们和孩子、老师以及相关研究者共同参与了活动。研讨会本来仅开放上午半天时间，但研讨中不同视角、不同背景的碰撞，让活动爆发出来异彩纷呈的光芒。下午所有伙伴继续研讨。当听到每个人从孩子们的困境出发，反思自己的人生经历时，我们看到了一种同情与共鸣的希望，看到了对人性无限的尊重和寻求彼此共存共荣的期待。

研讨结束后，我们的学生研究者当场作了一次调研，就大家各自的兴趣和擅长的相关信息作了汇总，规划了后续六次心理工作坊，将面向所有家长开放。

走向系统化、基础性的研究

学习共同体把"平等"与"高品质"作为核心愿景的两个关键词，并形成了三个同心圆的结构：最核心是学生之间的协同互助，每个人都能安心地投入学习；第二层是教师之间的互相敞开、合作互学，形成教师之间的专家联盟；第三层是学校开展持续课例研究，保障学生的学习权，保障教师的专业学习机会，家庭和全社会也参与其中，共同为学生的发展努力。在我们看来，学习共同体是对教育生态的系统性改变，我们每个人既是变革的推动者，也是变革的受益者。

在这样的变革中，我们发现，一线教师目前的核心困境在于缺乏对日常教学的敏锐判断，即缺乏研究，连最基础的研究都没有接触过。在遇到困难的时候，完全手足无措，能够遵循的往往只有"专家讲座"或者老教师的经验，或者若干年前自己受教育的体悟。这从一个侧面反映出我们的研发太不足了。必须进行课堂的系统性研发，开展学科本质的研究、对学生基本认知方式和心理发展的研究，对学生真实学习的研究，等等。这些系统化的研究责任落在谁的肩上？首先就是我们研究人员。其中最核心的问题是研究方法的转型。

我们要推动所有的教师成为研究者。我们把理论和实践相互贯通，目的是解决实践当中的问题，不单解决教师需求，而且引领教师的未来发展需求。这就是系统化基础性研究一定要解决的问题。我们所有的人，都必须肩负起这个责任来。

在不断实践和总结的基础上，我们首创了"基于焦点学生完整学习历程的课堂观察与关键事件记录"（Learning-process Observation and Critical-incidents Analysis，简称 LOCA）的课例研究方法，进一步深化课后研讨和改进的方式，探索培训教师作课堂观察和研讨的策略和方法，让每一位教师都可以参与进来，真正向学生学习，在课堂观察中找到反思和改进的线索，让课例研究走进日常研究生活，以此撬动课堂变革。这一研究成果也在海外得到了认可。今年4月，应美国杜威学会（John Dewey Society）和莱昂纳德·维克斯（Leonard J. Wakes）教授的邀请，学习共同体团队参加了美国教育研究协会 2019 年会（AERA，2019），并作了两次主题分享与报告。

维克斯教授一直非常关照和乐于参与学习共同体团队的研究。5月，维克斯教授来到上海，与我们研讨如何培育"英雄教师"；8月，维克斯教授与我们一起前往内蒙古赤峰市克什克腾旗，参与当地的教育生态变革；10月，我们和教授又相聚上海，细化学习共同体的发展脉络，并启动在海外的学术传播与分享。教授说，"你们就是我在上海的家人"。这种淳朴而热烈的信赖，让我们深受感动。

　　走进课堂一线，扎根课堂研究，肩负起教育的道义与责任。我们不是社会的旁观者，而是命运的共同体。孩子的梦想就是我们的"真爱"——我们相信共同体的力量。

　　（原载《教师月刊》2019 年第 12 期，陈静静执笔，上海真爱梦想公益基金会学习共同体研究院执行院长谈杨对本文也有贡献）

第四辑

爱的课程

　　深耕课堂，不止于课堂。它为了人的自我实现和共同生活，指向人的全部人生和完整生命。在这个意义上，课、课堂、课文、课业、课内课外，便具有了"爱的课程"之意味。此一辑，七位"年度教师"，有校长，有教研员，有班主任，亦有音乐教师、美术教师。或着眼于学校文化重建，或致力于班级生活提升，或专注于学习项目整合，或醉心于乡土资源再生，他们有一个共同的名字叫"'爱的课程'创造者"。

赵群筠：学校是师生成长的路

敖双英：我和孩子们的课程生活

聂 焱：美术是非常好的主题整合载体

覃丽兰：每一个轮回都是一次重新审视

王 干：好好地『玩』一把

王美华：我的青浦，我的田歌

李建华：我的教育表达式

赵群筠：学校是师生成长的路

赵群筠 《教师月刊》2012 年度教师。生于 1970 年。浙江省特级教师，中国教育学会第八届初中教育专业委员会副秘书长，浙江省中小学生减负工作专家指导委员会委员，浙江省优秀青年教师，全国语文学习科学专业委员会浙江省分会副会长，浙江省名师名校长工作站导师，"浙江省中小学领雁工程"理论和实践导师，杭州师范大学首届讲席教授、硕士研究生导师。被杭州、深圳、西安等地教育部门聘为专家顾问、特聘导师。曾先后担任杭州市文晖中学校长，杭州市拱墅区教师进修学校校长（区教研室主任、区科研室主任），拱墅区教育局副局长、局长等职务。出版《语文教师的实践研修故事》《爱的语文》等专著。

如何调和素质教育与应试体制的内在冲突，并以合宜的改革实现既"育人"又"提分"的目的，大概是诸多有抱负、有想法的教师、校长所面临的时代命题。在这一点上，作为语文特级教师和教师培训的亲历者，赵群筠校长交出了一份令人满意的答卷。

无论什么岗位、什么身份，她都努力践行"做人如水，做事如山"的人生信条，不断追求"做智慧而从容的教育人"的人生目标。无论上课还是办学，她始终坚信"用平和的心态积极迈好每一小步，一定能收获意想不到的成功和快乐"。她从一个个细节入手，致力于促进师生的文化认同和自我认同，一步步改造学校文化、课程文化、课堂文化和师生交往文化。短短两年

第四辑 爱的课程

155

多时间，她和师生们一起创造了一门可以称之为"感动"的课程，走上一条属于每一个"我"的最美道路。

2012 年 8 月，她又被任命为杭州市拱墅区教师进修学校校长、区教研室主任、区教科室主任。她说："教研工作应该是水，所经之地，生机勃勃、万木葳蕤……"

（王小庆）

在文晖中学的校园里，我和老师、同学们修建了一条"文晖路"，从"相遇"到"光明"，共九站。

这条路，让我时时想起与文晖的相遇。

来文晖中学之前，我是一个语文教师。我对教育的理解就是对一个语文教师的理解。我也做过几年培训，带着各种语文教师团队，享受着一个个研修故事。

直到有一天，我被任命为杭州市文晖中学校长。

刚上任那几天，我的思绪很乱，整晚整晚睡不好。当下社会对于学校的评价太过于单一，升学率等于教育的一切。在这样唯分数是瞻的教育环境中，我看见的是从教师到学生再到家长都被异化，他们像流水线上的各个零件，没有了教育本该有的温度。

我在心里不断地问自己：面对花儿一般的学生，你能给他们什么样的教育，你想办一所怎样的学校？多年的教育经验告诉我，教育是为未来的社会培养新人，是孩子们离开校园后能陪伴其一生的习惯和品质。而教育的改变，是从教师和学生的内心悄然发生变化的那一刻才真正开始的。

我想找到一条通向心灵的路，我想办一所能听得见思想声音的学校。

面对教师，我更多的是倾听。2010 年我与他们通过邮件分享"幸福·岁月"，记录下自己一年中遇到的或开心或感动或浪漫或过瘾或委屈或后悔或遗憾的事。2011 年和他们一起"做从容而智慧的老师"，记录下自己一年来的点点滴滴。两个暑假，我都被老师们朴实生动的文字感动着。当你给予老师们一个倾诉的通道，就会发现他们的可爱和对你的信任。这样无障碍的交

晴耕雨读好教师

流能更好地增强团队的凝聚力。

我和老师们改变了寒假作业的形式，改变了命题的方式。我们力求每一次教研活动都能触及每一个人"思考"的神经。一个学期下来，我们只做了很少的几个教研活动，却慢慢地进入了教研的状态。半年后，效果出来了，期末区"统测"大获全胜！其实我们只是做了一些小小改变而已。大家很惊讶：原来"应试"可以这么简单。我们不需要加班加点，不需要布置大量作业。需要的只是调动自己的智慧！

其实，我只是为老师们提供了一种节奏，创造了一种心境。

这也许就是学校文化和个体文化的互相认同、互相促进吧。我们的"校训"是："我的道路是最美的"，强调的是"我"而不是"我们"。这个学期我给老师们作的第一个报告，主题就是"我和我们"。我期待自己，也期待老师们都能够从"我们"中找到"我"，再由"我"回归"我们"，最终实现"我"和"我们"的相容与相融。

"到学生中去，做他们童年中亲爱的人。"一个校长离学生有多近，离真正的教育就有多近。每天徜徉在校园中，学生的一笑一颦都牵动着我的心情。

一位初二女生捡起楼道上的一张纸，我当着全校师生的面给这位百合一样美好的女孩送了一大束百合花。我要让孩子们明白：一切美好的行为，都应该得到褒扬。初二的几个男生考试作弊，我写了一封公开信并在全校宣读，我要让孩子们明白：做了错事就要直面惩罚。也许有人认为，这些小事由班主任处理就行了。而我的想法是，教育的力量就隐含在这些"小事"中。

面对中考，孩子们真的不容易。负担往往来自他们的内心。我们要做的，就是让学生内心的负担轻下来，使他们能够从容而专注地去学习，去做他们在这个年龄应该做的事情。学习之外，我们开发了丰富的德育课程，从"梦想""感恩""健康"到常规教育，注重体验，强调参与。追求共鸣，以达成心灵的相互成全和生命的共同成长。

2012年春天，孩子们寒假返校的第一周，我们和家长带着孩子们一起去爬杭州的北高峰。出发前，我告诉孩子们：第一，学习如攀登，关键处你必须咬紧牙关坚持；第二，在你攀登的时候，能够陪在你身边的，一定是你最亲的人，好好珍惜他们；第三，不要忘记欣赏两边的风景。那一天我们在山上看到了皑皑白雪，万物银装素裹，漂亮极了！孩子们收获了坚持的勇敢和快乐，而我感受到了一种前行的力量。

马上就要中考了，孩子们惊讶地发现，这一天学校所有的老师都穿着齐整的红衣服！中午，师生们共同参与欢乐的拔河活动，整个操场就像一片红色的花海。这是力量的传递，更是心灵的相依。后来有家长给我打电话，说在那个本该焦虑不安的晚上，孩子睡得特别香。是的，让每一个孩子带着从容的微笑走进考场，这是我们可以为即将毕业的孩子们做的。今年中考，文晖中学再创辉煌。我想，这分数进步的背后，是我们拥有的最美好的东西。

毕业典礼，隆重庄严，欢乐难舍。亲爱的家长们都来了，孩子们昔日的老师都来了。我们一起伸出了手——文晖中学 Logo 的核心元素是一只舒展的手及其三条纹路：情感路、事业路、健康路；只有这三条路都是美的，人生才算圆满。这就是文晖中学的文化密码，也是文晖中学的文化使命。我们特意安排中考状元和一个考上职高的孩子同台发言，这位上职高的女孩子，美丽、自信，她的话语让台下的人无不动容。我含着泪，听到了花儿开放的声音。

难怪有人说，文晖中学的孩子肯定是今年让杭州感动次数最多的孩子。

校园里那条"文晖路"，从"相遇"开始，途经"渴望""约束""云端""自我""男子汉""选择""创造"，一站又一站，最后到达"光明"。

不管你在哪一站，孩子，我都愿意和你一起"从容而智慧地走过"。

我在这里，文晖中学。

（原载《教师月刊》2012 年第 12 期）

晴耕雨读好教师

敖双英：我和孩子们的课程生活

敖双英 《教师月刊》2012年度教师。1974年出生，1993年毕业于湖南省桃源师范学校。作为乡村教师，努力"过一种幸福完整的教育生活"。立足乡土，重建教室，研发课程，教学相长，学生在写作、阅读、书法、绘画、体育等方面都有出色表现。

敖双英以感性的爱心，滋养着大半都是留守儿童的学生。每天黎明，她带着学生跳绳、跑步、登山，放学后，她和学生一起交流、写作，带领孩子安全出游200余次。她倾尽积蓄，购买数千册优质童书及投影仪、摄像机等，打造出硬件一流的教室，全方位陪伴学生成长。她更以理性的智慧，突破了山区环境对教师专业发展的局限，单枪匹马加入新教育实验，从新教育课程的践行者逐渐转变为研发者，结合当地特色开发出本土课程，让孩子们快乐学习。2012年，她获得新教育"完美教室缔造者"的殊荣，用生命诠释了"过一种幸福完整的教育生活"的含义。

（朱永新）

第四辑 爱的课程

有一间童话般的教室，建在树林里，小溪边，打开门窗就能看到小鸟，走出教室就能采到野花，孩子们下课后能够爬树、打球，放学后可以到小溪里捉鱼、摸虾，周末能够到山上捡野果、采蘑菇，帮家里上山下田去劳动。有配备了各种现代化教学设施的教室，有属于孩子们的图书室，有一块劳动实验基地。一个教师带着十几个孩子，各个学科都能教授。孩子们就近入学，每天走读，早起帮家里劳动，早饭后到学校上课，第一节课是口头作文，在树底下谈自己早晨参加劳动的所思所感。上午和下午的学习之外，中午还有一个小时的艺术课程，全校学生依据兴趣爱好分组进行，有专门的教师指导。午饭在学校吃。每周放一次电影，孩子们吃过晚饭后和家长一起来学校看，第二天晚上邀请家长和孩子们一起讨论电影，相当于每星期开一次家长会，进行一次家长培训。每个周末，孩子们自由选择，或自己安排活动，或跟着老师去家访，或拜访村里的名人，或参观考察乡镇企业，或去外地旅游……

　　这就是我理想中的教育，我理想中的完美教室。当然，它们可能是不存在的。然而，我们可以向往童话，期待完美。一间完美的教室可以给孩子什么呢？我想，一个孩子应该在教室里学到他一辈子要用到的东西。我们要让孩子的身体和心理都保持健康，热爱生活，尊重他人，乐于与人合作，懂得感恩家人和社会，能有一技之长……我想，我的教室，永远都不会完美，但它一直走在朝向完美的路上。

　　我的教室是一个普通乡村小学里的普通教室，学生人数多，留守儿童多，家长文化水平低。和其他班级一样，学生要做的"基础训练"和作业、练习非常多，每学期至少十几套。不过，我只让孩子们做"基础训练"，节省下来的时间，我们用来阅读，用来学习"新教育"的儿童课程。

　　2012年，我和007班的孩子们升入了高年级，时间更紧张了，要做的事情却还那么多。可是没有办法，我不能着急，饭要一口口吃，书要一本本读，电影要一场场看，事情也只能一件件去做。每一天的课程，我是这样安排的——

　　6点50分，天还没有大亮，我和孩子们开始30分钟的晨练——晴天登山，雨天跳绳，这是我们雷打不动的晨练项目。当第一缕阳光升起的时候，我们在晨曦里吟诵诗歌，演唱歌曲。有时候也会开展诵读活动，到吃早餐的时候再下山来。

晴耕雨读好教师

上午、下午按学校的课表上课。课间，孩子们会记录以自己的生活片段为主要内容的班级微博，值日干部执笔书写每天一期的《班级日报》。

每天放学前半小时加上晚餐后 1 小时，合起来 90 分钟，是我们的阅读时间。天气晴好时，我们有时会到学校花坛边阅读童书，有时会到校外开展阅读分享活动；天气不好时，我们就在教室里静静地看书。

晚自习的铃声响后，教室里的灯亮了，我们就在灯光下交流读书心得。孩子们争着上台分享自己的阅读所得，展示自己，台下的孩子们则仔细倾听，也总有那么几个孩子常常在下面做鬼脸，搞点小动作，逗得台上的孩子发笑。

而每周的课程是这样安排的——

周一是电影课程。我们利用一天的休息和阅读时间来看一部电影。如果电影太长，就第二天接着看。看完后大家讨论交流，然后写下观后感。有一些电影没来得及讨论和记录，也是没有关系的。

周二是"旅游"课程。我们利用音乐课和午休时间来了解将要"旅游"的地方，欣赏当地民歌，到晚自习之前，出一份旅游手抄报。一年的时间里，我们"神游"了全国所有的省、市、自治区，教室里贴满了孩子们的旅游手抄报。

周三是童书共读课程。主要是阅读和讨论一些经典书籍。

周四是预习课程。主要是为下周的语文学习作准备。

周五是总结、书信课程。孩子们给家长写信，汇报一周的学习与生活；我也会给家长们写信，让孩子们带回家。

周六是艺术、考察课程。孩子们自由或分组进行，用这难得的周末来培养特长，或者去了解家乡，阅读大自然这本书。

周日是劳技、童话剧课程。孩子们在大自然的怀抱里进行节气观察、童话剧表演，有时进行阅读分享或者主题演讲，有时开展水污染、垃圾、水源、绿化、交通设施等考察活动，从生活中了解乡的现状，增强社会责任感。

孩子们踏踏实实的行动，不仅换来了自己的快乐成长，还赢得了额外的奖赏。2012年，在县里的学生书信大赛中，我们班18个孩子包揽了年级所有奖项；在期末考中，我们费时最少的语文学科获得全镇第一名的好成绩。

我所在的学校，由一所普通的乡村小学发展成为县、市、省三级名校，全校孩子因此受益。

也是2012年，我被"新教育"实验课题组授予"完美教室缔造者"的荣誉。

感谢"新教育"，更感谢和我一起成长的孩子们！

（原载《教师月刊》2012年第12期）

聂焱：美术是非常好的主题整合载体

聂焱 《教师月刊》2016 年度教师。生于 1983 年 12 月，毕业于清华大学美术学院，现为清华大学附属小学美术教师，东北师范大学兼职硕士生导师。在《中国少儿美术》《人民教育》《光明日报》等报刊发表文章多篇，出版《回到童画》《直至生命的臻美教育——一个美术老师的图文世界》等专著。

聂焱毕业于清华大学美术学院，是我们清华附小的骨干教师。他勤于思考，除了书画，还爱好写作。作为校长，我一直鼓励他在自己的本职岗位上做出点成绩来。

聂焱对教育很有感觉，教学上的把握很灵动，尤为可贵的是，他对儿童有亲近之感，善于让自己的课堂贴近儿童。聂焱工于技艺，更富有审美情趣和思想气度。这些都让他在教学上能够超越技术层面，成为一个能担起艺术启蒙使命的美术教师。他自己和他的画，就是孩子们的"活教材"。

这些年，聂焱积极参与学校的主题教学等活动，上主题教学课，上整合课。清华附小愿意为想干事、能干成事的人搭建平台。对于聂焱，我充满期待，希望他成为艺术教育的专家。

（窦桂梅）

第四辑　爱的课程

我在清华附小做美术教师，已经快十年了。"十年树木"，"十年磨一剑"，"壮士十年归"，"与君一席话，胜读十年书"，还有"君子报仇，十年不晚"……为何是"十"这个数字？为何是"十年"？似乎，十年是人的生命的一个拐点。十年，不长不短，我也到了可以为自己的美术教育写点东西的时候了。

我想，每个人对教育都不陌生，人一出生就处在教育与被教育中，所以，或多或少都会觉得自己有谈教育的资格。我到清华附小来教书，倒是没有太多的思想包袱，无论是现实的还是理想的，我总觉得我从学生那里获得的快乐是很多的，我的进步是自己能看得到的，我在自己生命最好的时光里遇见了美术教育，真是应了那句时尚之语——不是我在最美好的年华遇见了你，而是遇见你才是我最美好年华的开始。

清华附小把上好课作为教师最崇高的师德。我经常上的一节主题整合课是关于汉字的课。最早我是依着教材《有趣的汉字》来上的，教材里讲了些汉字的演变过程，然后用国画的方式来绘画甲骨文，并没有太多的趣味。汉字是中国文化的基础，本身就具有整合性，可以很容易地融合语文、考古学、哲学、书法等多种课程资源。于是，我融入了自己的理解，接下来就有了"象形文字的表现""文字·传达""汉字的表达"等系列课程。通过对汉字课的雕琢，在"文字"这个主题上，我的教育理解产生了很大的变化。

基于重整学校课程结构、创生适合的校本课程的理念和目的，清华附小构建了一套基于国家课程又高于国家标准的、符合清华附小学生发展需要的"1+X"课程体系。"1"是指优化整合后的国家基础性课程；"X"是指实现个性化发展的特色课程，包括学校个性课程和学生个性课程两个层次。"1"是"X"的基础，"X"是"1"的补充、延伸、拓展。两者相辅相成，融合共生，动态平衡，共同指向学生的发展。

如果说《有趣的汉字》是国家基础性课程，那么《象形文字的表现》就是优化整合后的校本课程，它用黑白画的方式装饰学生自己喜欢的甲骨文，

晴耕雨读好教师

在对甲骨文的想象中，可以添加学生自己喜欢的形象元素。于是，课程便向着学生充分打开。

我们美术组从整合教材做起。教材中的《画汽车》与《五彩路》，《画古树》与《多姿多彩的塔》等内容，都是彼此关联的，所以，我们便在"五彩路"上"画汽车"，在"宝塔"的后面添"古树"。我还根据清华园独特的地域环境，设置了低段学生画校园、中段学生画社区、高段学生画大学的写生课程。

有一次，我带着学生画社区的老房子，大家兴趣盎然，专心描绘，可有一个学生总是对楼房玻璃上的积灰感兴趣，涂抹着，玩弄着，无法专心于纸面写生。我心思一闪：学生不愿意在纸面上写生，那就让他在落满灰的玻璃板上作画吧。我随即引导学生，用手指作笔，尘灰作料，手指在灰中滑动。不一会儿，学生就在积灰重重的玻璃板上勾勒出一栋老房子，线条歪歪扭扭，富有沧桑感。学生与我都很高兴。

这样的教育故事，有赖于灵感，更缘于开放的心态。我觉得课程的整合需要教育心态的开放，如此，很多东西就会自然地生长起来。

在"1+X"课程体系之下，我开始尝试走班教学，开设艺术选修课程，同时向学校申请开设"哲学与绘画"课程。尽管对哲学的理解还比较浅薄，但我愿意尝试，就自己的所读所思与学生交流。我跟学生聊希腊哲学的故事，聊哈佛电车难题，希望给学生一个开放的课堂。我让学生画"教育给你的感觉"，画"生命给你的感觉"。我越来越关注学生的思维过程，注重美术课的思维品质，而不是简单地让学生画一幅完整的作品。

在这个过程中，我愈觉原来的一些课程设计还没有完全调动学生的思维，很多学生还没有感受到美术里更深刻的东西。我想把汉字放到更广阔的文化背景中去，启发学生重新思考文字所传达的意义与价值，让课堂变得更有思考的意味。在不断激活学生思维的过程中，我的课程开始融入当代艺术的元素。

我还经常上公开课。有时会很得意于自己在公开课上的表现。这是一节有关艺术情绪的公开课，我以"疯狂"为主题，以"什么是书法"切入，串联中国书法与西方抽象绘画，跟学生讲张旭，讲波洛克，讲线条及艺术形象背后所隐藏的情绪及情感，兼谈舞蹈等各种艺术的"疯狂"。

我想告诉学生，艺术家的疯狂是一种沉浸、专注、激情及享受的状态，好的艺术就是在疯狂与对疯狂的控制中诞生的。正当我陶醉于自己口吐莲花、张弛有度的上课状态时，一位女生冷静地说："疯狂到了极致就是安静。"全场顿时都安静了下来，我上课的"疯狂"也安静了下来。我突然发现，我在课上说了这么多，都抵不过学生的一句话——那么妥帖，那么震撼，那么耐人寻味。

这种主题课还可以有艺术的悲伤、艺术的哭泣、艺术的欢乐等，可以延伸很多。在这般课堂里，教师的主要任务就是引导学生说出自己的见解，表达自己的思考。学生的回答总是让我思绪良多，灵感不断。记得我问学生什么是美时，他告诉我，美是看了第一眼还想看第二眼的东西。我跟学生交流达利的画《记忆的永恒》时问他们："是先有时间还是先有人？"有学生说人先于时间而存在，因为时间是人所发明规定的，有学生说时间是人发现、总结的，但不代表人之前就没有时间，要看怎么理解时间的定义。这时，有个男生站了起来，很肯定地告诉我："一定是先有时间，因为人也在时间里。"我特别喜欢这个说法，觉得学生的见识很高。

清华附小提出，要借助合适的工具撬动课堂教学，让学生的思维显性化，让学生的学习真实地发生。和其他同事一样，我越来越关注学生的情绪和感受，希望利用学习工具来帮助学生，把时间还给学生，让他们独立思考，细腻感受。

在《汉字的表达》一课中，我特别在意学生对汉字的感受，努力还原远古的情境，师生一起体验、想象在文字语言还没有出现的时候怎样表达，怎样告诉同伴"我见到了一只羊"；围绕甲骨文"羊"字，启发学生联想鲜、祥、美等汉字的美好意象。最后，学生通过各种工具、材料，表现甲骨文"羊"字的变化。很多学生在课上支起了画架，有用泥土树枝表达"羊"字的古朴的，有用水粉颜色表达"羊"字的温柔和煦的，有用喷壶喷洒红色表现烧熟的羊肉的，有用水墨挥洒表示可爱奔跑之羊的。通过美术工具，学生充分表达了自己对汉字的发现和情感。学生的想法、故事就这样生发开来。

当学生指着自己的作品说他是如何想的、想到了什么故事的时候，我突然发现了美术学科与语文学科的天然联系：图文并茂的形式更能促进学生的学习。学校提出全学科阅读，而绘本正是一个图文并茂、更容易引人想象的学习工具。借助这一工具，可以整合很多教学资源。

前一阵子，学校举办了"亲近鲁迅"的全国性主题教学活动，我在会上介绍了《从百草园到三味书屋》的绘本教学。当我根据绘本问学生"你觉得小时候的鲁迅先生在三味书屋快乐吗？"时，一个学生指着绘本说："鲁迅先生在三味书屋不快乐，因为在绘本里，三味书屋里的墙上挂着一幅古画，古画里有一棵松树，松树下，有绳子系着一只蜷缩的鹿，这只被抓的鹿就象征着不快乐的鲁迅先生。"尽管我知道古画里的鹿象征着功名利禄，但还是感叹学生细致的观察与独立的思维。每个学生都是一个好故事、一册好绘本。

我尝试着上了很多次绘本课，深深感觉要让教育无痕，就要让知识点藏在绘本教学里：我讲超现实主义绘本《威利的画》，讲形象转移联想的绘本《我爸爸》，讲颜色表达情绪的绘本《大脚丫跳芭蕾》，讲死亡的绘本《爷爷变成了幽灵》，讲艺术观看的绘本"LOOK 系列"……

绘本带绘本，绘本教学也就开始有了些模样，学生们对绘本很感兴趣，学习很投入，绘本教学就这样弥散开来。

可以说，绘本教学也是主题整合课程的一个延伸。主题整合是为了完整地立人。经由整合的课程本身就包含丰富的教学情境，可以为学生提供学习与成长的更多可能性。

我从整合教材开始，从原来的在意自己的"发挥"，到更加关注学生的情绪及思维，再到运用工具让课堂更加开放，也许，这样才能回到美术课的原点，回到美术教育的基本规律上。

美术是非常好的主题整合载体。很多学科的作业如果搭配上学生的美术作品，就会变得丰富起来。语文有母语语感的精神之美，数学有几何图形的规律之美，音乐有节奏旋律之美，体育有身体姿态之美……美无处不在，美术教育无处不在，美的教育无处不在。美术最容易弥散在整体的教育氛围中，潜移默化地影响学生。

在清华附小这所百年老校做美术教师，让我拥有了一个很好的起点和平台。这几年，我还有过诸多美术教育的新尝试，比如期末举办艺术品拍卖会，在清华美院举办学生作品展，每一节课设计自主学习"乐学单"，把画得好的一年级学生组织到六年级的课堂一同上课，给学生制订一学期的作业合同，让学生在教室通告栏写下自己的收获和建议，带学生去英国的大英博物馆、法国的卢浮宫……很多有趣的教育故事，由此一点一点地生成、展开。

（原载《教师月刊》2016 年第 12 期）

覃丽兰：每一个轮回都是一次重新审视

> **覃丽兰** **《教师月刊》2017 年度教师。**1971 年 8 月生于湖南怀化，毕业于怀化学院中文专业，后在岗就读北京师范大学本科汉语言文学专业。湖南省怀化市铁路第一中学正高级教师，湖南省特级教师，湖南省首届芙蓉教学名师，湖南省首届湖湘优秀班主任；湖南省优秀培训师、优秀坊主、优秀学科专家；湖南省"国培项目"首席德育专家、指导专家、评审专家；湖南省班主任学会常务理事；多家教育杂志专栏签约作者。湖南省"课后服务与作业管理"工作室首席，怀化市芙蓉标兵岗"覃丽兰名班主任工作室"首席。出版专著《打造高中卓越班级的 42 个策略》，班级文化建设成果收录于朱永新教授主编的《中国著名班主任德育思想录》。

为了让更多一线班主任受益，覃丽兰主动请缨担任"国培"乡村初中班主任的首席执行专家和研修网络平台的坊主，一做就是三年。那些忙着带孩子的妈妈老师们抱着娃也要听完她的视频讲座；那些没有上网学习习惯的农村教师主动开通流量，只为及时看到每日的"班级疑难我来解"。乡村教师们跟着覃老师一起看教育电影，一起读教育书籍，一起在网研修平台上畅所欲言，发展专业素养，提升工作技能。

覃老师还深入侗乡苗寨 200 多所乡村学校，推广班级文化建设经验，帮助乡村教师解决班级实际难题，为乡村学校班主任的专业发展点灯、导航。

（张万祥）

第四辑 爱的课程

169

因为酷爱少数民族文化，覃丽兰大学毕业就奔赴湖南最偏远的少数民族之乡、国家级贫困县通道支教。她带领班上的学生走村串户，普查侗族文化遗产，编写了 12 万字的侗族文化简明教程。这个高挑的汉族女子大声呼吁拯救侗族文化遗产。她发起成立文学社团，创办专刊《石板路》，挖掘、整理、刊发侗族文化作品。那些快失传的侗族歌谣在她的传唱下恢复了生机；那些几乎被人遗忘的侗家节日，被她编成富有仪式感的文化课程；她让侗族文化走进课堂，融入学生生活。她带领少数民族的孩子走进北京，参加中外学生辩论赛，促使这些孩子不断打开视野，增强自信。

（张巨宏）

2017 年夏天，随着高考落幕，我与"骐骥班"的痛苦磨合，终于宣告结束。

看着那些骄傲得像王子公主的孩子们，一个个向我走来，拥抱着我说"覃妈再见"，又看着他们无限欣喜地像脱缰的马儿一样雀跃着离开，好久，我都没从他们那种悲喜善变的情绪中走出来。

我感觉，做班主任真是一个要命的活儿。无论这届孩子让我多么幸福或者痛苦，当他们即将毕业，那种即将失去的恐慌感，都让我抽丝般地从生到死又从死到生地活了一回。有人笑我入戏太深，也有人觉得我太过矫情，可是，我仍然要说，你没有体验过，真心不知道我是如何地不舍，但又必须学会承受。

这些孩子啊，给我自信，又给我打击；给我荣誉，也给我磨炼。每次都在坚持不下去的时候，偏偏又让我重生，凤凰涅槃一样。每一个轮回，我和班上的孩子都是一次生死相恋。每一个轮回，都让我对文化、对班级、对班级文化建设中教师的地位和作用，重新审视一回。

"兰泽"的自由驰骋，曾让我觉得一切那么容易 ◥

不管我乐不乐意，一些热情的读者、厚爱我的长辈，因为我的《打造高中卓越班级的 42 个策略》系统提出了班级文化建设的 13 个基本元素，而谬赞我为"中国最优秀的班级文化建设者之一"。在他们眼里，仿佛一个优秀班级的长成，就应该那么顺理成章，那么理所当然。我知道，他们可能被我早些年的叙述蒙蔽了眼睛。

我也十分感谢那些叫我"覃姐"的孩子，对我那么支持，又那么听话，给我自由驰骋的班级文化建设的机会。那时候我做班级文化建设，从来都不需要考虑孩子们乐意不乐意，也不需要去动脑筋思考如何引导他们。

那时候，我只要有一个小想法，一个小念头，他们知道后，都会充满激情地去做，而且还怡然自得。刚开始进行班级文化建设，我对文化是什么，有哪些基本内涵，都不是很清楚。只是感性地觉得，我得让我们班的学生做些什么，好让他们多余的精力得到发泄，而不至于在我做班主任期间，打架惹事——那会让我很辛苦很麻烦。

于是，我带他们畅想班级愿景，构思每一学期开学的"诗意相见"，设计班徽，唱响班歌……我想得很简单，文化文化，文以化人，无非就是用一件件美好的事物去影响孩子，无非就是用美好的理念去雕琢孩子，无非就是用一种美好的文化氛围熏陶孩子，然后，他们的内心就会静悄悄地发生改变……

这样的理念，要不是"骐骥班"孩子的出现，我会一直坚持下去。因为我那时候带"兰泽班"，带"瑾瑜班"，都是那样得心应手。

那时候我想策划一场什么样的班级活动，想营造一种什么样的文化氛围，不需要多么深思熟虑和大费脑筋，只要一个暗示，一个微笑，一个指令，孩子们就会兴高采烈地去执行。而且，效果还非常不错。

比如说"兰泽"班级精神的出台，不仅很美，还小小地感动了自己一回。

我对孩子们说，一个班级是需要有精神的，班级精神是班级文化建设大厦的水泥，能够将我们紧紧地凝聚在一起。一个有精神的班级，无论到哪里，都会有一种鲜明的烙印，给人以强烈的感染和影响力。孩子们并不太懂，也没有时间去深入思考这个问题。只是因为喜欢老师，喜欢自己的班级，他们就充满激情、富有创造力地去做了。比如说设计班徽，打造班级的精神图腾，我的想法异常简单，无非是用一种花啊草啊动物啊，设计一个标

第四辑 爱的课程

志，代表一下就行了，让我们班级变得好看就行了。就好像我一直喜欢琢磨的侗族文化，只要把自己喜欢的图案编织到门帘、鞋垫上，绣到衣服帽子上，就很有民族特色了。我们的班级文化，也大概如此。

于是，孩子们去提炼班级精神，构思班级名称，设计班徽。经过一周的酝酿，孩子们想出了 30 多个班名，从中选出四个进行投票：灼华、修远、兰泽、梦溪。最后，"兰泽"以 32 票胜出。而且，他们把"兰泽"班级精神明确为："追求一种气清、色清、神清、韵清的道德操守，固守一种花美、香美、叶美的做人品德，锤炼一种耐霜雪之寒坚忍不拔的气质，静修一种容天地之广的胸怀。"从道德操守、为人处世、气质胸怀等多方面，提出自己的修炼目标。

可是，为什么要叫"兰泽"呢？一个最为关键的原因居然是——"兰兰姐，我们希望您一直在我们的生命里，'兰泽兰泽'，是兰兰姐一直泽润我们啊！"

他们还写了一首诗送给我：

琴（覃）心流恋问君归，历（丽）历晴川正生辉。

兰叶葳蕤佳节近，老马未老风更吹。

师者但求仁心至，礼（你）乐教化如剑淬。

最爱回眸轻一笑，美堪西子何人追。

用谐音字巧妙地嵌进美好的祝福——"覃丽兰老师你最美"，真让人惊喜！后来，这个班级成为我一生的传奇，高考升学效果超级好，一个普通班级，最后几乎是百分之百上本一（如果文理不分科，市文科状元毛俊畯、市理科状元姚金鹏均出自这个班级）。而且，这个班级的很多文化活动，都成为我一生文化思考和教育写作的源泉。很多材料，我都是从这个班级的故事里摘取的。

现在反思一下，虽然那时候我们班级的文化建设有声有色，但并不是我理想的样子。那时候，我总是在"用"我个人的价值追求、性格爱好、学科特色去影响孩子，总是从工作需要的角度出发，"用"我想要的一切，去对孩子进行"教化"。而且，我的班级文化建设，带了很多语文学科的元素。刨除学科因素，又有哪些更具普遍性的意义呢？遗憾的是，当时我没有这样想。

那时候我年轻，和孩子们年龄差距小，他们喜欢我，信任我。明明不是一种师生共建、彼此接纳的交融生长，就因为喜欢我，我说什么做什么他们都乐意，甚至连班名，都要体现对我的热爱。我迷恋于这种文化建设，班里做什么都有声有色。如果不是遭遇"骐骥"，我还以为这真是文化建设的最好途径呢！

"骐骥"的痛苦磨合，让我理解了教育的不易 ◥

"骐骥班"是学校的实验班。没有带过名校实验班的老师，一直不服气，以为实验班很好带，学生成绩好，听话，努力读书，每个人都有才华，创意多，活动出彩……真是要什么就有什么，而且，最让人羡慕的是——三年之后，高考成绩绝对会很火爆，可以给自己贴上很多金。

很多事情只有经历之后才知道并不是想象的那样。完全可以说，"骐骥班"是我从教历史上带得最艰难的班级，也是几乎让我痛不欲生的班级。

很多老师只看到实验班学生成绩好，没有看到那些孩子因为成绩好而十分自负，几乎听不进别人的意见，他们傲慢、桀骜不驯。也有很多老师只看到尖子生的努力，看不到他们背后的心理焦虑和因为出现成绩落差而被放大的脆弱。这些实验班的孩子们，会因为一次考试成绩不好而怀疑整个人生。很多老师只看到各方面对尖子班的重视，看不到那个班级因为一丁点风吹草动便草木皆兵的紧张……

我不是第一次带实验班，也不是只在一个学校带过实验班。从偏远的少数民族集聚区通道，到因为火车而逐渐繁荣的新兴城市怀化，每到一个学校，我都是全校工作量最大的一个，也是学校教学压力最大的人之一。校长让我带实验班的目的很简单——希望我能够一次又一次地刷新自己的新高，取得更好的高考成绩。

但是，带"骐骥班"的时候，我遭遇到了前所未有的挫折。这种挫折，不仅是孩子们对我的称呼，悄悄地由"覃姐"变成了"覃妈"，让我感受了岁月的不留情，更让我感到力不从心的是，这一届的学生，个性独立，特别有主张，甚至对我以前所做的一切工作都表示怀疑。任何一个以前实践得非常好、可以用来借鉴的案例，他们全都看不起，而且还死命打击我——"切！"一个声音，就足够表示他们藐视的态度了。因为有底气啊，他们的班级是全校最好的班级，他们都是天生聪明之人，有什么他们做不到的呢？当然，又有什么能够让他们看得上的呢？他们只相信自己。

不仅学生如此，家长更显得焦虑，一次成绩没有考好，天啦，全家都不安定了。做一个班级活动，无论我怎么说"写诗的功夫在诗外，高考是一种综合能力的测试，而不是简单的分数"，家长只有一个态度：我们家孩子是来学习的，不是来玩的！那种毫无商量余地的神情，简直让我怀疑，他们也曾经受过高等教育！他们对教育的理解，难道就这样功利？

在这种师生不断冲突，家校不断磨合，其间又不断相互妥协的过程中，"骐骥班"的文化特色也逐渐形成了。最后，这些孩子们把自己的班级精神定义为："千里之志，舍我其谁；当先之勇，锐意赶超；奔腾之势，骐骥雄姿；博学之行，品质卓越。"班训是："志存千里，勤奋进取，坚忍不拔，一马当先。"班级口号则是："马中赤兔，班中骐骥，锐意进取，创造骐骥！"

这些东西看起来很高大上，但是我知道，在"精致的利己主义"时代，这些积极的词语，很多时候只代表了他们对自己未来的一种设想。他们关注的只是自己，并不在乎别人的未来。他们常常这样说："我们为着一个伟大的梦想而来，我们每一天都充满上进的力量。"但是我知道，他们的伟大梦想，更多时候只是自己的个人辉煌。他们在班级文化墙上写："骐骥发声，声成奇迹；骐骥扬鬃，奔成奇迹；骐骥奋起，终成奇迹；我们骐骥，见证奇迹！"说白了，他们追求优秀，只是想证明自己确实很优秀。

尽管这个班级的文化建设也可圈可点，比如说班歌作词谱曲，甚至MTV，全部都是原创，没有请过任何外援，也在全校的各项比赛包括运动会中都毫无悬念地获得了第一名，但是我总觉得少了点什么。

这样的学生，不是我所期待的学生。我一直坚信，教育的意义不仅体现在让个人变得优秀，更在于他们的优秀给社会带来了什么。教育要让我们的生活更美好！于是，我总想尽自己最大的努力，让他们悄悄地发生改变。也想用尽办法，给我这些骄傲又脆弱的孩子最好的扶持。

在我和学生看起来波澜不惊，实际上冲突不断的相处过程中，高中三年居然很快过去了。最后一次班级讲话，我对他们表达了我的祝福："我深信埋进岁月的种子会发芽，青春的梦想会开花，我深信每一棵树都传递着蓬勃向上的生命力量。每个不曾辜负的日子里，都有梦想一同起舞，都有汗水一路开花……我深信，你们有创造一切奇迹的可能，因为你们的名字就叫骐骥！"孩子们回我热烈的掌声。

那些个头比我高很多的孩子，一个个抱着我的肩膀，对我说"谢谢您，覃妈"，我的眼泪奔涌而出。为了这一声亲切的称呼，我奋斗了三年。

三年里，表面上看起来是因为年龄代沟带来的工作困难，实际上有着文化建设的深层次影响。我让孩子们逐渐成熟，孩子们也让我明白一个朴素的道理——班级文化建设，不是教师的爱好和孩子的趣味的简单重合，也不是教师的个人价值观潜移默化地传递给孩子们。真正的班级文化建设，是不同的成长背景、不同的思想观念，与不同的人生追求之间的矛盾、纠缠，以及新生活的重建。冲突、妥协、尊重、平衡、渗透、融合，师生一起成为真正意义上的文化建设者，这才是关键。彼此接纳、认同、理解、渗透，比教育和引导更重要。

因为文化毕竟是所有成员共同生活、生存的一种常态。

2017 年高考，"骐骥"以百分之百升入重点本科的成绩完成了学校的高考任务，孩子们也用自己的表现刷新了我个人职业的新高，遗憾的是，"骐骥"读懂我、我读懂"骐骥"的时间，都太长。

"昶夏"的顺势而为，让我重拾教育的自信和快乐 ◥

经历了"兰泽"的率性而为和与"骐骥"的师生冲突，新接一届班级的时候，我对班级文化又有了新的感受。

"昶夏班"开班之前，很多家长已经对我进行了了解，我也抓住机会，和家长们建立了亲密联系。我们在孩子还没有到学校正式报到之前，就通过QQ 群、微信群等途径建立了家校沟通渠道。我们班的微信公众号，在孩子们还没有开学之前，已经由家长和我筹建、策划和运行了。

我还邀请孩子们和家长们走进学校，体验暑期生活。不是正式的学习，而是夏令营的方式。当彼此把对对方的功利性要求撒开之后，我发现，孩子们和我、我和家长，相处得更为融洽了。

为了让家长们了解孩子的在校生活，我们开展了家长一日观察活动。怎么做呢？我每天邀请一位家长代表，和孩子们一起晚自习。他们也在教室里看书，或者处理自己的公务。但是，他们发现班上有什么违纪现象的时候，不能够出面制止，也不能够提出任何建议，他们只是作为班级观察员，观察孩子们的表现。这个措施的目的有四：一是了解学生的生活状态；二是体验校园生活；三是深度理解孩子；四是给共同生活提供一个机会。

刚开始的时候，不少家长不习惯，见不得班上学生违纪，总是忍不住批评指点。我多次提醒，我们的职责是观察，观察，观察！观察员是不能够干预和指责孩子的，我们更多的是要学会理解、尊重，让孩子自己去处理问题。结果，一个星期之后，家长们惊讶地说：真是奇了怪了，这个班的纪律、学习、出勤，比全校其他任何一个班级都要好。

我莞尔。这才体现了我对教育的真正理解，也体现了我对班级文化的更深层次的理解。文化不是教师的生硬指导，而是教师和学生的深度融合，是教师顺势而为，对孩子进行教育和影响。也正是因为有了新的视角，"昶夏班"建班之后，同样是对班级精神，孩子们是这样理解的："生如夏花之灿烂，行如骄阳之璀璨，学如磐石之坚定，气如蓝天之轩邈。"他们也拟定了自己的班训："坚忍不拔，永不言弃；慎独无畏，齐心共进；不卑不傲，初心不变；力争卓越，明亮恒远。"

比起"骐骥"的孩子，我发现他们多了一份宽容，少了一份飞扬跋扈；多了一份自信，少了一份精致利己。高一的孩子，能有这样的认识，我很满足。

现在我听谁介绍班级文化建设，如果再说班主任一定要如何给孩子植入一种理想、信念，强调教师一定要如何走进孩子的心灵，我都会在心底微笑：真正的文化不是这样建立起来的，真正的班级文化必须在理解、尊重的基础上诞生。好的班级文化建设，是师生彼此顺势而为的一种新生活的共同构建，而不是单独一方的强势侵入。

谢谢"兰泽"的孩子，让我感受到文化建设的魅力；谢谢"骐骥"的孩子，让我读懂了教育的真谛；谢谢"昶夏"的孩子，让我重拾教育的自信。我深信，每一个班主任，都会有这样的心路历程的。

（原载《教师月刊》2017 年第 12 期）

晴耕雨读好教师

王干：好好地"玩"一把

王干 《教师月刊》2018 年度教师。1979 年生于安徽太和，2003 年毕业于深圳大学师范学院中文教育系汉语言文学专业。现为广东省深圳市福田区荔园外国语小学（香蜜湖）副校长、荔园外国语小学（水围）校区负责人，曾任深圳明德实验学校副校长，是其香蜜和碧海两个校区的创校团队核心成员。系深圳市福田区兼职督学，深圳市福田区骨干教师，深圳市教育科研骨干，广东省名校长工作室成员，《小学语文教学》杂志第二批签约作者。先后参与多项国家级、市级课题研究，在《中国教师报》《未来教育家》《教师月刊》《语文教学通讯》等报刊发表文章30 余篇。

王干老师的最突出特点就是思维严谨、工作严谨，他执著、认真，把深圳明德实验学校的课程改革落到实处。作为校长，我主要是出办学思想，出课程改革的思路，宏观设计，微观点拨，具体的工作由王干负责落实。在他的具体操持下，我们先后出版了小学一二年级横跨语文、数学、英语、思想品德四门学科的红树林主题课程，共 16 本教材，还出版了彩虹数学、彩虹阅读和许多选修课程的教材，并落实到教育教学之中。王干是个实干家，他几乎把所有能够使用的时间都用在课程改革的具体设计、具体实施、具体落实上面，他带着老师们，认真研究课程改革，认真研讨课堂教学，不断改进，不断优化，取得了卓有成效的成绩，积累了很多成功的经验。他还善于

第四辑 爱的课程

总结、提炼，在各类教育报刊发表了不少文章，让更多的人了解、分享"明德经验"。王干现在独立领导我们的一个校区——深圳明德实验学校碧海校区。这是一所九年一贯制的学校，短短几年便取得了非常突出的成绩，课程改革如火如荼，教学质量不断提升，家长们的认同度越来越高，一批青年教师迅速成长。

（程红兵）

序言：我与明德今生有缘 ▾

很喜欢程红兵校长说过的这样一句话："你爱教书吗？爱，就一起'玩'一把！"的确，在明德实验学校的发展史上，在课程改革的大舞台上，我们深情地、投入地"玩"了一把，"玩"得不亦乐乎！

来明德，在生涯规划之外，可又在冥冥之中，与之有缘，命中注定。2013年7月下旬，一个普普通通的暑期午后，像往常双休日一样，我在单位加班。无意中，翻阅当天的《深圳晚报》，发现头版赫然刊登了一所新建的"公立非公办、委托管理"的学校——深圳明德实验学校发布的教师招聘公告。其中，有两个职务，我觉得适合自己，一是校务秘书，负责文件起草和制度撰写等工作；一是课程助理，负责教学管理和德育管理等。

在公立体系工作了整整十年的我，当时也不知道，是什么原因，让我这个只喜欢埋头做事、安于现状、容易满足、不愿意折腾的人，一反常态，鼓足勇气，去变更环境，尝试不可预知的挑战。后来，想一想，或许是被这所新办学校的办学理念和美好蓝图打动了吧；或许是公立学校的按部就班、一帆风顺的工作，让生活变得稀松平常了吧；或许我骨子里其实就是个希望接受新鲜事物、愿意挑战自我的人吧；抑或我也是一个有着教育情怀与教育梦想的人吧！

就这样，我提交了简历与资料，通过了面试。一切如愿，8月10日，我正式加入明德大家庭。也正是从那一刻起，我的职业生涯迎来了快速发展的五年，我的教育视野开始发生了自认为是翻天覆地的变化。

从"红树林"起步

在明德，第一个"艰巨"任务就是要带着一帮绝大多数刚毕业、没有任何教学经验的老师，编写一套小学低年段跨学科整合的"红树林主题课程"教材。虽然那时的我已经工作了十年，但和他们一样，编写教材也是人生第一次，从来没有做过，也从来没有想过。困惑充斥脑海，困难可想而知。

有现成的教材，为什么还要辛辛苦苦编写教材？

翻看现行的各类教材，走进我们的各类课堂，不难发现，它们仍偏重于知识的灌输，而忽视生活体验，再加上学科的细分，不同课程之间老死不相往来，这与我们现在的培养目标是不相符的，也已经不能满足当下社会对教育的需求。跨学科整合课程，是我们可以选择的路径。

针对低年段学生，如何设计、安排课程呢？是以理想化的成人学习模式为基础，还是以儿童的认知发展为基础？显然应该是后者。关于儿童如何学习，研究表明，当知识相互联结时，个体的学习效果最好，即只有当知识存在于情境中、知识与实际应用相联系、知识多层次呈现、知识与个体问题产生相关性时，最好的学习效果才会出现。

基于这些认识，我们集全校之力量，开发、建设整合式课程。我们确定了三个编写策略：一是以课标为纲，内容的选择依据课标，且不低于课标要求；二是"瞻前顾后"，编写一二年级教材既要与三四年级及以后的学习相联系，又要看到幼儿园在做什么；三是"左顾右盼"，既要结合国内的教材特点，也要研究国外的教材特点。

其实，最难的是学科间的整合。如何破解呢？第一是"兼顾"，即一科为主，兼顾其他；第二是"融合"，就是将思想品德教学融合到主题当中；第三是"结合"，即主题教学和活动结合起来，老师们配合主题，设计了"个性橱柜""钟面设计""英语周""帽子秀""护蛋行动""树叶创意制作"等活动。

就这样，在做好前期各项准备工作后，2014年的暑假，几乎所有老师都留守在学校，分工合作，争分夺秒。奋战了足足两个月，第一批"红树林主题课程"教材诞生了！

第四辑 爱的课程

自从有了第一次课程开发与建设的经历，渐渐地，我理解了为什么"学校的产品是课程"，形成了比较明确的课程意识。

我开始琢磨课程开发与建设的一系列问题：用菜品之于餐厅的重要性说明课程之于学校的重要性；明确了"校长构建课程谱系，教师完成课程建设，家长丰富课程内容"的课程开发模式，其中，教师是课程开发与建设的主力军；厘清了"学校引领，项目管理，教师主导"的开发原则；明晰了"自上而下"与"自下而上"两条课程开发路径，鼓励老师们边积累边思考，边实践边开发；按照"学科发展""资源开发""课程开设""教育实现"等四个方向找准课程开发的点，采用"围绕一个中心，多维角度推进"的原则思考课程内容，并概括了几个主要的维度类型；确定了"制订课程规划—编写学本用书—课堂教学实践—归整课程成果"的课程开发四大流程；梳理了课程标准或规划的国家标准与"明德标准"两种选择方案；等等。

在这个过程中，我随时将这些不成熟的想法分享给老师们。2018年，在我的主导下，已经试行了两年的"阳光体育课程"之《明德操》、"明德中文周歌课程"之《唱响明德》等校本教材排版印刷了；老师们自发编写的基于拓展课程教学的《小小实验家》《中国民间游戏课程》，我本人领衔的"明德综合实践活动课程"之《劳动教育课程标准》及学本，也都完成了文字部分的工作。

还"碧海"一个惊喜

2015年9月，对我而言，是教育生涯的又一重大转折点。担任了近一年的课程处副主任、四个月的课程处主任、七个月的校务办主任之后，我被提拔为副校长——明德实验学校唯一一个从"本土"成长起来的校领导，具体分管刚刚接手的一个新校区——深圳明德实验学校碧海校区。

这所原名为福田区碧海小学的学校，当时建校已有11年的历史。在整个福田区学位紧张的情况下，碧海小学却备受冷落。由于种种原因，原本建设规模30个班的学校，到2014年仅剩下15个班，学生500多名，每年入学需求不足100人，2015年，学区内报名的学生只有54人。

我想，片区范围虽小，但也不至于只有这么低的入学率吧！经过调查、

晴耕雨读好教师

走访，原来片区里的家长不愿意把孩子送到碧海来，而是舍近求远，跑"名校"去了。症结在哪里？不在于招生片区的规模小，也不在于校舍的斑驳陆离，更不在于设施的陈旧老化，归根结底，是家长对这所学校的认可度不高！

如何重拾家长对学校的信心，让生源快速回流？如何撬动学校发展的引擎，让学校焕发生机？

不仅要把明德办学的先进理念引进来，更要抓住课程、课堂这个"牛鼻子"，以课程促进学生发展，以课堂提升教学质量。

一方面，我把明德的课程谱系移植过来，开设了基础课程——国家课程，这属于必修课程，着重校本化重构；拓展课程——学校课程，这属于选修课程，着眼生本化建构；特需课程——学生课程，这属于自修课程，着力个性化建设。另一方面，按照明德课程改革的思路，把"课程重构—学科重组—课堂重建"这种动态的、立体式改革，在碧海校区进行尝试。

大的方向与思路有了，接下来就是如何让课程落地生根，为每一个孩子提供能够顺应其天性、符合其个性发展、具有高度选择性、富有活力与张力的课程。

我努力寻求学科课程向纵深发展延伸的路径，研究了国家必修的基础课程校本化建构的具体实施策略，形成至少"1+1"的基础课程发展模式。比如，语文学科除"基础语文"外，还有"彩虹阅读"；数学学科除"双基数学"外，还有集生活数学、活动数学和人文数学于一身的"数学彩虹桥"；音乐学科除常规音乐外，还有中文周歌课程；体育学科更是大胆尝试，形成了"基础体育＋专项体育"的模式，让每个孩子每一年接触至少一项专项体育运动，如一年级的武术、足球与形体，三年级的篮球，四年级的堡垒球，五年级的啦啦操等。

在此基础上，我又将基础课程、拓展课程（含社团课程）和其他的隐形课程相互打通、融汇，确定了每一个学科的整体发展框架。

比如，体育学科的发展框架为：基础必修课程（含基础体育＋面向全体的必修专项体育）＋拓展选修课程（面向部分的选修专项体育）＋社团选修课程（面向潜能的社团专项体育）＋阳光体育课程（涵括明德操、跑操、趣味运动，其中，每月一次快乐体育周，每年一次民间游戏节）。这样的课程设置既丰富了组织形式，又满足了不同学生的发展需求；既面向全体，又面向专才；无论是对体育课程的发展，还是对体育特色项目的培育，抑或对体育人才的发现与培养，都是有积极意义的。

再如，数学学科发展框架为：基础必修课程（双基数学＋数学彩虹桥）＋拓展选修课程（一二年级数学游戏，三四年级数学思维，五六年级数学阅读）＋拓展限定课程（高斯俱乐部——培优，数学大篷车——补差）。而以外语学科为主的国际理解与交流课程则是"国家必修课程（英语、英语阅读）＋拓展选修课程（第二外语：法语、西班牙……）＋学生自修课程（海外访学课程）"的框架。

除了以上学科课程外，2018年，我进一步探索德育课程的建构，着眼于整体规划，先后制订了《入队课程整体规划》《毕业课程总体规划》《艺术文化节整体规划》《人文文化节整体规划》《美术展览课程整体规划》《周歌课程标准》《劳动教育课程标准》《学科闯关综合素养评价课程标准》等"指南"，逐步形成"管理＋课程＋评价"三位一体的德育实施框架，努力实现全员育人、全科育人、全程育人。

另外，特别值得一提的是，以明德成长银行为实体，以明德海豚币为激励工具，以岗位竞聘与职业体验为主体形式的社会化德育课程又向前迈进了坚实一步。我一直在想，未来几年时间里，在碧海校区，是否能进一步探索并建成模拟生活化的社会场景，希望继明德成长银行之后，"明德健康医院""明德阳光超市""明德发展邮局""明德快乐餐厅"等，能在这个只有一万余平方米的校园里立体呈现。我相信，经过缜密的规划设计，从文化的角度，以课程的方式，不断探索、尝试，一定能构建我们自己的完整的德育课程。那时的明德碧海，校园即课程，校园即生活，校园即社会。

三年前，接手这所学校时，并不是一帆风顺的，学生家长当时明显分为对立的两派，一是热烈欢迎，一是强烈反对。随着明德的进驻，随着时间的推移，一切都发生了变化。这不是偶然，而是量变引发的质变。

晴耕雨读好教师

我们的教学质量实现"逆袭"。在福田区四年级期终监测中，总分均分在全区52所小学中名列第二，比第一名仅差0.6分，其中，英语均分全区第一，数学均分全区第二；在七八年级期终统测中，两个年级的总分均分在全区28所中学中，分别位列第四和第六。

我们的招生规模再上台阶。片区里的生源不仅基本上全部回流，还吸引片区外的家庭移居碧海地段。班级数量越来越多，学校人数越来越多，为满足本地段的入学需求，一年级还扩招了一个班。

我们的社会声誉越来越好。每年一次的家长满意度调查显示，小学部的满意度近95%；刚办学两年的初中部，满意度竟达98%。不仅如此，社区的认可度、媒体的关注度与日俱增，新华社客户端、人民日报客户端等转发学校的活动信息，央广网记者就语文教育对我个人作了专访。

感动于孩子们的成长 ◥

如果说，2018年学校取得一系列的成绩令人鼓舞，那么，我更在意的是孩子们的点滴成长，这才是为师者的幸福！

6月25日，一个平常的日子，但对于碧海校区的第一届初中生、这些八年级的孩子来说，注定是特别的日子。因为他们迎来了人生的第一次大考——生物地理会考。会考结束，意味着初中阶段这两门学科学习的终结。

晚上，翻阅朋友圈，几张照片引起了我的注意。

一张照片聚焦黑板，黑板上写着这样的话——

尊敬的陈老师、李老师：

我们因会考结束，初中生物、地理课需请假，时间永远，望批准。

申请人：全体八（1）班学生

2018 年 6 月 25 日

一张照片瞄准蛋糕，蛋糕的造型独特——圆形蛋糕的周边布满了长方形巧克力板，每一个巧克力板上都写着一个学生的名字，34 个名字，恰好围成一圈；圈的正中间用奶油写着"教诲如春风，师恩似海深"。

一张照片对焦鲜花，两位学科代表将同学们准备的鲜花献给两位老师，四个人并排站在一起，笑容如花般绽放。

原来，这是一场精心策划的感恩会！感谢孩子们以这样的方式，温暖着老师们的心，让我怦然心动！我想，那天下午，生物陈森丹老师、地理李煜老师吃到了世界上最美味、最香甜的蛋糕，收到了人世间最漂亮、最醇香的鲜花。她们，一定是最幸福的。

11月21日，是学校田径运动会的比赛日。一对母女的对话，引起了我的注意——

妈妈：大闺女，明天运动会800米，不要累坏了，赢不赢奖牌没关系啊！

女儿：老妈，看到有人在前面，追跑超越是本能，会忘掉累的！

突然间，我感觉孩子比我想象中成熟，似乎一下子就发现，她们长大了。于是乎，妈妈也不禁感慨：愿你的人生亦如此坚韧……

这样的感动，这样的幸福，常常在碧海校园发生。一所学校成功与否，最重要的不在于升学率有多高，而在于是否关注人的发展，是否让人感到温暖，让人时时感动，回味无穷。

尾声：在精神家园里好好地"玩"一把

从大学毕业到现在，15年的教育生涯让我很享受。不过，一段时间以来，我很羡慕那些不断跳槽又不断履新的人。他们活得很自我，很潇洒，我羡慕他们的勇气，更羡慕他们的本事，可以在不停的轮换中，实现自己的价值。

因此，我常常问自己："除了做教师，我还能做什么？"其实，适合我做的工作可能有很多，但如果还有再次选择的机会，我想说：我还是愿意做一位普普通通的教师！

不为别的，只因喜欢！只为热爱！一种发自内心的喜欢！一种源自内心的热爱！

不为别的，只想在校园这片乐土，构筑孩子们、老师们，还有我自己的精神家园！

不为别的，只想好好地、心无旁骛地、安安静静地、痛痛快快地"玩"一把！

（原载《教师月刊》2018年第12期）

王美华：我的青浦，我的田歌

王美华 《教师月刊》2020 年度教师。1972 年 4 月出生，1991 年毕业于上海师范大学音乐系音乐教育专业。先后在青浦区蒸淀中学、上海教科院豫英实验学校、青浦区教师进修学院任教。现为上海市青浦区中小学音乐教研员，中共党员，中学高级教师，青浦区学科带头人，上海市教育系统三八红旗手，上海市中小学音乐学科中心组成员，上海市第二期、第四期"双名工程"音乐名师基地、艺术攻关基地成员。曾担任上海市课程教材评审专家、上海市教师高评委、"一师一优课"教育部优课评委等。近年来参与《上海市中小学音乐课程标准》的修订，参与《上海市中小学音乐学科育人价值研究》《上海市中小学音乐学科教学基本要求》《上海市中小学音乐学科德育教学指导意见》等多个市级重大项目的研制；开发、编写的乡土课程教材《青浦田歌》获上海市中小学乡土课程评选一等奖，其课程学本 2019 年由少年儿童出版社出版。

作为具有地域特色的优秀民族音乐文化资源，上海青浦的"青浦田歌"是全国非物质文化遗产。近年来，王美华老师致力于乡土课程《青浦田歌》的开发与区域推进工作，并取得佳绩。通过开展系列学习与传承教学实践活动，在学校艺术教育中播撒了乡音乡韵，留住了乡情乡愁。从起初的 22 所中小学试点学校，到目前基本覆盖青浦区全区各中小学，参与课程专题培训的音乐专职教师达到 90% 以上，师生新创作的"田歌"曲目有 20 多首。

王美华老师积极创设展示平台，开展各级各类"田歌"传承表演活动，以充分展现学生开展"田歌"综合实践活动的成效，如组织学生参与"美丽中国梦，校园民族风"上海市普教系统校园文化建设成果展演活动、上海市中小学弘扬中华优秀传统文化系列活动等，还走进上海世博会、上海电视台《百姓戏台》、上海市民文化节等广阔舞台。

筚路蓝缕，栉风沐雨。王老师通过乡土课程的有效实施与推进，通过基地学校的辐射与引领，使"青浦田歌"这一独特文化在本区域内的中小学校当中得以传承和发扬。学生们在传唱青浦田歌的过程中，在美的旋律中，感受着家乡音乐文化的魅力，体悟着民族精神的伟大与神奇，不知不觉地成为传播优秀乡土文化的小使者。

（陈　璞）

江南水乡，上海青浦，人杰地灵，孕育了颇具特色的水乡文化，也积累了丰富的优秀民族音乐文化资源，如青浦田歌、商榻宣卷、金泽打莲湘等。

调查显示，青浦田歌历史悠久，体裁丰富，是完整、优美的原生态民歌。作为本土优秀的民族传统音乐文化，虽说拥有较好的外部文化环境，但在年轻一代尤其是在读中小学生当中，由于缺乏有效的传播、学习的途径，其传承与发展存在着中断的危险。作为青浦区的中小学音乐学科教研员，我本身就是土生土长的青浦人，我有责任和义务，与本学科的同行一起，从保护优秀的民族音乐文化资源、优秀的乡土文化出发，对青浦田歌进行开发利用，通过乡土音乐课程的建设及区域实施、推进，丰富学校的音乐文化和美育元素，在实现社会资源课程化的同时，更好地达成学科育人的价值目标。

从 2002 年尝试运用青浦田歌资源参与上海市青年教师课堂教学评比获奖，到 2007 年立项市青年教师课题，再和区域内学科同行一起在课程教材的层面进行开发与建设，落实区域各中小学的实施推进以及市级主题教研、空中课堂的交流展示，历经十多年的实践与思考，作为成果，《青浦田歌》

于2019年9月由少年儿童出版社正式出版，更重要的是，它被纳入学校音乐文化教育体系，将越来越广泛而深入地发挥积极的育人作用。

我们的乡土课程 ◥

青浦田歌，源于清朝乾隆年间，是劳动人民在田间劳作时即兴演唱的歌曲，既能抒发情感，又能解除疲劳，还能陶冶性情，是青浦历史文化发展的见证。挖掘其资源价值，开发成乡土课程，可以让学生从悠扬的"田歌"声中了解青浦的过去，更好地理解现在和展望未来。

当然，乡土课程的开发与建设是一个动态的、不断完善的过程。我们发现，教师在参与这项工作的过程中，结合对"两纲"（即《上海市学生民族精神教育指导纲要》《上海市中小学生生命教育指导纲要》）和有关改进中小学音乐课堂教学的相关文件的学习，所获得的体验与教育认知远远超过课程本身所能带来的。比如，通过收集、整理、选编乡土教材，学会了整合资源，学会了以是否适合学生年龄、心理特点，是否具备积极的教育意义为标准进行筛选；在参考基础教材设计乡土教材的框架、结构时，对基础教材的单元主题、作品和"两纲"之间的关联度、融合点有了更清晰的了解，并在如何有效落实"两纲"的方法、过程、评价上有了更进一步的思考，以及更有效的实践；等等。

可以说，乡土课程开发、实施的过程，也是教师明确学科育人功能和价值的过程，对教师更好地在音乐学科教学中有效落实"两纲"有着积极的推动作用。

1. 抓取有效资源，构建课程框架。我们深入有关乡镇，进行民歌采风，搜集、汇总各种资料，按文字、音响分类整理。同时，就现有民歌的体裁、题材及风格特征等展开研究，摸清青浦田歌的种类，并对其中的乐谱、演唱录音进行梳理、编辑。前前后后，我们搜集、整理了200多首青浦田歌，从中选择了篇幅较为短小、旋律易唱易记，兼有鉴赏性、知识性和代表性的37首作为课程建设的基本教材资源。

参考、借鉴中小学音乐学科新课程教材的框架，我们将乡土教材分为两个单元。第一单元为传统的青浦田歌，按体例分类分课设计；第二单元以近

年来创作的青浦新田歌为主，按地域进行分课设计。同时，考虑课程应体现审美性、知识性、人文性、创造性等要求，每个单元设置了音乐人文聚焦、欣赏、唱歌、音乐常识、创作与活动、走近田歌手等板块。

2. 推进课例实践研究，探索课程实施途径。对照各年段基础教材（上海地区）的单元主题内容，选择、设计青浦田歌的教学内容与形式予以实践。如一年级第二学期第一单元《家乡好》，我们在完成基础教材内容学唱《我的家在日喀则》的基础上，补充欣赏青浦新田歌《侬格家乡叫赵巷》；再如二年级第一学期第三单元《欢歌声声》，在听赏《路边童谣》、学唱上海川沙民歌"猜冬猜"的基础上，引导学生拓展欣赏了青浦田歌《卖梨膏糖》、学唱青浦田歌《卖五香豆》；又如四年级第二学期第三单元《悠扬的乐声》，在学习教材作品《灯碗开花》的基础上，拓展了解青浦田歌中所唱的"花"，引导学生欣赏《十二月花名》、学唱《六花六节歌》等。

将基础课程内容与乡土课程内容有机整合，在开展多轮课例实践研究的基础上，我们进一步探索、调整课程开发与实施的方向，基本明确了课程内容的框架结构与课程实施的途径。课程内容除了可以作为基础型课程教材内容的补充资源，还可以作为拓展型课程实施的载体。比如，中小学基础教材中多个单元的主题都涉及"家乡"，教师就可以以"家乡的歌""乡音乡情"等为主题开展拓展性学习。又如，2020年，由于疫情的关系，中小学线下教学一度转为了空中课堂授课的模式，在六年级"世代相传的歌""民歌新声"等单元的教学过程中，基于空中课堂的教学要求，关注教材单元内涵的挖掘，重构了单元教学内容，拓展欣赏了不同体裁的青浦田歌作品，并引导学生在老师的指导下以线上线下融合的方式，进一步学唱和了解青浦田歌，深受学生们的欢迎。

此外，乡土课程还可延伸为中小学艺术类兴趣小组的学习内容，如据此举办民歌欣赏专题讲座。还可延伸为校外民族文化专题培训的学习内容，如我区崧泽学校的赵巷田山歌培训点就将此课程列入培训计划。

3. 关注学生学习经历，实施课程教学评价。结合前期的教学实践研究、学生课堂学习行为的观察研究，并根据学生问卷调查的情况，我们设计了课程学习的过程性评价、总结性评价标准与方法。其中过程性评价以自评与互评相结合的方式，及时对每一课的学习内容进行评价。总结性评价则根据不同学段学生的学情来设计，比如，小学低中年级学生以听赏、感知、了解为主，课堂学习表现采用自评与互评相结合的方式，学习成绩评价以"星数"予以表征和记载；小学高年级和初中低年级学生，在听赏、感知的基础上要求学会演唱和简单的创编活动，课堂学习表现也采用自评与互评相结合的方式，学习成绩以等第评定和记载；初中高段及高中学生，除了以上要求外，更多地提倡自主学习，通过有主题的探究性、研究性学习和交流，培养与提高创造能力，学习成绩也以等第评定和记载。

当然，乡土课程的学习评价还可以与音乐基础教材学习的评价有机结合，也可在基础教材学习评价的基础上以加分的方式予以体现。

我们遇到的问题 ◥

在以青浦田歌为主题和主体的乡土课程的区域推进中，我们所面临的问题，主要体现在如下几方面。

1. 外地引进的师资在课程实施上存在一定困难。近年来，我区音乐教师队伍当中，60%以上由外地引进，他们来自全国各地，有各自学习、成长的文化背景，自然地，对青浦的地方音乐文化知之甚少，对青浦田歌的发展历史及其特有的地域文化背景也缺乏了解，这给他们理解、把握课程文化造成了障碍；同时，"田歌"那独特的方言、曲调，更是给他们在课程的有效实施上带来了一定的困难。

2. 传统田歌融进学生的审美生活存在一定障碍。随着时代的进步，社会的变迁，传统田歌所描绘的劳动场景、劳动方式及其抒发的劳动情感，对于如今生活在现代化城市的年轻人以及受多元音乐文化冲击的中小学生来说，已日渐变得遥远和模糊，学生的审美需求已经不再仅仅满足于这些传统的民族音乐文化。这种不满足，自然无可指责，但完全淡忘，则将造成优秀传统音乐文化的丢失。如何引发对优秀传统音乐文化的学习兴趣，从中汲取健康成长的正能量，是需要认真思考的。

3. 在课程标准的要求与青浦的地域文化相结合方面存在挑战。《上海市中小学音乐课程标准》"实施意见"中明确指出：要将古今中外优秀的音乐作品包括通俗音乐选入教材，有机地融入教材各模块，以丰富音乐教材的文化内涵。同时在"表现""鉴赏"两个学习主题领域中明确提出：各年段、每学期唱、听8~10首不同地域、不同时代背景、不同风格的音乐作品。与此同时，我们也关注到在传承中发展的许多新创作的田歌，曲调优美，形式多样，不仅符合新时代学生的审美需求，也蕴含着丰富的育人内涵与价值。因此，如何将课程标准的要求与青浦的地域文化相结合，利用《青浦田歌》实现乡土课程的区域性有效推进与实施，引导和促进青浦学生学习、传承优秀乡土文化，是我们需要思考的问题，也是我们面临的挑战。

我们的对策 ◥

1.完善配套资源。在不断完善乡土教材《青浦田歌》的基础上，我们还编写了"教学参考"和"实施建议"，编辑、制作了配套的音像资料；《青浦田歌》正式出版发行后，配置到各基层学校，保证每位教师、每位学生手里都有足够的支持课程学习的相关资源，为区域性推进《青浦田歌》的课程实施提供资源保障。

2.加强师资培训。以专题讲座、组织本地籍教师和外地籍教师结对、课题组成员引领示范等形式，开展互助式培训活动，帮助外地籍教师学说青浦话，一起了解青浦田歌的起源、历史、现状，走进青浦人家，走近田歌手，进而参与田歌的观摩学习、演唱排练、演出等。这样的培训活动取得了显著成效，现在越来越多的外地籍教师也能够在自己的课堂教学中开展青浦田歌的学习与指导。

3.加强课程实施方法的指导。为了稳步推进《青浦田歌》的课程实施，我们先在区域层面确立了22所试点学校，多次邀请市音乐学科教研员作"音乐学科落实'两纲'的探索""音乐学科落实育人价值"等专题讲座，每学期征集"乡土课程落实'两纲'"的优秀案例，适时组织教师开展各种教学展示、教学研讨活动，不断加强课程实施方法的指导。

4.搭建各种学习交流平台。我们成立了"田歌"培训基地学校，引导一些学校组建田歌队，将青浦田歌融入学校文化当中。通过"请进来走出去"的方式，邀请青浦新老田歌手走进校园，组织学校田歌队参与社区音乐文化节，拉近学生和青浦田歌音乐文化之间的距离，为学生创设各种学习地方音乐文化、提高艺术审美能力的平台。

我们的展望 ◣

从早期开发建设到区域推进实施，通过教师专项培训—课例实践研讨—交流展示—反思总结的循环过程，历经十多年的实践与探索，从最初的 22 所《青浦田歌》课程实施试点学校，到目前已基本覆盖全区各中小学，这不仅历练了教师开发、实施乡土课程的能力，也提高了教师合理利用地域资源开展教育活动的本领。更重要的是，它吸引了越来越多的学生，走近青浦田歌，走进乡土文化，了解长辈们的生活情景和生命情怀，感受今天家乡的新变化，自觉、自主地养成健康的生活态度和积极向上的精神风貌。特别值得一提的是，师生们创作的新田歌有 20 多首，并在各级各类舞台上进行展示，引起了广泛的社会关注。

如今，乡土课程的实施推进工作还在继续，课程教学与评价的有效落实还有待深化与改进。我们坚信，通过大家的共同努力，青浦田歌文化会在更多的学生当中得到传承和发扬，学生们也必定会在传唱青浦田歌中进一步理解优秀的乡土音乐文化，不断提升乡土情感和家国情怀。

（原载《教师月刊》2020 年第 12 期）

第四辑　爱的课程

李建华：我的教育表达式

李建华　《教师月刊》2021年度教师。郑州艾瑞德国际学校校长。曾任南京市金陵中学河西分校（民办K12学校）小学部校长、南京市莲花实验学校（公办K9学校）校长。第五届"明远教育奖"获得者、江苏省"最赞教师"、2021年河南省基础教育教学成果一等奖获得者。北京师范大学教育家书院兼职研究员、全国"未来教育家成长计划"学员、中国劳动关系学院"劳动教育管理"研究生项目实践导师。在《人民教育》《中国德育》《中小学管理》等刊物发表文章50多万字，出版专著、主编教材多部。

"做有温度的教育，办有故事的学校"是李建华的教育追求，"温度"和"故事"是他行走的力量，也是他作为校长独有的符号。2017年，他履新郑州艾瑞德国际学校，开始了又一次新的学校管理之旅。

为了营造充满亲近感、安全感的校园，李建华坚持每天陪同三名学生就餐，在充分自由的氛围中听取来自学生的心声和需求并尽力满足。每天下午放学在门口与"校车生"挥手再见，用微笑期待下次的相见。为了让家长了解到孩子的进步，他坚持每天打"校长8:30电话"，用温暖的语气分享孩子们在校园里的美好。每周通过国旗下的故事温润童心。因为疫情，李建华还创造性地用"校长60秒"传递家事国事与天下事，传递校长的用心细心和无比关心。

晴耕雨读好教师

李建华知道，办学的关键在教师，学校需要专业持续成长的教师，校长应该成为专业发展的榜样和标杆。他带领老师们坚持每日阅读和写作打卡，全校教师开通教育自媒体账号，四年来共书写 25000 多篇教育文章，累计 2500 余万字。2021 年十年校庆，他们公开出版了十本教育著作。

艾瑞德国际学校立足 300 亩田园校区，充分开展劳动教育。李建华带领 1700 余名师生弯下腰，滴下汗，田园做课堂，种地是作业，取得了丰硕的果实，他领衔的研究成果《四园联动：劳动教育场域与机制的实践建构》荣获 2021 年河南省基础教育教学成果一等奖并成为全国"立德树人落实机制"优秀案例之一，《四园联动，让劳动教育更"主动"》成为 40 个"2020 中国基础教育典型案例"之一。

不管在哪一所学校，李建华都努力站成师生心中的一棵青松。他的梦想是做学校温暖的符号，成为师生成长的阶梯。他披星戴月，把生命献给热爱；他栉风沐雨，把梦想写进现实。

（陈大伟）

如果用一句话表达我的教育信念，那就是"做有故事的教育，办有温度的学校"。温度，是教育的底色、磁场、翅膀和力量；故事，是教育的实践、经历、艺术和味道。温度的前面是自由和尊重，后面是激情与爱心；故事的前面是味道和吸引，背后是智慧和行动。31 年教育生涯，温度和故事在实践中发酵，蒸馏出我的教育理解，可以总结为三条教育表达式：教育 = 爱 + 被爱，教育 = 关系 + 联系，教育 = 善待 + 期待。

教育 = 爱 + 被爱 ◥

教育的路，即人的路，爱的路。我提出"做有故事的教育，办有温度的学校"，正是基于"爱与被爱"的思考。爱是教育的原点，爱也是教育的远点。人是爱的存在。站在爱的台阶上，我们才能看见人。我有自己的教育"人观"——

教师观：每一位教师都是珍贵的存在。

学生观：每一位学生都是美丽的不同。

家长观：每一位家长都是重要的链接。

干部观：坚守办学价值观的那个人、与师生保持最近的那个人、让学校保持沸腾的那个人、把学校带向未来的那个人。

校长观：学校温暖的符号，师生成长的"道具"。

2013 年，我出任南京市莲花实验学校首任校长。这是一所三校整合、地处城乡接合部的学校，也是南京市义务教育阶段第一所九年一贯制的学校，85% 的学生为外来务工人员子女。就是这所学校，让我对之前就萌发的"有温度"和"有故事"的朴素的教育理念，有了深入、系统的思考，并正式提出："做有故事的教育，办有温度的学校"。连续四年，我坚持在固定日子办"大事"，目的在于：让孩子有存在感，让教师有幸福感，让教育有仪式感。每天"相约 8:30 校长表扬电话"、每周带学生在南京旅行、每学期带着一本书去家访，更是成为点亮了城乡接合部一个又一个家庭的明灯。2013 年 12 月 22 日，央视《新闻联播》对我们莲花实验学校作了近三分钟的报道。

2017 年 8 月，我履新郑州高新区艾瑞德国际学校校长。我更加意识到，教师是"爱与被爱"的重要主体。于是"有温度、有高度、有故事、有本事"的"四有教师"成为学校教师发展目标，"研、读、写、讲、种"成为教师成长"五件套"。顾明远、成尚荣、柳夕浪、李政涛、魏书生等被请进艾瑞德每月举办的"名师大讲堂"；北京师范大学、南京师范大学等成为全校教师暑期轮训教育场。当"爱的输入"越来越多，老师们就自然有更多的"爱的输出"，目前全校教师均开通个人公众号，书写教育文章 25000 余篇、2500 余万字。仅 2020 年，全校教师在省级以上期刊发表的文章就有 40 篇。

"四有教师"托举起"眼中有光、脸上有笑、心中有爱、脚下有力"的"四有儿童"。每一位学生都是美丽的不同，每一个孩子都是独特的生命个体，我会为每一个过生日的孩子签名送书，"校长信箱"中有 1000 多封学生来信，我每封必读、每封必回、每封必藏。而这样的学生观已经成为全校教师的共识。每年岁末，学校会启动"你的'新愿'，我来实现"的迎新活动，作为校长，我将在国旗下抽取全校学生的"新年愿望"，并帮助实现。爱，是听见你小小轻轻的呢喃，当温度爬满教育的枝头，当故事别上童年的衣

晴耕雨读好教师

襟，我们看到了一个个挺拔、阳光、被爱、会爱的"瑞德少年"。

"相约 8:30 电话"的温暖连线在艾瑞德延续。至今已经打了 1200 个电话。"相约 8:30"，约的是美的发现与传递，爱的表达和交流。孩子有了进步，教师有了发现，校长有了热线，学校有了故事，家长有了惊喜，教育有了温度。2020 年，我们启动"家校关系重塑"的改革，提出家长应成为"有共识、有格局、有奉献、有智慧"的"四有家长"。每学年的"民调"，家长"非常满意"率都超过 95%。

艾瑞德的中层干部平均年龄 30 出头，学校文化生态清新、阳光、绿色。"爱与被爱"在我们的管理文化中表达为四句话：赋愿，让我们走得更远；赋爱，让我们走得更近；赋信，让我们走得更紧；赋行，让我们走得更稳。我们更由此梳理出：管理"暗物质"，即看见、信任、托举、影响；成长"暗物质"，即真实、善良、谦虚、坚持。

2021 年，我第三次站上中国教育创新年会的演讲台。回顾三年来的分享题目，无一不是瞄准"爱"——

2019 年：《学生长什么样，跟教师的样子息息相关》
2020 年：《寻找安全感，是文明进步与人生奋斗的最基础动力》
2021 年：《学校家族画像和背后那一对"隐形翅膀"》

这一年，正逢建党百年和艾瑞德国际学校建校十年，我们公开出版了由师生、家长共同完成的 10 本书。10 本书，是"艾"的教育故事的沉淀，更是"爱"的集体文化的凝练。成尚荣先生在序言中写道："艾瑞德的故事是爱的故事，而爱的温度可以传递，让整个艾瑞德都变得温暖、光明、美丽。总有一天，艾瑞德的孩童将带着'爱的魔法'走向人生，走向社会，走向世界，为人类作出爱的奉献。"

教育＝关系＋联系 ◥

苏霍姆林斯基说："让每一面墙都会说话！"
李政涛教授说："让每一处空间都会说话。"
我私下以为："让每一面墙都会对话。对话是互动，让墙和师生产生有机的联系和温暖的故事。"

教育学就是关系学。做校长就好像当红娘，要"牵线搭桥"，牵人与人之间的感情线，搭资源与平台的生态桥。

重建课堂关系。教室空间结构的实质是关系，即师生关系、生生关系，教学改革的重要内容就是课堂关系的重构。我提出了艾瑞德"自然生长课堂"五要素：基于关系的相遇与对话、基于自主的探索与发现、基于合作的互动与体验、基于理解的分享与表达、基于发展的激励与评价。在这样的课堂理念之下，教室空间结构合理调整，形成了"人人都有麦克风""故事充满课堂""学习真实发生"的课堂样态。连续四年，学生在区域期末综合素质评价中均名列前茅。2021 年艾瑞德发布的《教育教学改革蓝皮书》被称为具有领航意义的"教育风向标"。

让校园成为"笑"园。我所憧憬的校园，能给人如沐春风的感觉。在这里，温度和故事被春风别出心裁地剪成一片一片，粘贴在校园的角角落落。于是，校园多了芝麻街、钢琴厅、彩虹桥、瑞德银行、瑞德超市、母婴室、健身房……而我办公室的一整面墙，则挂满我与过生日的孩子的笑脸。在我心中，学校不是简单的学生上完课离开、教师改完作业下班的地方，而是一个用价值内核营造的关系生态场，是温暖师生的田园，是承载梦想的"笑"园。"笑"园的形成基于儿童立场、国家立场、学校立场，"笑"园的价值在于每个人都精神明亮，都能昂首挺胸地站立，觉得自己也有"可以伟大"的地方。

用脚步丈量成长。艾瑞德国际学校有学生成长"六个一"主题课程，即一年级露过一次营、二年级穿过一条谷、三年级经过一种爱、四年级访过一座城、五年级趟过一条河、六年级翻过一座山。教育要让学生与校园之外的世界产生联系，这种联系就像学生的"成长突触"，联系的增多，会刺激"成长神经元"，久而久之，学生就能学会用脚步丈量成长，用联系构筑未来。

早在 2011 年初创时，学校就同时建了一个 300 亩的田园校区，并坚持开展劳动教育。在这个基础上，我们逐步构建起"校园、田园、家园、社园"四园联动劳动教育实践机制。四园联动，是教育中关系和联系的又一升华，得到了各方面的关注。2021 年 5 月 15 日，"首届中原劳动教育论坛"在我们学校举办。

马克思主义认为，人的发展是在主体对客体的主动实践活动中进行的，只有在环境中，进行主动的实践活动，人才能得到自由而主动的发展。而我眼中的这种"环境"，借用李吉林老师的话讲，即是"形真""情切""意远""理寓其中"的关系，一切景语皆情语，教育＝关系＋联系，正是我理解、塑造教育的支点和落点。

教育 ＝ 善待 ＋ 期待

善待和期待是两个带有时间况味的词，对应着当下，又朝向诗和远方。

善待的密码在"坚持"里。

坚持为贵，贵在坚持。学校每年坚持派老师外出学习，四年来累计195次、参与840人次、路程约294361公里，所有人走过的路加起来可以绕赤道七圈；开展"名师大讲堂"28期，共邀请专家43人；鼓励教师申报课题，四年来23个课题立项，86人参与，结项7个，3个区级二等奖，1个市级一等奖。每月全校教师坚持共读一本书，累计39本；同看一场电影，累计36场。

作为校长，我有13个"坚持"：1.每周听一节课；2.每天"相约8:30电话"向家长汇报孩子的进步；3.每周四与学生校长助理共进午餐；4.每周一在国旗下为"瑞德少年"颁奖；5.每周一国旗下讲故事；6.每周四阅读并回复"校长信箱"来信；7.每天与三名学生共进午餐；8.每天"日精进打卡"；9.每天晨读半小时；10.每天粉笔字打卡；11.每天下午送学生放学；12.每天校园巡视万步；13.每天"校长60秒"。

期待的钥匙在"梦想"里。

学校就是一个梦工场，上演着无数个"圆梦计划"。今年10本公开出版的书籍和15本学校内部发行的"土书"，圆了许多教师的"作家梦"；团拜会上，我们为"校园男神"王顺平老师定制的"'王的声宴'个人演唱会"，圆了王老师童年就有的"歌星梦"；读书广场的"百家讲坛"，圆了许多孩子的"教师梦"；报告厅的演讲比赛，圆了大批学生的"演说家梦"……

与其说设下期待，不如说是为梦搭台，做梦、追梦、圆梦、造梦，每个期待的实现都是一个梦想的轮回，我的教育之路，也正是在这样的轮回中穿行。可喜的是，如今的我并不是"坚持"的独行侠，我有了"梦想"的合唱团。大概正因如此，2021 年，我幸运地成为北京师范大学"未来教育家成长计划"首批学员和第五届"明远奖"实践类获得者，这促使我进一步思考"善待"和"期待"的关系。也许，善待是期待的注脚，期待是善待的确证。

结　语　◥

教育，就是人和事的撞击，时和空的相遇，激荡出关乎"爱与被爱、关系与联系、善待与期待"的浪花，当然，还有温度和故事的涟漪。爱与被爱的主体是人；产生关系和联系需要场景与空间；善待与期待对应当下与未来的时间语系。"做有故事的教育，办有温度的学校"便在这样的人与时空的教育表达式中，淘洗、淬炼、澄明、沉淀。

第五辑

社会关怀

　　2016 年 7 月，经国务院侨办和湖北省教育厅选派，汤敏飞老师远赴印度尼西亚，教当地的孩子学汉语，培训汉语教师，组织汉语文化活动。六年后的 2022 年 6 月，在接受大夏书系公众号的采访时，汤敏飞老师说："教到深处是慈悲，育到深处是仁爱。"或许，正是为期一年多异国任教的生活，让他更为深刻地体悟到慈悲、仁爱之于教育的情趣智趣。教育除了是一种专业，亦是一项公共事业。有越来越多的教师，自主自发，倾心倾力，组织教育同行共读共写，带领学生参与公共生活，组织少儿开展公益研学……可以预见，我们的育人时空，将由此而拓展、深化，美美与共，善善相生。

张硕果：一起看见未来

王维审：从阅读到『叙事者·悦读』

汤敏飞：做一面『流动的五星红旗』

吕群芳：总有一些种子，值得我们浪费时光

王　婧：美育行

齐　崇：我们的美好关乎世界的未来

张硕果：一起看见未来

张硕果 《**教师月刊**》**2014 年度教师**。生于 1970 年代，毕业于焦作教育学院历史系，自修本科，后考取教育硕士。1997 年获河南省优质课一等奖第一名。2007 年赴贵州支教，之后开始在全市范围推广新教育儿童阅读实验。河南省中小学教育教学专家，首届河南省最具影响力教师，《中国教育报》"2010 年度推动读书十大人物"。

2007 年，张硕果老师赴贵州参加"灵山—新教育"支教行动，成为新教育实验在焦作的第一粒种子。几年来，从一个人的行走，到一个团队的建设，从改变一间教室，到影响一个区域，在阅读推广的路上，她的脚步从未停止。

她以一己之力撬动了一个地区的儿童阅读实验，影响和改变着一大批师生的生命状态。2012 年，央视《读书》栏目推出"我的一本课外书"暑期特别活动，焦作有 5 位少年入选。2014 年河南省"校讯通第十届书香班级"评选中，焦作获得了近 700 个奖项中的 179 个，占据"绝对优势"，被称为"焦作现象"。张硕果老师也从"一线名师"变成了"河南省最具影响力教师"。2014 年，她受邀担任全国"新教育种子教师项目"负责人，在更大的平台上带动一个优秀团队的成长。

一个教师的影响力从何而来？心怀梦想，行有坚持，用自身的存在影响和改变更多师生的生命。张硕果老师用自己的行动诠释了名师的价值、榜样的力量。

（朱永新）

第五辑 社会关怀

对于一个孩子来说，走进一间怎样的教室，遇见一个怎样的教师，也就遇上了怎样的教育，生命便呈现出完全不同的可能性。有时候，教育就等同于那个站在讲台上的人，就等同于这间教室里发生的一切。而作为一个没有自己的教室、没有自己的学生的教师，教育于我又意味着什么？行走教育这么多年，我不断追问自己：此行目的何在？2014 年 9 月 19 日，《教育时报》刊登了一篇文章《被"夏洛"们改变的世界——焦作新教育实验七年再扫描》，对我们团队作了专题报道，也让我有机会重新梳理了自己和团队的成长。

一

回首自己的教育生活，分水岭应该是在 2007 年的那个春天。之前的我，和所有名师成长的故事一样，经历一次次挑战，捧回一个个大奖，获得了令人羡慕的诸多荣誉。但那时的教育于我的生活来说，仍是不远不近的一条平行线，我总是心怀警惕，刻意将它和我的生活区分清楚，总担心自己陷入其中，被所谓的"道德模范"绑架，成为蜡烛，身心俱焚。

改变发生在 2007 年的春天。那时我已经是一名专职的教育科研人员。一次偶然的机会，赴贵州省遵义市凤冈县参加了"灵山—新教育"支教行动。当时的我并不知道，这次和新教育的美丽邂逅会如此深刻地影响和改变我的教育生命。"……一直在飞一直在找，可我发现无法找到。若真想要，是一次解放，要先剪碎这诱惑的网……"每天回旋在耳边的是汪峰的这首《飞得更高》，歌词所写的不正是自己长久以来的困境吗？在山里孩子们善良的眼眸中，我看到了期待，看到了因为和美好事物相遇给生命带来的冲击。我突然发现，原来教育也可以如此美丽，而这正是我想要的生活。

"把自己打碎，像土粒一样地打碎，这也许是泥土成为花朵的唯一可能。"于是，我放下了之前的所有"辉煌"，让一切归零。我知道，我需要为自己的成长寻找一个新的起点。就这样，我从高三历史课的讲台走到了小学二年级的讲台，在一首首美妙的童谣中，在一本本精美的绘本中，和孩子们分享着童年的味道。在和儿童打交道的过程中，我强烈地意识到，童年的经历、早期的学习对儿童的一生影响深远，它会引领儿童的未来之船驶入特定的航道，或许更好，或许更糟。

从贵州回来后，我义无反顾地踏上了新教育儿童阅读推广的道路。我开始不断汇聚美好事物，将它们源源不断地带到孩子们的生命当中，童书、电影、诗歌、游戏、音乐、童话剧、大自然……当这一切以课程化的方式进入儿童的生命，晨诵、午读、暮省成为儿童的日常生活方式时，孩子们开始带给我们越来越多的惊喜。2012年，央视《读书》栏目"我的一本课外书"活动在全国寻找最会读书的孩子，焦作有5位读书少年被选中参加节目录制。阅读，改变着越来越多孩子的生命轨迹。2014年5月，河南省"校讯通第十届书香班级"评选结果揭晓，焦作的成绩再次让人赞叹：近700个获奖班级和个人中，焦作有179个，占据"绝对优势"。有人把这称作"焦作现象"。

二

张老师，您好！我是修武二实小的程新梅。打扰您了！根据教材内容，在校讯通上写了几篇数学童话，您有空的话可以看一看。苦于找不到适合孩子们读的数学读本，所以试着写了一些，请您指导。

类似的短信，我的手机里不知道有多少，它们已经成为我生活的一部分，几乎每天，我都要和一些认识或不认识的老师进行这样的交流，我想这大概就是《小王子》中所说的"驯养"吧。因为这样的相互编织，越来越多的人走到了一起。

因为自己的存在，影响和改变了一些人的生命状态，这是我行走在新教育之路上感到最骄傲的一件事情。在推广新教育儿童阶梯阅读项目的过程中，有人热血沸腾，有人半信半疑，有人立刻行动，一部分"尺码相同"的教师开始慢慢汇聚起来，形成了我们最初的团队。焦作修武第二实验中学的一位老师在随笔中写道："生命中都有光，有的人暗淡，是因了遮蔽，因了蒙尘。除去这些尘埃与遮蔽，生命一定会散发出应有的光彩。再活一次，让光出来。"

新教育让很多教师有了"重生"的感觉。而对于我来说，让每一个与我相遇的孩子，因我而幸福，让每一个与我相遇的教师，因我而成长，这便是我对自己职业生涯的期许。和新教育同行的日子，我一直坚持把自己与那些具体的教室、具体的课程、具体的人紧紧联系在一起，关注每一位教师的悲喜，关注每一间教室里的故事。我想，或许这样新教育的根就可以深深地扎下来。就这样，从影响和改变一个教师开始，我们影响和改变着一间教室，影响和改变着一所学校，甚至一个地区的教育。

一间平庸的教室不一定源自一个平庸的教师，但一间卓越的教室，一定源自一个不甘平庸的教师。当一个教师所有的幸福和纠结都源自一个叫作教室的地方时，我们还能对它无动于衷吗？ 2012 年，我们开始致力于教室建设，致力于"缔造一间完美教室"，从班级文化、班级课程、班级家校共同体入手，让教室的内涵不断延展。"丁香班""小梅花班""蜗牛居""竹节轩"……当一间间教室拥有了自己的文化、课程和生命后，从这些教室里走出的孩子也就拥有了不同的生命气象和文化气质。

课程的丰富性提升了生命的丰富性，课程的卓越性提升了生命的卓越性。基于阅读、基于生活、基于本土文化，我们研发了年俗课程、童话剧课程、种植课程、电影课程、游学课程、黄河泥坝课程等，还有以雷夫为榜样的经济学课程。缘于这些丰富的课程，孩子们拥有了丰富的童年生活。

三　◥

走在这条路上，你会忽然发现，原来有很多的人，和你一样。2014 年 3 月 1 日，我和童喜喜——新教育的专职义工在焦作重逢。在我眼中，喜喜的优秀是不言而喻的，年轻的 80 后作家，率性爽朗，惜时如金，走路做事从不拖泥带水，看人说话总是一针见血。

第一次见她，是在海门年会上；第一次"读"她，缘于她那篇《我要做个新的孩子》；第一次认识她，缘于她毅然决然地说"和新教育谈一场恋爱"，要成为新教育的专职义工。时间已经过去了好几年，如果真是一场恋爱，不算刻骨铭心，也是倾情投入，而今，和新教育的这场恋爱，已经让她陷入其中，无法自拔，连同她最亲密的那个人，也被卷入其中。喜喜告诉我，这次从北京赶来，就是专程邀请我担任全国"新教育种子教师项目"负责人，希望我能够在更大的平台上引领更多的一线教师不断超越自己，成为新的榜样。就这样，在她的"软磨硬泡"中，我接受了邀约，我俩重新规划了"新教育种子教师项目"，贡献着彼此的思考和经验，乐此不疲。

2014 年 3 月 18 日，"新教育种子教师项目"的第一次热身活动——"种子教师孟州现场会"在焦作孟州的韩愈小学、育新小学举办。来自三门峡、安阳、洛阳、漯河的外地考察团近 200 人参加了会议。在活动现场，新教育春季种子党玲芬老师的"丁香班"班级叙事让在场的老师们震撼不已，我们看到了那些浸润在美好事物中的孩子，他们精神生命的场域和高度，看到了一间教室所能拥有的尺度，也看到了一间不平庸的教室是如何一点点变为现实的。而这些成长故事的背后，是每一天、每一月、每一年扎实而丰富的新教育课程实践。

2014 年 5 月，"认识未知的自己——全国首届新教育种子教师研修营"在焦作成功举办，来自全国各地的优秀新教育种子教师 200 余人相聚在太极故里。在这里，我们遇见优秀，遇见榜样，也遇见了未知的自己；在这里，我们为同伴喝彩，也为自己加油，点亮自己，照亮他人，温暖前行。我们始终坚信，未知的自己在高处。

2014 年 7 月，在苏州召开的全国新教育实验第十四届研讨会上，我代表新教育种子教师团队作了题为"读写绘——童年最美的礼物"的新教育课程引领讲座。

2014 年 10 月，为期一周的"新教育种子教师北京行"活动如期举行，参观走访、同课异构、交流碰撞……

走在这条路上，是寂寞的，能够坚持下来的，一定是拥有一个强大的内心世界的人，是一个可以用自己的力量抵御外界各种诱惑的人。走在这条路上，也是幸福的，那些额外的奖赏，那些属于我们的庆典一直未曾远离。2014 年 4 月 11 日，在"亲近母语论坛"的现场，我从梅子涵老师的手中接过了"书香点灯人"的证书，同时获奖的，还有我们的两位新教育种子教师——来自江苏海门的倪颖娟老师和来自江苏苏州的顾舟群老师。2014 年 4 月 27 日，在第五届"河南省最具成长力教师"活动颁奖典礼上，我们团队

第五辑　社会关怀

的种子教师党玲芬老师以第一名的成绩入选，《教育时报》给予她这样的颁奖词："守住自己的教室，将课堂作为教育生命的道场，以自己的理想和坚持，开发出诗意盎然的课程，照亮每一个和您相遇的孩子……"还是这个春天，我们的秋季种子教师赵素香被评选为河南省特级教师。

在给种子教师的一封信里，我这样写道：

一粒种子的成长，必须穿越泥土的黑暗，必须经历岁月的磨砺，才能最终完成一朵花的使命，或者一粒种子最大的生命可能性……有一天，当我们走进任何一个新教育种子的教室，都能够看到充满个性而富有新教育特质的班级文化，都能够分享一年里每一天、每一月、每一学期、每一学年所走过的课程之旅和生命叙事。所有看见它的人，都会说，这是一间多么与众不同的教室，这是一间新教育的完美教室，从这间教室里走出的每一个人是那么的与众不同。这不仅是我个人的心愿，也将是我们团队的愿景。未来会怎样，让我们一起继续书写。

此行目的何在？我想，应该是深度参与他人生命的成长，付出，欣赏，喝彩，和他们一起看见未来。我要像《夏洛的网》中的夏洛一样，为威尔伯不断地织出那些伟大的词语："了不起""光彩照人""谦卑"……并由此来影响生命成长的方向，为别人创造生命奇迹提供支持，也为自己的生命创造奇迹。

（原载《教师月刊》2014 年第 12 期）

晴耕雨读好教师

王维审：从阅读到"叙事者·悦读"

王维审 《教师月刊》2016年度教师。生于1971年，毕业于山东广播电视大学历史教育专业。做过代课教师和校办工厂工人，曾任教于农村中学。山东省教师教育学会理事、山东省心理健康教育研究会理事，致力于"叙事教育"研究，系"叙事者"教师专业发展共同体发起人。出版《寻找不一样的教育》等专著。现供职于山东省临沂市兰山区教体局。

我推荐王维审老师，最重要的理由就是，他是相信自己就是光，而且时时刻刻用这样的光去引渡他人、去激起更多光的人。生于贫瘠、超越贫瘠成为他最基本的姿态。他身处体制的底层，但始终以民间的立场，自觉、坚定地去找寻与呼唤教育的光明与自由。他的教育行动已经远比自己的"身份"更有影响力。他不计辛劳与得失的教育公益精神一定源于他的生命自觉。从他身上，我们可以看到草根的力量，也更相信教育改善的可能。

（张文质）

第五辑 社会关怀

阅读是可以养人的

我从小喜欢读书，不是因为生来就有多么宏伟的追求，而是因为天生内

207

向的性格。从小，我留给自己的印象就是孤独：在家里，我喜欢躲在墙角旮旯翻看那些早已破烂不堪的书，那是曾经读过师范又教过两年小学的父亲带给我的最大财富；在学校，我喜欢远离疯打疯闹的伙伴，一个人对着满是标语口号的黑板报念念有词，那纯粹是希望用另一种枯燥来躲过课间十分钟的喧嚣。

那时的农村孩子，除了课本以外基本没有什么可读，写起作文来自然干瘪而空洞。因为阅读，我的作文时不时地会冒出一些连老师都没读到过的句子，自然就成了老师经常拿来念的范文。这样的"发表"，逐渐消融着我的自卑，也让我寂寞的阅读生活有了继续下去的动力。于是，读得愈加勤奋，写得越来越有劲，得到的表扬也越来越多。可以说，我就是在这样的阅读中被奖赏大的，从村办小学到村办初中，直至带着一身的泥土味闯进市里的重点高中。

因为身体原因，我不得不放弃了即将到来的高考。辍学回家，却无力以务农为生。父亲只好托人为我谋了一份差事——到一所农村初中做代课教师——一份既无法糊口更无法养家的临时性工作。在讲究身份等级的学校里，一个临时工的尴尬可以让人卑微到最低处。阅读，又一次成了我的救命稻草，成了我躲避鄙夷目光和嘲讽的工具。上完课，墙外的那片桑树林成了我绝好的去处。带一本书盘腿坐在满是落叶的沟沟坎坎中间，完成一次沉迷其中的阅读。那种阅读，可以让人忘记烦恼，忘记不满，甚至忘记仇恨。再后来，受了阅读的鼓舞，我开始"对抗"现实——放弃临时工身份，复读三个月后参加高考，接受了两年师范专科教育，成了正儿八经的公办教师。

在另一所农村初中，作为公办教师的我"混得"却不如临时工，甚至被"贬"到校办工厂当工人，日复一日地做着在污水池边洗刷废旧编织袋的活计。后来，校办工厂垮掉，我被"发配"到最偏远的一个村办初中。这两年的时间，压抑、隐忍、困顿，而阅读又一次拯救了我——对于无端的不公和人为的磨难，我有了抵御的盔甲；我也在这个过程中，不知不觉地走进了教育经典的世界。

那段沉闷的时光，让我结识了苏霍姆林斯基，更让我喜欢上了他的文章——清浅而又深刻的教育叙事。

终有一天，当我正式站上讲台时，教育叙事便成了我专业成长的"亮

晴耕雨读好教师

点"。十几年里，我撰写了 700 多万字的文章，其中有 1000 多篇在各级报刊发表。随着写作的深入，颇为薄弱的个人底蕴捉襟见肘。为了写下去，我开始了一场比较系统的阅读：除了继续阅读教育经典，夯实自己的专业阅读之"桩"，还开始广泛阅读人文经典，形成个人的人文阅读之"场"。

回望这一段时光，我的阅读理由简单而直接，大多是对生命缺陷的一种本能的妥协与掩饰，是对生命不堪的消解与对抗，抑或是为了某种存在下去的必需。在逼仄的教育生活里，阅读给了我必要的滋养和帮扶。这让我很是相信：阅读是有附加值的，它能养人。所以，我希望所有的人都可以得到阅读的滋养。为此，我作过各种各样的尝试。比如，身为数学教师的我，往往越位做语文教师的活儿，不仅为班里购买书柜、添置图书，还大张旗鼓地组建学生阅读社团。这虽然改变不了什么"大局"，却在内心播下了带着别人一起读书的种子，只待机会的来临。

为了阅读，推动阅读 ◥

前几年，我陪同《中国教师报》记者宋鸽调研名师工作室建设情况。一位参加座谈会的新教师说道："其实我们年轻教师知道读书的好处，也知道要想成为教育家型的教师就必须多读书，但是乡村小学的老教师们基本不读书，我们想读也不知道应该怎么去读，更不知道应该读哪些书……"也许，每一位青年教师都有过读书之志，但在一个不读书的环境里，他们的志向要么迷失，要么消失。有一次，我给某大学的国培班学员讲"教师阅读与专业发展"。在互动环节，一位老师质疑说："王老师，教师的关键发展期就那么几年，等读书的效果起作用时我们也快退休了，还不如趁年轻多磨几节课，多拿一些优质课证书。毕竟这与一个人的底蕴培养相比要来得快，在各级骨干评选上也更加看得见摸得着。"读书不实惠，这位骨干教师（参加国培的一般是骨干教师）的看法，差不多是成熟教师的一种普遍认知。

类似的事情我经历过很多。读书成了教师不可为、不愿为的奢侈品，教书却不读书，这样的尴尬时时触动着我的内心。为此，我开始关注教师的阅读力培养，希望每一位教师首先成为读书人。

这些年我所作讲座的主题大都与教师阅读、写作有关。每每讲座结束，我总会向校长建议成立一个教师读写成长团队，并主动提出自己可以提供一些帮助。就这样，我开始依托学校建立教师读写团队，并尝试借助网络（QQ群等）与全国各地的团队进行互动。在这一个阶段，我开始推动教师参与经典阅读，不仅费尽心思为每个团队制订读书方案，还花费时间和精力到各地参加线下交流。最初，这些小团队朝气蓬勃，读书活动丰富多彩，并卓有成效。慢慢地，活动越来越少，有的甚至偃旗息鼓。30多个团队中能够坚持正常开展活动的现在不到三分之二。

究其原因，我梳理了三条：一是这些团队虽然定性为教师自发组织，实则是学校的官方组织，校长的支持力度和参与热情决定了团队是否能够坚持走下去；二是这些团队的成员名义上是自愿加入，实际上是在校长的号召和倡导下"半推半就"参加了活动，缺乏主动成长意识；三是团队规模太小，每个学校的团队成员激发不出异质化的交流碰撞。

怎么办？从去年开始，我开始尝试组建联盟式的读写团队，试图把分散于各地的小团队整合成一个成长联盟，并为此作了巨大的努力，但效果依然不明显。苦闷彷徨，多少个不眠之夜，我都在为此而焦虑不安。有朋友劝我，社会大环境如此，你又何必如此折腾呢？

但我宁愿坚持这份折腾，也坚定地相信，一定会有一个更好的办法，聚集起一批真正愿意读书、喜欢读书的志同道合者。

叙事者，我们一起阅读 ◥

"大家好！这里是'叙事者·悦读'，我是金锐。今天，我们先一起回顾前三周的阅读内容……"然后，伴随着《中国教师报·文化周刊》主编金锐老师迷人的男中音，"叙事者"三月共读书目《儿童的人格教育》进入了"问题导读"环节。"叙事者"的全称是"叙事者教师专业发展共同体"，是我在2015年寒假发起成立的一个民间教师读写团队。它的成立，源于一次挑战活动。

2015年1月23日，受朋友的启发，我发起了一个寒假挑战活动——邀请全国各地爱好读书、写作的老师，在寒假的30天里不间断地进行读写活动。活动得到了全国各地诸多读写爱好者的积极响应，他们中有即将退休的老教师，有刚刚参加工作的青年教师，还有师范大学的在校生。3月1日，以参与挑战活动的教师为骨干的"叙事者教师专业发展共同体"正式成立，核心成员超过1000人。

"叙事者"作为一个紧密型的教师读写团队，其活动方式有四种，即读书、写作、交流、研究，最基本、最重要、最系统的是"叙事者·悦读"活动。"叙事者·悦读"倡导"深度拥有一本书"，基本要求是"每月共读一本书"，常规的操作程序有三步。

一是荐书。由叙事者全体成员在群内推荐自己喜欢的书，由此产生候选书目并在叙事者公众号进行投票，最终由专家组从得票前30名的图书中确认整个学期的共读书目，所选图书兼顾专业和人文。

二是读书。根据最后发布的共读书目，征集"一本书的领读专家"，确定每本书的领读人，并由领读人主持"启动导读""问题导读""线上书吧"活动。"启动导读"就是领读人在每个月的第一天发布共读图书的整体介绍，并提出阅读建议，从而开启一本书的阅读；"启动导读"有"文字导读"和"有声导读"两种形式，在叙事者博客、公众号、QQ群等同时发布。"问题导读"即领读人在第三周周六发布"焦点问题"，提示第一次阅读结束，引领团队成员带着所给问题进行二次阅读，我们称之为"反刍式"阅读。"线上书吧"是指每月第四周周六晚上的读书交流活动，由领读人组织对整本书的深度探讨。

三是聊书。在整本书阅读过程中，每位叙事者都可以随时在群内发表阅读随想，一般比较简短，属于即时性的"闲聊"；"线上书吧"活动结束后，每位成员要撰写一篇阅读心得，属于比较严谨的正式聊书。

以这样的方式，我们至今已共读了《静悄悄的革命》《给教师的建议》《苏东坡传》等十本书。安徽的刘茜老师说："在跟随'叙事者'行走的过程中，专业书籍的阅读打开了我的眼界，让我学会了理性审视自己的教育。渐渐地，我发现自己变了。当学生犯错误时，我不再像以往那样大发脾气，更多的是淡定和理智；偶有空闲时，我便让自己浸润到阅读的美好中。"在"叙事者"的影响下，一些核心成员纷纷建立自己的教师阅读团队，江苏省苏州市望亭中心小学毛家英校长组建的"叙事者·望亭团队"就是其中的佼佼者。还有部分教师，借鉴"叙事者"模式成立了"师生共读群""亲子共读群"，把读书的种子撒向了学生和家长……"叙事者"，已经不再是一个简单的教师成长团队，而是一个读书活动的孵化器：越来越多的分支团队从这里出发，走向了越来越远的阅读之旅；越来越多的人从当下开始，把读书当成了自己的生活方式。这是"叙事者"所希望的，也是"叙事者"最大的欣慰。

我没有振臂一呼、应者云集的魅力，也没有征服他人、改变世界的决心。但我愿意，在推动教师阅读的道路上，能泛起一缕流萤之光，照亮一些可以照亮的心灵，温暖一些期待温暖的读书人。

（原载《教师月刊》2016 年第 12 期）

汤敏飞：做一面"流动的五星红旗"

> **汤敏飞** 《**教师月刊**》**2017 年度教师。**生于 1978 年，全国模范教师（教育部和人社部评），全国名师工作室联盟理事，湖北名师（湖北省委、省政府评），湖北省名师工作室主持人，湖北省十佳班主任（湖北省教育厅评），荆楚好老师，湖北省作家协会会员。多次在各级各类教学比武中获奖，在《人民教育》《中国教育报》等报刊发表论文、随笔数百篇，在各类文学刊物发表文学作品 60 余万字，出版教育专著《赐予孩子伟大的力量》等。

经国务院侨办和湖北省教育厅选派，我于 2016 年 7 月到印度尼西亚任教汉语，并培训当地的汉语教师。在为期一年多的异国任教的日子里，除了日常教学，我还策划、组织、主持"汉语周""汉语小能手比赛"等活动，帮助当地的孩子、教师学习汉语，感受中国传统文化，努力做"一带一路"汉语教学的实践者。

作为一个班主任和初中语文教师，我比较喜欢研究学生，研究教学，研究课堂，不断提高专业素养和教学品质，帮助一批又一批的学生考上省示范高中——仙桃中学。这当中，有两个孩子的中考成绩是当年（2008 年、2010 年）的全市第一名。家长送来了锦旗，媒体作了报道。

我尽己所能，为湖南、河北、广东以及湖北省内的教育同行们作讲座，分享成长所得，交流教育之思。

第五辑 社会关怀

我珍惜被认可的幸福，珍惜做教师的荣誉。

（汤敏飞）

2016 年夏天，我背上行囊，远赴印度尼西亚泗水市新中三语学校做汉语教师。回首这一段海外从教经历，感到艰辛，也有很多欣慰。犹记得，临出国前，国侨办领导反复叮嘱："你们出国之后代表的就是中国，你们就是流动的五星红旗！"作为一个外派教师，我牢记使命，尽心竭力地教授汉语，推进汉语国际化，弘扬中国传统文化。

初到印尼

初到地处赤道的印尼，我患上了严重的水土不服症，气候、生活环境和文化习俗都特别不适应——天气酷热，蚊虫叮咬，口腔溃疡，难以吃下印尼饭食；连续十数夜失眠，发烧感冒；难以习惯上完厕所不用手纸，而是用水冲洗……

在新中三语学校，我承担了五个班的汉语课教学任务，外加两个班的汉语听力和中文电脑，按国内算共计每周 32 课时，另外还有学校的作文兴趣班教学和一些其他工作，沉甸甸的担子压在肩头。

更麻烦的是，我和印尼老师语言不通，交流全靠翻译，有时靠手势比划。而且，印尼的整个教学生态与国内迥异，我简直寸步难行。

初进课堂，我就领教了印尼孩子的"自由习惯"——随意地下座位奔跑或坐到地上打滚，突然打断老师讲课，任意跑出教室上厕所或喝水，爬桌子，相互打闹……简直就是大闹天宫！

最初我也愁容满面，但困难恰恰是进步的动力，很快我就想出了对策：其一，以点带面，找出班上最调皮的几个孩子进行"攻心"，影响其他孩子；其二，说服印尼老师，请他们协助管理；其三，实行"小星星制"，在黑板上及时通报表现好的孩子，奖给小星星；其四，进行感情投资，抽时间多与孩子们交流，参加他们的活动；其五，与学生约法三章，并经常对照规矩抓行为习惯……一段时间下来，孩子们很少在课堂上闹腾了，也慢慢喜欢上了我这个中国老师。

享受教学 ◣

汉语在印尼是第二语言，要想让孩子们爱上汉语，就必须提高汉语课的吸引力。为此，我花了不少心思。

精心备课，千锤百炼，设计各种能够激起学生兴趣、吸引学生参与的教学活动。为了把课件制作好，常常是翻遍资料，"淘尽黄沙始见金"。新中三语学校备、教、改、辅、考的任务特别重，其辛苦程度远甚于国内。白天时间不够，只能晚上在宿舍加班加点。我自己也不知熬过了多少个汗如雨下的酷热夜晚，被蚊虫叮咬了多少个肿包，有时奇痒无比的疱疹抓破后血迹模糊。

当然，我还得努力适应印尼的教学，根据第二语言的特点不断调整、改进授课方式。比如，尽量用浅显易懂的口语进行教学，词语、句子的教学淡化语法和义理，强调训练、重视操练等。

2017年1月，学校录制了我的两节课，一节汉语，一节汉语听力，在对外宣传时反复播放。2月21日是学校开放日，学生家长们纷纷进班听课。我又上了两节公开课，一节汉语，一节汉语听力，得到大家的肯定，当地《千岛日报》还对此作了报道。

我还承担学校写作兴趣班的教学工作。基于印尼学生中文写作基础很薄弱的实际情况，我苦心构思教学思路，精心选取写作内容，比如《精彩的圣诞节》《我的中文老师》《我喜欢的玩具》等，然后精选例文，编制详细的写作指导方案。在写《我喜欢的玩具》时，我请孩子们把玩具带到学校来，同学之间互相介绍自己的玩具。功夫不负有心人，我辅导的学生作文先后有33篇刊登在《千岛日报》和《国际日报》上，另有两名学生在泗水"华文杯"作文比赛中获奖。

我真的非常欣慰。一年多的时间，我任教的汉语课、汉语听力课和作文课，效果都不错，得到了学生们的喜爱和同事们的认可。校长还专门为我录制了评价视频，肯定了我的工作。回国后，这个视频在仙桃电视台播出。

传播中国文化 ◥

教学工作之外，我还组织了一系列中国文化活动。2017年3月，我策划了全校的"汉语小能手比赛"。前后一个多月，与印尼老师一起，反复做方案，反复开协调会议，准备设备，制作道具，还设计了大量表格……比赛包括汉字听写、句子排序、诗歌背诵、中文演讲、看图作文、耳语传话等许多子项目。孩子们踊跃参加，热情高涨，活动结束之后都嚷着还要参加。

4月，我又主持全校的"汉语周"活动。孩子们学说绕口令，竞猜成语故事，评说中国名著，深深感受到了汉语的魅力。6月，我给全体教师作了主题为"中国与印尼教育教学之比较与建议"的专题讲座，得到与会者的一致好评。

在外派任教一年多的时间里，我还积极参加中国驻泗水总领馆及印尼华文教育基金会、新中京剧团等华人社团的文化活动，例如春节、元宵、端午节等庆祝活动，或表演节目，或作专题发言。我还为各类教育文化活动撰写新闻稿，如《总领馆的关怀比粽子更香》《不辞长作华教人》等，先后有7篇发表在《千岛日报》上。

回首这一段特殊的岁月，我感到最大的收获就是得到了孩子们的喜爱和认可。Laurogo制作了彩色蝴蝶卡片送给我，Fiorenza把我的名字做成面包送给我，Jessica和Joanna一见到我就往我怀里扑……

七只小青蛙 ◥

或许是饮食及气候的原因吧，印尼的孩子普遍偏胖。在我任教的那几个班级中，有七个孩子长得特别胖。我利用每周的课外特长活动时间，组织他们参加体育锻炼。我用一些中国式的体育运动来锻炼他们，其中有一项就是"蛙跳"。可别说，这些印尼孩子还真喜欢蛙跳呢。他们觉得这就是一种游戏。我设计了单人跳、双人跳、多人跳、追逐跳、障碍跳、沙地跳等多种练习方式，孩子们练得不亦乐乎。我把他们叫作"小青蛙"，他们很高兴地接受了这个昵称。当然，练习蛙跳也是挺辛苦的，在他们感到累的时候，我就和他们一起跳。休息的时候，我用手机播放中国歌曲或诗歌给他们听。

半年下来，这些胖乎乎的"小青蛙"都瘦了不少，体能也明显增强。

以前走几步路都喘气的孩子，后来也能在足球场上奔跑如飞了。临近回国的时候，我到商场买了七面小巧的五星红旗，送给这七个孩子，以作纪念，孩子们流下了感动的眼泪。我想，这面小小的旗帜将成为中国和印尼两国人民友好的见证。其实呢，印尼籍孩子当中本来就有很多是华裔的孩子，我相信他们的身体里仍然流淌着中华民族的血液。

梦在心中，路在脚下

如今我已回到了祖国，回到了湖北省仙桃四中的工作岗位，回到了我原来的生活当中。

我已从教20年，一直保持着家访的习惯，每年必定会走访班中贫困生、留守儿童或孤儿家庭，如果条件合适，就帮助他们申请社会救助。2003年至2013年，我连续坚守在九年级毕业班，尽一个教师、一个班主任的职责。

我也努力将自己的实践与思考化作文字，并积极投稿，至今已有100多篇班主任工作和语文教学方面的论文、随笔发表在各级各类专业报刊上，还出版了自己的教育专著《赐予孩子伟大的力量》。2015年2月，河北邯郸的一些家长邀请我去给他们的孩子作学习方法辅导，我二话不说，冒着零下10度的严寒就去了，一讲就是半天。2016年5月，湖北襄阳王河中学邀请我去作语文教学方面的讲座，我不顾感冒在身，欣然前往。2017年11月，武汉市三角湖小学邀请我为老师们作师德讲座，我也没有丝毫犹豫。当他们要付给我报酬时，我总是推掉，最多只报销一点路费。

分享是一种幸福，更是一种成长。几年前，我创建了"汤敏飞教育交流QQ群"，吸引了全国各地的很多教师、家长，大家经常在群内交流、研讨。

我不敢说自己有多优秀，教育同行、社会各界给我甚多。《湖北教育》、仙桃电视台、仙桃网、《仙桃日报》等媒体都关注着我的成长，各级教育管理部门给了我很多荣誉。2017年，我还被评为"仙桃市十大名师"。

梦在心中，路在脚下。我只认准目标，努力前行。

（原载《教师月刊》2017年第12期）

第五辑 社会关怀

吕群芳：总有一些种子，值得我们浪费时光

> 吕群芳 《教师月刊》2018 年度教师。生于 1974 年。中国农工民主党党员，小学语文教师，全国总工会"阅读学习成才女职工"，浙江省师德先进个人，《语文报》《小学生时代》《小学生世界》专栏作者，多篇儿童文学作品发表于《中国校园文学》《少年文艺》《小溪流》《当代小学生》等刊物，主要著作有《字若星辰——最受小学生欢迎的 99 堂汉字课》《与成语跳舞》《静听花开》等，发起创建"精灵之夜"少儿公益读书会。

2012 年，在一次教育笔会上，我认识了吕群芳老师。一干人对她的文才赞不绝口，她本人很安静，偶尔说起的话题除了阅读写作，就是童年故事。

2015 年，时任某教育杂志编辑部主任的我向吕老师约稿。她对孩子们的理解、尊重和呵护，弥漫在那干净得没有一丝杂质的文字中。那一份真诚的温情，不炽热，不猛烈，却又滚滚而来，令我感动。她硬是在当下的教育环境中，把自己的工作做成了一首诗。

因为张大春的《认得几个字》一书，吕老师开始带着孩子们一起踏上寻根之旅。她和孩子们一个字一个字地认着，学着，写着，读懂汉字背后的故事，领略汉字之美，体会神话之奇。他们将这些古老神奇的种子珍藏在心里，用心培育，用笔墨浇灌，期待种子发芽，长叶，开花。就这样，名为《字若星辰——最受小学生欢迎的 99 堂汉字课》的书稿慢慢完成，于 2018

晴耕雨读好教师

年3月正式出版。同时，吕老师的语文拓展性课程"字若星辰——我们的汉字课"也成形并开始实施。

2017年8月，吕老师与当地新华书店"吾爱书房"联手，和几位老师发起成立了少儿公益读书会。星期天的夜晚，有一群孩子来"书房"听课，她讲，孩子们听，很纯粹的美好，很单纯的幸福。随后，她又和姐姐一起，以家乡的千年书院"鹿山书院"为基地，组织开展少儿乡村公益研学游。

吕群芳老师不装，不会装，不屑装，就喜欢带着孩子们一起读书，一起在书里书外行走。于是，她成了孩子们非常喜欢的好教师。

（茅卫东）

昨晚读到一首诗："满目的花草，生活应该像它们一样美好/……/我想和你相互浪费，/一起虚度短的沉默，/长的无意义，/一起消磨精致而苍老的宇宙。/……/直到所有被虚度的事物，/在我们身后，长出薄薄的翅膀。"

朗读这首诗的时候，我的心里有一大块背景，那是我的山林以及书本，我和它们一直在相互浪费，共度光阴。

我阅读山林，看植物们自己播种，自己发芽，自己开花，一步步从季节里走来，从容淡定。

它们不爱说话，但有一言，说一语；说一语，开一瓣；开一瓣，则美丽了一片……

我阅读书本，有风自南，翼彼新苗，书是绿色的屏风，屏蔽了四周的喧嚣，身旁芳草萋萋，落花满地。

有了山林与书本，我的身后长出了薄薄的翅膀。

于是我相信，人安静地生活，哪怕是静静地听着风声，亦能感受到诗意。

教育，不也是同样的道理吗？你只要在心里悄悄地埋下一粒种子，只要足够坚持，只要足够心平气和，种子总会慢慢萌芽。

理想的教育生活，其实就是种子和岁月的故事。

第一粒种子：作文教室里的故事 ❝

2017年初夏，房晓雯老师邀请我在《语文报》开设一个作文指导的专栏，她的要求是写出新意，贴近孩子的生活，有较强的可读性。

交稿的日子越来越近，可自己还是没有理出思路，心里很是焦急。

一个午后，和班里的几位女孩子在教室里聊天，窗外正好是广玉兰树的树冠部分，花开如雪，暗香浮动。

洁白的花朵让我想起了去年冬至种的那盆水仙花，孩子们对它颇为喜欢，每逢晴朗的日子，就把水仙花捧到走廊，让它也沐浴温暖的阳光，所以，我们的水仙长得很好，每天都有令人惊喜的变化。

课后，大家总会交流自己的发现，我也会有意识地进行一些观察与描写的指导。在那段时间，有一半同学在日记中写了水仙花，而且都写得不错，尤其是王心语、叶煜等几位女孩子，她们的描写细腻、传神。

于是我就想，作文指导是否可以用故事的方式展开呢？在校园生活的记录中渗透习作辅导，也许更自然，更能走进孩子的内心。

我把大致的构思和孩子们讲了讲，大家都说喜欢，他们还为故事设定了几位主人公：叶小麦，长发女生，内向安静，喜欢阅读与写作；汤敏，短发女生，性格活泼，爱说爱笑；小希，扎马尾辫，善于观察、思考，爱写日记；刘宇，男生，喜欢运动，有些调皮，是"科幻迷"；金涛，男生，性格内向，默默做事，成绩优秀……

恰好第二天就是作文课，要求写一写自己喜欢的动物，要具体地写出动物的特点，表达自己的真情实感。孩子们推选了几位同学分别担任事先设定的主人公，我创设了一个教室讨论的场景，大家根据剧中老师的引导从动物的外形特点、声音特点、性格特点、特别的本领，分别发表自己的想法，我和另一位孩子在一旁记录。

晚上，我整理了孩子们的发言，结合设定的主人公形象与性格特点，通过艺术加工，写出了《作文教室里的故事之一：动物记》。第二天的语文课上，我把这个故事发给每个孩子看，大家觉得好玩，满满惊喜。

随后，孩子们开始写《我最喜欢的动物》，这期间，除了有个别同学寻求帮助外，其他 30 多位同学都在规定时间完成了习作，而且很棒！

一年的时间，孩子们用这样的方式一起学习写作文，我用这样的方式完成了《语文报》作文指导专栏的 16 期稿件。

我想，这就是师生共同学习的最生动的种子，最后开出了一起成长的花。

第二粒种子：重新擦亮我们的汉字 ▼

"中国人的这支笔，开始于一画，界破了空虚，留下了笔迹，既流出了人心之美，也流出了万象之美。"2013 年新年，因为沈大安老师的一条短信，我遇见了台湾作家张大春先生的《认得几个字》，让我走进了别样的汉字课堂，也引领我踏上重新擦亮汉字的旅程。

如今，沈大安老师已经故去，但我还是想真诚地说一声："谢谢您，沈老师！"

此后，我将这些古老神奇的种子珍藏在心里，用心培育，用笔墨浇灌，期待种子发芽，长叶，开花。

一天又一天，一月又一月，在风清日暖的那一刻，在花瓣落下的那一刻，在西风渐紧的那一刻，我都会想着这些古老的汉字，甚至在夜晚，抱着某个字入睡，在梦里继续细细端详。

每当自己重新认识了一个字，就迫不及待地和学生分享，或从学生的生活引出汉字，或以童年故事展开描述，或借助对某个汉字的疑问进行探究，帮助孩子们愉悦地习得汉字，让他们懂得汉字的一笔一画皆有意味，体会优秀传统文化的力量与永恒。

就这样，我一个字一个字地认着，学着，教着，并作了记录和整理，起初在《语文报》开专栏写，后来慢慢成了一本书：《字若星辰——最受小学生欢迎的 99 堂汉字课》。

这 99 个字或来自教材，或来自学生需要背诵的古诗文，或来自他们常常读到的文学作品，既给孩子们上了 99 堂生动有趣的汉字课，又让孩子们读到了 99 篇散发着童年气息的汉字随笔。

在《跟着部首学汉字》的作者吴永亮先生和嵊州市小学语文教研员田晓

军老师的悉心指导下，我把"文化之源、生活场景、个人体验"作为"芝麻开门式"的"识字密码匙"，形成语文拓展性课程"字若星辰——我们的汉字课"，主要围绕"神话与汉字""汉字图""生活中的汉字"三个主题开展汉字教学。

"神话与汉字"：上古时代的许多神话都与汉字有着千丝万缕的联系，因为它们都产生于人类的童年时代，双方的相互融入几乎是历史的必然。我梳理出与神话相关的部分汉字，并按一定的主题进行整合。每个主题中，安排一组汉字，一组神话。目前，一共整理了七个主题，分别是"杲杲日出：太阳之母与她的孩子们""月出皎兮：月亮之神与她的女儿们""太初有字：鸟的足迹开启了汉字的大门""天地玄黄：头顶蓝天，脚踏黄土地""在水一方：读读发生在水边的故事""载歌载舞：人神共徘徊的浪漫时代""寒来暑往：四季光阴的流转"，共涉及26个神话故事，47个汉字。

"汉字图"：人类最早的文字是图像化的，最早的绘画是具有文字意义的。现在，我们重新将文字图像化，透过图像来记忆学习，是非常有趣又有效的方法。每一幅图画所要表达的意境由一组相关的汉字组成，有"小院风光""春日踏青""小舟垂钓""动物狂欢"四个主题，共涉及38个汉字。

"生活中的汉字"：一个字或一个词语就能勾起我们心中的记忆碎片。这是因为人生活在体验中，并且通过体验而感受和思想。基于这样的理解，"用熟悉的情景擦亮汉字"成为我们擦亮汉字的第三条途径。其基本思路是围绕一个字，按一定的顺序或意义选取几个汉字，成为一组字，十个微课，共涉及58个汉字。

字若星辰，在头顶的苍穹闪闪烁烁，想要真正认识它们，读懂它们，就要用温暖的目光轻轻抚摸，不断地用头脑思考，用心灵感受。

张大春先生在《认得几个字》的自序中这样写道："你认得字吗？我只认得几个字。不过，还在学习。"

而我呢，认识的字更少，所以更应努力收集并擦亮汉字的种子，在孩子的心目中播下汉字的美好。

晴耕雨读好教师

第三粒种子："精灵之夜"有书香 ◥

这些年，我们把教育越说越复杂，学校的样子也变得有些模糊不清。

学校是干什么的？记得小时候念过一首童谣："来来来，来上学；去去去，去读书。"

上学读书，四个字，很简单，很美好。

木心先生在《文学回忆录》中写旅居美国时，给一帮年轻人讲《世界文学史》，他说，"风雪夜，听我说书者五六人；阴雨，七八人；风和日丽，十人。我读，众人听，都高兴，别无他想。"

我也喜欢并向往这样的场景，又恰好学校被确认为"浙江省少儿阅读基地"，于是，和几位朋友成立了"精灵之夜"少儿公益读书会，为孩子们提供一些与学校围墙内不一样的知识风景，这是一种全新的尝试，也是一个全新的挑战。

起初，我在校内读书会上与孩子们一起"读神话，讲汉字"，一起开展古诗词的整合性阅读。后来，与新华书店"吾爱书房"联手组织少儿公益读书会，读书会由校内第一次走向了校外。

朋友和书店的工作人员都非常热心，非常认真，如同所有故事开始之前，最初的那些春天，大家满怀希望地浇灌着每一棵树，每一朵花。看到有那么多人关心着我们的读书会，默默里，有些感动。

此后，每个星期天的夜晚，自发报名的四五十个孩子按时来"书房"听课，有新面孔，更多的是熟悉的、期待的笑脸，包括站在后面不辞辛苦旁听的家长，因为书香，我们有缘。

大家都很高兴，很纯粹的美好——小小的书房，晶亮的眼神，清朗的心情。尤其令人感动的是，许多家长不仅和孩子一起来参加读书会，还和孩子一同写听后感。

有一回读书会上讲了《三国演义》之英雄情怀，第二天，唐乐之和她妈妈各写了一篇文章，女儿说："也许每个人都有个英雄情结，当老师开始讲英雄时，小伙伴的眼睛都亮了，尤其身边的男孩子互动得特别活跃。赵云以寡敌众是英雄，刘备曹操雄才大略是英雄……我们能成为英雄吗？"唐乐之

第五辑 社会关怀

223

妈妈则鼓励孩子们："纵观历史，有才在身，敢为人先，攻坚克难，心中有国有民有情怀的人都是英雄。孩子们，一万年太久，只争朝夕，就奋身做个英雄，不枉那少年勇。"

也曾记得三月的夜晚，下着大雨，气温骤降，本以为会有不少孩子请假，毕竟风雨天出行很不方便。没想到，群里报名的50个孩子都准时来到"书房"。

那晚的读书会下课后，有家长在读书群里这样留言："仔细想想，孩子完全依赖我们的时光真的很短，所以和孩子在一起时，就什么也不要想，全心全意地陪伴着他吧。孩子听，我们也听；孩子写，我们也写，这就是最有书香的童年长情告白。"

这样的"书香亲子故事"还有很多很多，它们深深打动了我，也鼓励着我继续往前走。

我的老家有一座建于宋淳熙年间的古老书院——鹿门书院，书院创始人是南宋理学家吕规叔，朱熹、吕祖谦等理学大家都曾来此讲学。曾经，浙东诸州学子披星戴月跋山涉水竞相前来，书院声誉鹊起，如日中天。

2018年初春的一天，姐姐认真地对我说："鹿门书院是藏在深山的一块璞玉，我们应该守护好这块璞玉。"

6月23日，当地政府重开鹿门书院，南宋弦歌，而今再续。在朋友们的支持下，我和姐姐决定用公益讲座与公益研学的形式传承吕氏家族讲学之风，打造"我的书屋·我的梦"农村少年儿童阅读活动品牌，截至目前，已做了七场活动。

我们的乡村公益研学活动有个非常好听的名称——"鹿门书声"，古老书院里的琅琅书声，就是天籁之音。

每期的活动内容很丰富，有晨练，情景式古诗词学习（夕阳无限畅诗怀、陌上颂诗缓缓归、星月交辉诗相和），寻访文化古迹（访友桥、梅墅堆琼、碗窑），书院文化讲座，汉字之美，笠翁对韵，等等，悟诗书之趣，得强体之旨，诵山水之章，歌明月之行，出入山林之间，沐浴文化之润。

乡村公益研学深受孩子们喜欢。朱鑫熠同学在日记《鹿门书院有"鹿门书声"》中写道："这次活动的快乐与收获，鹿门书院的台阶可以证明，叠石岩畔的梅树可以证明，访友桥下的潺潺溪水可以证明，每个人脸上的笑容可以证明，每一个亲身体验的人都可以证明。"

感动，书香，最能抵达人的内心绿地；书香，有缘，无关彼此认不认识。感谢我们的"精灵之夜"公益读书会，感谢孩子们，让我拥有额外的幸福时光。

我经常会觉得自己特别有运气，因为在我收获的这些中，很多是我不曾想过的。同时，我也经常感觉惶恐，觉得自己的能力还远远不够，因此，我更愿意脚踏实地继续往前走，我相信，走着走着，就会走出诗意，来到远方。

有人说，教书谋稻粱，其实，教书真正的意义是谋一些喜欢，谋一些梦想，为自己，也为孩子们，在我看来，这就是不忘初心。

有时，我也在担心自己的梦想会被岁月磨蚀，我尽心呵护着那点点星光，呵护着心中宝贵的那方绿地。所以，不再考虑想得到什么或即将得到什么，只希望自己的内心变得温暖而明亮，松软而柔润，能让自己在心田撒下一粒粒种子，然后等待它们生根、萌发……

"满目的花草，生活应该像它们一样美好……"在岁月的长河里，我相信：总有一些种子，值得我们浪费时光！

（原载《教师月刊》2018 年第 12 期）

王婧：美育行

　　王婧 《教师月刊》2019 年度教师。1979 年生于山东烟台，2000 年毕业于大连大学美术学院美术教育专业。现为深圳市罗湖区教育科学研究院美术教研员。曾荣获广东省"南粤优秀教师"等荣誉称号，兼任罗湖区兼职督学、广东省中小学名教师工作室主持人、深圳市名教师工作室主持人。先后参与并主持多项国家、省、市级课题研究，带领教师团队开发了校本教材《创意黑白木刻》。已在《中国中小学美术》《中国美术教育》等核心期刊发表教育教学类论文多篇。个人版画作品先后入选台湾版画双年展、澳门国际版画三年展、马其顿共和国版画双年展等国际重要展览，并荣获深圳市"鹏城金秋"银奖、"广东省第十一届美术书法作品展"银奖等多个奖项，其藏书票作品多次入选全国青年藏书票及小版画作品展。

　　以"艺术即生活，生活即艺术"的美育理念，构建学生艺术成长模式；以"学生为主体"的理念，探索九年义务教育美术课程的有效教学模式；以"丈量美术馆"的实践探索，拓展艺术教育。这是王婧老师多年来的努力。

　　2010 年荣获全国美术教师现场教学比赛一等奖之后，王婧老师没有停止成长的脚步。作为广东省名师工作室主持人，她更加注重常规课的全员美育实践，带领工作室团队继续践行罗湖区"三段 N 环"课堂教学模式，开展版

晴耕雨读好教师

画技法社团精品课程研究；更加重视"以美育人"的教育理念，尝试多学科融合的美育方式；更加注重拓展美育实践及评价机制的建立，引导身边的教师成为美术义工，引领学生社团走进美术馆，让走进美术馆参观学习成为孩子们周末生活的重要形式，通过"MO美术素养测评智能平台"的大数据功能，记录学生参与美术馆实践的学习态度、方式、过程和收获，让艺术测评的多元开放、引领促进成为现实。

王婧老师曾长期在一所远离市中心的普通学校任教，是深圳市罗湖区功勋教师，更是深圳市仅有的两名广东省美术名师工作室主持人之一。通过她的不懈努力和辐射，现已培育出多位区域名师和学科骨干，其中李健芳老师荣获第七届全国美术教师现场教学比赛一等奖，另有30多位教师先后荣获国家级教学竞赛等多个奖项。

《深圳晶报》《南方都市报》《深圳特区报》等报刊对王婧老师多次作过专访和报道。我相信，她将秉持自己的感恩品格和教育情怀，抓住深圳作为"中国特色社会主义先行示范区"的发展契机，引领更多的美育人不忘初心，牢记使命，砥砺前行。

2019年是我到深圳工作的第19个年头。我从手持一幅中国地图和一幅深圳地图四处求职的21岁女孩，成长为广东省名师工作室主持人、罗湖区教育科学研究院美术教研员。感谢当年那列载我来深圳的绿皮火车，感谢"中国特色社会主义先行示范区"——深圳的包容与豁达，给了我构筑特区艺术教育梦想的机会。

每一个成功的背后，必定有催人进步的动力，有不为人知的艰辛，更有深入思考后的豁然开朗。

自己画自己，孩子们怎么会没有兴趣呢 ❧

我一直主张，生活即美育，艺术教育应该生活化。特别是在九年义务教育阶段，孩子们的美术核心素养不仅包含造型及创造能力，还包括图像识读能力、审美判断能力、文化理解能力等。

我自己的成长及教育经历让我知道，学生最喜欢参与度高、能获得成就感的美术课堂。当孩子们看到让自己欣喜的作品，内心的需求就会被激发。我知道，我培养的不是艺术家，而是一批又一批会用美的方式去快乐生活的人，而我的美术课堂，就是要教会孩子们将美术应用于学习、生活和旅行。

小学二年级上册有一课《树爷爷》。根据我的经验，孩子们通常会按幼儿园时的绘画经历，习惯性地在纸上画上"鸡腿树干"，再加上模式化的鼻子、眼睛、树叶，以及"土豆云"。为了开拓学生的思维，让他们的画面更具表现力，我带着学生走出教室，来到学校植物园，坐在树下寻找"树爷爷"的肌理与纹路，以孩子的视角进行树干局部的写生表达，并从技法上深度学习点线组合在写生中的运用。二年级下学期学习《切开的果实》，为了让学生直观地理解水果切面的结构与肌理，我请家长为孩子购买形状特别的水果，切半或切片，并用保鲜袋装好带到美术课堂上，同时备好纸巾和湿纸。对个别特殊儿童，我为他们准备好水果及相关用品。上课时，我让学生把自己带来的水果摆一摆，理解"前后"与"大小"；让学生看一看，观察形状与花纹；让学生画一画，锻炼美术表现力。面对真实的水果，孩子的写生欲望被激发，边吞咽口水边开心地画画。下课时，我对学生说："孩子们，我们把水果吃掉吧！要吃得很夸张哦，老师给你们拍照。"孩子们非常活跃，我用相机记录着他们夸张的表情，再看着他们擦干净双手和小嘴巴，心满意足地带着照片离开教室。下周的美术课，课题是"吃瓜果的人"，我把孩子们吃瓜果的照片打印出来，把孩子们夸张的表情拿出来分析，让他们画出自己吃瓜果的样子。

自己画自己，孩子们怎么会没有兴趣呢？当绘画表达成了习惯，孩子们怎么会不热爱美术呢？

通过三年的实践、研究，这群孩子的艺术素养有了显著提升。现在我担任教研员的工作，依然会在每周四早上返回原来任教的大望学校，给四年级三个班的孩子上课，因为只有获得一线教学的直接经验，获得教学实施的最大可能性，才能给团队里的青年教师们以更有效的教学指导和建议。

美术馆里的美丽风景 ❧

几年来，我带领罗湖区大望学校、笋岗中学、翠竹外国语实验学校等八所学校与罗湖美术馆、关山月美术馆、深圳美术馆等开设了馆校共建课程；同时在校园美术馆内开设常规美术馆课程，借展览开拓孩子的视野，用导览表记录观展过程与收获；与关山月美术馆推广教育部沟通，将《关山月是谁》这一重要展览带进了我区的四所校园。

"丈量美术馆"是提高学生艺术素养的重要途径，但如果没有有效的导览与引导，就可能落入程序化。为了使学生能更加清晰地了解参观美术馆的知识，并将参观过程更加有效地加以记录，我带领工作室教师团队展开研究，参考东莞中学初中部张峭然老师的"美术馆行走记录表"，开发适用于不同展览的手绘导览表，给学生以可视化的记录工具，低年级的孩子们可以借助老师准备的导览表参与美术馆学习，高年级同学则进行导览表设计的实践活动。

2017年，"罗湖教改"全面开启，结合"大艺术行动"，我们连续两年在寒假推出特色艺术实践作业——"行走美术馆的童年"。团队通过公众号推送重要展览的推荐指引，孩子们在家长的陪伴下行走美术馆观看展览。随后两年的春节，深圳市各大展馆均可见罗湖区各校学生行走的身影。

据不完全统计，实验学校一年当中参观美术馆超过 20 次的孩子约 100人。MO 美术素养测评 App 的使用，实现了定时、定位的图像传送，为孩子们的参观记录以及评价提供了有效的工具。

2019 年国庆假期，我作为罗湖区美术教研员和广东省名师工作室主持人，与关山月美术馆的推广教育部常务副主任许中云展开了一次探讨，希望能够以罗湖区及广东省美术骨干教师的力量，参与即将开展的第十三届全国美展水彩展的导览工作。这个想法得到了美术馆的鼎力支持。于是我开始招兵买马，短短两天，就有 30 多位来自罗湖以及宝安、南山、盐田各区的美术教师积极响应，大家在假期中挤出宝贵的休息时间参与义工服务。我们以美术教师的专业知识和素养，从不同人群的角度进行深度导览，讲解内容既包括基础的美术馆通识、看展礼仪，也包括全国美展的展览概况、背景故事、内容和价值。最重要的是，我们还从和观众互动的角度，共同分析、鉴赏不同画作的创作手法和绘画语言，让大众理解展览的内容。大家不仅自己参与，还邀约各自学校的学生前往观展。为了让导览更加专业，美术馆邀请深圳市美协方晓龙副主席为大家作专项培训；为惠及更多市民，美术馆及工作室利用公众号开展了广泛宣传。一个月下来，老师们的导览技能提高了，孩子们的审美素养提高了，美术馆里的美丽风景定格了。

校内美术教育给孩子们提供了情境美育的生长土壤，校外美术教育以义工服务的方式为孩子们丈量美术馆渗透方法。或许有人会问：累吗？不累，因为我们只需要给孩子们一次有效的指引，孩子们就能学会自发、自觉地参与，他们发自内心的成长需求才是最宝贵的人生财富。

从美术教师到美术教研员 ❧

我曾是一个美术教师，如今的角色是美术教研员，我的主要工作就是搭建平台，提供服务。

1. 搭建教师成长平台。

学科名师工作室发展平台：完善学科工作室建设，建立考核评价机制，促进学科工作室的成果推广，促进名师梯队建设；发挥名师引领作用，发展在课堂教学、课题研究、特色建设、专业成长等方面都有自己优势与特长的团队，给名师确定独立主持项目研究及团队培养的任务。目前已涌现李健芳老师带领的纸艺教学与创作团队、翁宏国老师带领的课题研究团队、胡云老师带领的小学教学研究与自主鉴赏社团建设团队、王建老师带领的小学水墨画创作与教学团队等。一位名师就是一个点，连起了学科教学的线和教师成长的面，不断拓展学生的发展空间。

评课导师成长平台：为了让结对工作更加高效，我们聘请了五位曾荣获全国赛课一等奖的教师及各区对课堂教学有深度研究的八位名师工作室主持人担任评课导师，参与听课评课、现场指导教学活动，在促进执教教师提升教学的同时，导师的评课水平、研究能力也在不断提高。

提高术科技能的教师培训平台：2014年成立的罗湖区美术术科研训基地，为了促进本区美术教师专业技能的提高，开设了版画创作、水彩写生等一系列课程；2019 年，基地全面升级，聚焦民族传统文化的传承与创新，将水印木刻、扎染蜡染等课程纳入教师专业技能培养体系，聘请青年艺术家陈小凤担任水印课程教师，深圳大学设计学院罗莹副院长团队担任扎染课程教师。因课程设置符合老师们的成长需求，每天六个小时的培训结束后，大家久久不肯离开，深夜十点的工作室里，总有老师们静心创作的身影。

2. 搭建教学研究平台。

美术学科的学习应该像其他学科一样，能够形成美术知识与技能、审美能力螺旋上升的教学架构。自 2019 年 1 月开始，我们开展校际结对，结对组由三所小学和一所中学组成，中小学通过课程的对撞，寻找有利于中小衔接的教学模式。与之配套的是学科资源平台的建设：2001 年，罗湖就创建了自己的美术教育资讯网，定期、持续上传老师们的教学设计和教学实录，现已成为全国美术教师资源共享的大平台。

3. 搭建教育创新发展平台。

自教育部实施中小学美术素养综合评价以来，罗湖区中小学生 MO 美术素养评价体系研究全面启动，多元开放的评价方式逐渐代替了单一的以课堂作业评价为主的评价模式。

测评的角度：常规课堂 40%，美术技能社团 10%，自主鉴赏社团 10%，社会实践（美术馆活动、艺术义工等）20%，美术测试 20%。

记录的方式：MO 测评 App，课堂作业随堂记录二维码识别拍照上传，专业技能社团和自主鉴赏社团（考勤＋角色＋作品）记录，美术馆实践（现场定位、与美术馆的合影、观看照片、绘画照片），日常测试有海量题库供学生以游戏的方式学习、了解，期末测试参照国测标准，重点考察学生的基本知识和美术素养、动手能力（正在完善期末测试的网络平台）。以上所有数据都可以通过后台一键输出。这已经成为深圳市学生美术素质测评的基本模式。

多少春华秋实，是勤奋执著、用心教学成就了我，是名师与专家的引领成就了我，是同伴和学生们的相伴成就了我。教育之路正长，逐梦永在路上。

（原载《教师月刊》2019 年第 12 期）

第五辑　社会关怀

齐崇：我们的美好关乎世界的未来

齐崇 《教师月刊》2019年度教师。1975年出生，1996年毕业于黑龙江省教育学院汉语言文学专业。现为黑龙江省五常市第一中学初中语文教师，教研组长。担任班主任26年，先后获得黑龙江省"师德先进个人"、黑龙江省"美德阳光教师"、黑龙江省"最美班主任"、黑龙江省"教学名师"、哈尔滨市劳动模范、"四有"好老师等荣誉称号。系黑龙江省义务教育教研共同体教育教学研究专家、五常市"行知行"班主任工作室主持人，《班主任之友》《班主任》封面人物。在《中国教师报》《教育时报》《山东教育报》《新班主任》等刊物发表文章30余篇。

齐崇老师坚信，生活是最好的课堂，她始终以体验教育服务学生成长。通过开展种植、美食制作、走进农家、研学旅行、义卖义捐、阅读写作等，带领学生从教室走向生活，使学生了解社会、认识社会、服务社会，成为热爱生活、有毅力、能坚持、有悲悯之心的人。齐崇老师连续七年组织义卖春联、义卖卷饭活动，带动同事、学生及家长近400人参与志愿服务。组织开展研学旅行，克服重重困难，努力创造机会让小城的孩子走进大都市，走进知名学府、爱国主义教育基地，开阔眼界、增长知识。她多次自费参加各种"教师成长"活动，积累读书笔记数十万字，多篇文章在《教育时报》《中学语文教学参考》《班主任》等刊物发表，系《班主任之友》2018年第12期封面人物。教育大气候的改善就是要让大多数孩子受到适合的优质教育。齐崇老师的创造性教育实践，是一种有益且日显成效的尝试。

（吴国珍）

时光如流沙在指间滑落，匆匆走过 23 年的教育生活，我越来越喜欢这份工作和工作着的自己。

电影《肖申克的救赎》中有一句十分经典的话："心若是牢笼，处处为牢笼，自由不在外面，而在于内心。"我的愿望正在于：无限地解放自己和学生的心。学生未来能走多远，全凭心的力量。教育入心，产生的力量就不可估量。

让学生的内心充满阳光，面对困境能保持自信，把学到的东西变成终身发展的能力，这就是我所理解的理想的教育。作为千百万教师中的一员，我唯有尽己所能，为学生成长助力。

走在公益路上

2012 年，我加入五常市的一个义工组织，跟一些爱心人士一起关注福利院的孩子、孤寡老人和残疾人家庭，每每感慨万千，一个想法也慢慢清晰：利用新年前十天的时间，组织学生义卖春联。

七年来，先后有近 400 位师生和家长参与志愿服务，总时数 700 多个小时，筹集善款 69000 多元，持续帮助 9 名福利院的孩子、6 个残疾家庭、9 名特困学生和多名白血病患者、自闭症患儿，为"蓝天救援队"购买救援装备，为"金秋助学"和"温暖今冬"活动捐款。

刚开始时，有的学生不敢跟陌生人说话。我先带了各组组长试卖，一句一句教他们"推销"，组长们深得要领，第二天就带着各自的小组踏上了义卖之路。六天奋战，他们赚来 4602 元，一次性捐给福利院，为 9 个孩子买了生活用品、学习用品、营养食品，帮助他们实现了游动物园的心愿。

我们的行动也遭到了一些误解。一些人对学生说：老师把这笔钱归自己了吧，骗你们说捐出去，捐与不捐你们哪里知道？

学生也偶有被轻待的时候。见学生抬着大箱子进屋，老板吆喝："别弄脏地面，出去，出去！"也有的老板往箱子里随便扔几枚硬币……

盲人闫慧敏，生活特别贫困，她的儿子和我女儿同年，家中没有电视机。我和女儿利用暑假卖紫菜卷饭，用赚来的钱给她买了一台26英寸液晶电视机和一部收音机。

此后我和学生一直坚持义卖卷饭。为了增加利润，我们决定自己做卷饭。卷饭对时间要求非常严格，早5点起床准备，6点至8点制作，3个小时内必须卖出，否则会影响口感。我们选用最好的材料，送货上门。2018年暑假，我们在朋友圈里铺天盖地传播义卖的消息，我们开发的海鸭蛋肉松卷饭，每个卷饭含一个完整的鸭蛋黄，售价仅10元，限量出售，要提前通过微信预定才能买到，抹茶卷饭、樱花卷饭、双色卷饭也是供不应求。有好心人捐给我们大号电饭锅，学生张家祎的奶奶70多岁了，每天坚持和我们一起劳动。见到卷饭如此受欢迎，学生们特别开心。

爱，是一种能力，拥有这种能力，可以为自己、为他人带来美好。通过义卖，学生认识、了解了社会，学会了与陌生人沟通，磨练了意志。

每年端午节前，我们还会包粽子，送给残疾人家庭、"星星湾"的特殊儿童、抗战老兵，学生们充分感受着与他人分享的快乐。

让生活与世界连接　◥

人生是一个长久汲取与转化的过程，周而复始之间，渐渐长大。我和学生们从教室出发，一次次奔向远方开展研学活动，七年来走过8省20座城市，累计行程40000多公里。

每次外出都不可能一帆风顺。杭州之行，集合时间已到，两名学生没有按时归队，大队伍早已回宾馆吃饭休息，我留在苏堤上等他们；登泰山遇到大暴雨，西安之行遭遇泥石流……往事被折折叠叠地收藏在记忆深处，每次出行都是对我最好的历练。

今年八月，我们进行丝绸之路研学，车厢成为课堂。我们互相影响，彼此感染。5万多字的研学资料、日记，2000多幅照片，清晰地勾画出我们的

晴耕雨读好教师

234

成长轨迹。所见的风景，所遇到的人事，所听到的励志报告，都化作能量之源。感受学生由内而外的变化，那些冒险和历险的过程，如同一束束火把，点亮了那些暗夜里积极寻找光明而又缺少自信的眼睛。

七年研学，我们的足迹留在了大江南北、黄河两岸、鸣沙山上。本着一次研学改变一个学生的理念，我收获着不知超出预期多少倍的惊喜。这就是我鼓起勇气带学生行万里路的动因。

以文字养心　◥

为了促进学生写出美好的文字，我引导他们大量阅读、积累，积极建设生命的内在景观。相信很多老师也都这么做，可能有所区别的是：我们从阅读萧红开始。2012年元月，我带学生参加文学冬令营，聆听黑龙江省萧红研究会副会长章海宁的讲座《萧红的青年时代与文学成就》，我们都深深地爱上了这位从黑土地走出去的女作家。回来后，我阅读了所有可以买到的萧红作品，她的人、她的文深深地嵌入了我的灵魂。以后每学年的阅读起始课，我都会给学生讲萧红的人生经历和她的作品，和学生一起从中获取写作营养和方法启示，然后从萧红出发，走进多样化的文学经典阅读。

与此同时，我组织学生到萧红读过的小学、天主教堂、福昌号、萧红纪念馆等地进行实地考察。寒冷是北国之冬的护照，《呼兰河传》中的冬，冻裂了大缸，冻住了水井，冻封了房门，冻得小狗夜夜叫……读完书，再到实地体验，书中的影像变得具体、真实、可感，理解作品变得更轻松。

那年二月，我们组织了港粤研学，特地到广州银河公墓祭拜萧红，我记录了这次祭拜的经历：

2月14日，正是西方的情人节，我们从萧红故乡的冰天雪地中走来，千里辗转，只为看上一眼。风吹动，墓碑对面的嫩竹摇曳，沙沙作响，不知名的小鸟站在松枝上啁啾，呼兰河的女儿萧红，此刻正安睡在南国静谧的墓园里。我和学生深深地鞠躬并献上鲜花，静静地坐在墓碑旁的石板上……

文字是发自心灵的声音，语言是存在的家园。每个独特的个体，都有自己的故事。为自己发声，为青春歌唱，文字里有春日的暖阳，足以唤醒新生命，迎着繁重的学习任务，在文字的滋养下长大。

如何使学生坚持率性写作呢？我布置大家每周写两篇日记，不受题材和字数所限，有话多说，没话少说。学生之间有差异，写不出好文章的孩子写出几个好句子也行。优秀文章刊登在班级作文报上，累计发表学生优秀作品25万字。我还创建了个人公众号"心有诗意过生活"，已发表原创文章90多篇，其中近三分之一都是学生的作品。

教育教学无处不在，可以发生在教室、在操场，也可以发生在行走的路上。语文教师要始终以书为伴，保持诗意和初心，带学生穿越文字的丛林。这是本分，是责任，更是对学科的一份敬意。

为个体赋能

受《教学勇气：漫步教师心灵》一书的启发，我于今年十月创建了班级交流共同体，10月3日，开展第一次交流，地点设在学生家里，至今已经做了九期。

我们通过交流和具体的体验活动，着眼于解决一些常见问题，如不能正确看待自己和他人、考试恐惧、自信心缺失、上课注意力不集中、不能合理安排学习时间等。事实证明，学生每天处于变化之中，共同体交流不仅适合解决群体性的问题，在个体赋能方面也能起到很大的作用。

真正的交流，相当于借别人家的钥匙开自家的门。共同体建设相当于为学生配上一把这样的钥匙。他们十分喜欢以交流达成共识的方式获得经验或启示。

学生在文章中写道："通过撕纸活动，我知道了每天浪费的时间有多少，我尝试着改变，希望能以崭新的面貌出现在众人面前，我相信自己可以做到。"

"第一次参加学习共同体，我彻底打开心扉，爱上了这种交流方式，老师组织第二次活动时，我毫不犹豫地参加了。通过这两次体验活动，我总结了很多学习方法。其实学习跟方法有关，也跟心理有关。首先，要穿越恐惧；其次，要将生活中零零散散的时间挤出来用在学习上。没参加交流前，我认为自己做什么都不行，现在，我对自己有了足够的信心，因为我获得了对自身的认同，消除了恐惧心理。"

九次交流，初见成效。首先就体现在学习上：期中考试，我班超过一半学生的成绩明显提升（全班 54 人）。通过组织共同体交流活动，在把握正确方向的前提下，让学生探讨、寻找合适的解决问题的方法，同时打开自己的心扉，形成强大的班级气场，能量迅速在彼此身上流动了起来。

23 年跌跌撞撞的教育实践，留下深深浅浅的足迹。回望来时路，我每天提醒自己永葆初心，通过阅读、反思、书写，促进自身发展，服务学生成长。人生纵有限，功业总无涯。耕耘在教育田野，每天看到被爱与温暖包围的教室，明亮、和悦、真诚、美好，我和学生们都成了这爱与温暖的一部分。

（原载《教师月刊》2019 年第 12 期）